Lydia Flem
Casanova
oder Die Einübung ins Glück

SERIE PIPER

Zu diesem Buch

Lange Zeit hielt man Giacomo Casanova für einen Don Juan der Salons und einen Taugenichts, und sein Name gilt auch heute noch als Synonym für einen Frauenhelden. Zwar war er unbeständig und freiheitsliebend und verliebte sich in eine Frau nach der anderen, darüber hinaus aber war er ein Mann der Aufklärung, ein passionierter Genußmensch und Lebenskünstler. Lust war für ihn geteilte Lust, seine Lebensart eine Übung in der Kunst, glücklich zu sein. Er war unter anderem Doktor der Jurisprudenz, öffentlicher Schreiber, Theologe, Bibliothekar, Libertin, Finanzier und Soldat. Sein bewegtes Leben führte ihn nach Madrid und Petersburg, Neapel und London, Wien und Berlin. Der vielseitig interessierte Mann begegnete nicht nur der Marquise de Pompadour und Friedrich dem Großen, sondern auch Papst Clemens XIII. und Voltaire. Lydia Flem beschreibt klug und wortgewandt nicht nur zentrale Szenen aus Casanovas Leben, sondern vor allem sein Verhältnis zu den Frauen, denen er in seinen berühmten Memoiren ein Denkmal setzte.

Lydia Flem ist Psychologin und hat zahlreiche Bücher über Freud und die Psychoanalyse veröffentlicht. Sie lebt in Brüssel und Paris.

Lydia Flem

Casanova oder Die Einübung ins Glück

Biographie

Aus dem Französischen von
Angelika Hildebrandt

Piper München Zürich

Die Texte Casanovas aus »Histoire de ma vie« übersetzte ebenfalls Angelika Hildebrandt. Die Übersetzerin verdankt der deutschen Fassung »Geschichte meines Lebens«, übersetzt von Heinz Sauter, 1964 erschienen im Propyläen Verlag, Berlin, sowie den Anmerkungen dieser Ausgabe zahlreiche wertvolle Hinweise.

Ungekürzte Taschenbuchausgabe
Piper Verlag GmbH, München
März 2000

Titel der französischen Originalausgabe:
»Casanova ou l'exercice du bonheur«

Umschlag: Büro Hamburg
Stefanie Oberbeck, Katrin Hoffmann
Umschlagabbildung: Julius Nisle (kolorierte Lithographie, um 1850, Archiv für Kunst und Geschichte, Berlin)
Foto Umschlagrückseite: Ferrante Ferranti
Satz: Greiner & Reichel, Köln
Druck und Bindung: Clausen & Bosse, Leck
Printed in Germany ISBN 3-492-22901-8

Das letzte Schloß

Augenblick und Erinnerung

Auf einem böhmischen Schloß schreibt ein Greis im Exil dreizehn Stunden täglich an der Geschichte seines Lebens. Er besitzt nichts, hat alles weggeworfen, alles verschwendet. Ihm ist nichts geblieben, keine Frau, kein Vermögen, kein Haus und kein Vaterland. Er hat gegeben und genommen, ohne zu rechnen. Er hat das Leben genossen, wie es nur wenige Männer – und noch weniger Frauen – zu genießen wagen. Er hat sich dem Leben verschrieben, ohne eine Gegenleistung zu erwarten, es sei denn die vermessenste, die skandalöseste aller Entlohnungen: die Lust.

Nun gibt er sich preis, uneingeschränkt, vorbehaltlos, ohne Vergangenheit oder Zukunft, ohne einen bestimmten Zweck. Ein vollkommener Augenblick, reine Gegenwart, reine Verschwendung. In der Schwebe zwischen gestern und morgen überläßt er sich großzügig dem Augenblick. Er fürchtet kein Mißfallen, und so sind seiner Verwegenheit keine Grenzen gesetzt. Wer nichts zu verlieren hat, dem gehört alles. Der spektakuläre Ausbruch aus dem schaurigen Kerker der Bleikammern in Venedig ist das Sinnbild seines Lebens. Nie waren seine Erzählungen davon kürzer als zwei Stunden. Dieser Bericht, dessen Held und Dichter er ist, ist das beste Empfehlungsschreiben der Welt. Er spricht, und die Türen öffnen sich.

Ich war stets davon überzeugt, überlegt er nicht ohne Vergnügen, *daß ein Mann, der sich in den Kopf gesetzt hat, ein Ziel zu erreichen, und der alle seine Kräfte bündelt, dieses Ziel trotz aller*

Widrigkeiten auch erreicht. Dieser Mann wird Großwesir oder Papst werden, und er wird eine Monarchie stürzen, wenn er sich nur beizeiten darum kümmert.

Der Satz gefällt ihm, er schreibt ihn nieder. Der alte Mann, den es über seltsame Umwege des Schicksals von Venedig nach Böhmen verschlagen hat, hat seine »Kapitularien« um sich verstreut, seine Federn und Schreibblätter auf dem Tisch ausgebreitet und steigert sich in eine immer größere Schreibwut hinein. Er rächt sich am Alltäglichen durch die Verherrlichung seiner Vergangenheit. Kein Tag vergeht, ohne daß die Domestiken des Schlosses ihn nicht aufs Abscheulichste quälen. Alles dient ihnen zum Vorwand, um sich mit ihm zu zanken: sein Kaffee, seine Milch, die Makkaroni, die er *à l'italienne* zubereitet wünscht. Dem Koch mißlingt die Polenta; die Suppe wird ihm aus Bosheit zu heiß gereicht. In der Nacht haben die Hunde gebellt, ein Jagdhorn zerreißt ihm das Trommelfell mit durchdringenden und falschen Klängen. Er schließt sich ein, setzt sich an den Schreibtisch und läßt unter der raschen Feder die Jahre seines Lebens vorbeiziehen. Dies ist sein letztes, kühnstes, verrücktestes und auch heiterstes Unterfangen, zu dem er sich vorbehaltlos und ohne zu schwanken entschlossen hat. Er will sich das Glück schenken, ein zweites Mal sein Leben zu leben und es bis zur Neige auskosten.

Er ist vom Tod umfangen. Jenseits der Berge hört er das Donnergrollen der Französischen Revolution, seine besten Freunde gehen dahin, die Frauen, die er geliebt hat, verscheiden, die alte Welt, der er sich angehörig fühlt, wird verhöhnt, beleidigt, guillotiniert. Die neuen Werte, die ihm teuer sind – persönliche Freiheit, die Macht der Aufklärung und der Vernunft, der Atheismus –, sind in seiner Umgebung noch nicht verbreitet. Der Venezianer fühlt sich einsam. Allzu häufig ist der junge Graf Waldstein, der ihn als Bibliothekar auf seinem Schloß Dux aufgenommen hat, abwesend. Wie aber leben, ohne zu sprechen, zu tanzen, zu spielen oder zum Lachen zu bringen? Wie die Langeweile ertragen, weil man kein Publikum mehr hat, sich in keine Liebschaft und kein Abenteuer mehr stürzen kann? Und so wendet er sich zum ersten Mal in seinem Leben von der Gegenwart ab. Er entfernt sich vom Augenblick und taucht ein in die Zeit der Erinnerungen. Eine nach der anderen läßt er vor seinen Augen wiedererstehen und jubelt beim Schreiben über die Möglichkeit, unsterblich zu werden. Wie Voltaire, sein unerbittliches Vorbild und unbeugsamer Gegner. Er träumt von literarischem Ruhm. Er stellt sich vor, daß die Seiten, die er hastig mit Tinte füllt, in sämtliche Sprachen übersetzt werden. Er vermutet, daß die Länder, die auf Sitte und Anstand halten, die Lektüre verbieten werden. Beides amüsiert ihn. Es erheitert ihn, dem Alltag zu trotzen, der ihn belastet, und vielleicht auch dem Tod, jenem kalten Ungeheuer, dem er den strahlenden Glanz und die Überspanntheit seiner Eskapaden entgegensetzen will. Für ihn ist das Leben eine Zerstreuung, ein heiteres Spiel: *dramma giocoso*.

Er versteht sich als furchtlos, leichtfertig, begierig auf die Genüsse der Sinne und des Verstandes, bereit, alle Gesetze zu brechen, die seine Lust schmälern könnten. Er empfindet sich als Herr über sein Leben, doch seine Selbstliebe schließt auch das Vergnügen all jener ein, die er liebt. Er haßt das Leiden und will es weder zufügen noch erdulden. Der Tod ist grausam. Allzu früh vertreibt er den gebannten Zuschauer aus dem großen Theater, noch ehe das Stück, dem doch sein ganzes Interesse gilt, zu Ende ist. Für ihn muß das Leben ein Fest sein, ein Ball, ein endloser Karneval. Jeder erfindet sich seine Rolle und glänzt darin. Verkleidungen und Masken verleihen dem Vergnügen das Inkognito, die Freiheit des Augenblicks, die heitere Lust, der eigenen Erfindungsgabe ungestraft freien Lauf zu lassen. Am liebsten steht er im Rampenlicht. Er verfügt über das Redetalent, die Dreistigkeit, die Kühnheit, die schnelle Auffassungsgabe dessen, der jede Gelegenheit am Schopf ergreift. Er dichtet, entwirft, erfindet auf allen Leinwänden. Er schlüpft ohne zu zögern in die Haut der Person, die die Situation oder der Wunsch der anderen von ihm verlangt. Er ist der Mann der Improvisation. Oft hat er das Glück auf seiner Seite, doch vor allem birst er vor Selbstvertrauen. Er fühlt sich bereit, sich in jedes Abenteuer zu stürzen. *Spring, Marquis!* befiehlt er sich.

So kam es, überlegt er, die Feder in der Hand, den Blick in die Vergangenheit gerichtet, *daß Gott mich mit dem Nötigsten für eine Flucht versorgte, die bewundernswert, wenn nicht sogar ein Wunder war. Ich gestehe, daß ich stolz darauf bin, doch meine Eitelkeit nährt sich nicht aus der Erkenntnis, daß meine Flucht gelungen ist – dafür war allzu viel Glück im Spiel. Sie gründet darin, daß ich das Unterfangen für machbar hielt und daß ich den Mut hatte, es in die Tat umzusetzen.*

Die Kaltblütigkeit zu planen, der Wille zu triumphieren und schwankend, wie ein Schlafwandler, über die bleigedeckten Dächer des Dogenpalastes zu balancieren – in der bizarren Kleidung aus Taft und zerrissener Spitze, mit einem goldbetreßten spanischen Dreispitz mit weißem Federbusch –, die Unverfrorenheit zu triumphieren. Mit einem Vers von Dante auf den Lippen:

E quindi uscimmo a rimirar le stelle.

Und dann gingen wir hinaus, um die Sterne zu betrachten.

Danach ist ihm alles erlaubt. Er kann sich sogar in das Haus des Anführers der Sbirren flüchten, der nach ihm fahndet. Gastfreundlicher könnte er nicht aufgenommen werden: von einem Kind, das im Hof mit einem Kreisel spielt, einer jungen Schwangeren und einer umsichtigen Großmutter, die seine Wunden verbindet, ihn verköstigt und zu Bett bringt, als sei er ihr eigener Sohn. Ein dreifaches Sinnbild des Glücks, der Unschuld und der bedingungslosen Liebe. Danach gelangt er nach Paris, in die einzige Stadt des Universums, in der, wie er meint, die blinde Göttin ihre Gunst all jenen gewährt, die sich ihr überlassen.

Der Venezianer zieht von einem Ort zum anderen, ohne zu reisen: Wo er ist, gehört er hin. Von allem spricht er mit glühender Begeisterung, die klügsten Männer teilen ihr Wissen und ihre großartigen Bücher mit ihm. Er verschwendet seine Begabungen, streift alles mit derselben Anmut, derselben Leichtigkeit, derselben Dreistigkeit. Er sät in den Wind, ohne je den Boden zu bearbeiten oder zu ernten. Er deutet einen Tanzschritt an, weckt Neugier, entschwindet dann mit einer letzten Pirouette in den Kulissen. Er sonnt sich darin, daß man von ihm spricht, er setzt sich so gut in Szene, daß ihm sein Name und sein Ruf in ganz Europa vorauseilen. Er amüsiert, er erstaunt, er weckt Neugier in einem Jahrhundert, dem nichts über Abwechslung und Zerstreuung geht. Er irritiert aber auch, stört, erschüttert die herrschende Ordnung, ist allzu eitel und anmaßend, doch stets überzeugt er durch seine unwiderstehliche Gabe der Konversation. Was will man im 18. Jahrhundert mehr von einem Mann von Welt?

Schon in frühester Jugend fällt es ihm leicht zu gefallen. Im Glanz des Hofes und im Schatten der Gärten macht er seine Aufwartung bei Fürsten, Erzbischöfen und Botschaftern, deren Privilegien und Vermögen er nicht teilt. Er führt sie hinters Licht. Er wird empfangen und verjagt oder Schlimmeres, zuweilen wegen einer Lappalie. Er ist schuldig und kommt ungeschoren davon, ist unschuldig und wird bestraft. Das Glück ist oft launisch. Er gehört dazu und doch nicht dazu. Seine Abstammung macht ihn zu einem Paria, einem gesellschaftlich Deklassierten; mit seinen Begabungen, seinem Charme und seinem Können gehört er in den Mittelpunkt der aristokratischen Gesellschaft.

Er ist rührig, ungeduldig, begierig nach Abwechslung, läuft den Begebenheiten, neuen Taten und wiederaufflackernden Abenteuern voraus. Originell sein zu müssen ist die Tyrannei seiner Seele. Bald trägt ihn das Glück auf Schwingen davon, bald fällt er tief. Auf dem Rad seines Schicksals steigt er empor, stürzt ab und gelangt gleich wieder nach oben. Dieses Rad hat sich schon mehrmals mit ihm gedreht. Auf dem Gipfel des Erfolgs, des Reichtums und der Wertschätzung angekommen, läßt er sich ins Verderben reißen, provoziert er es geradezu. Er betäubt und berauscht sich an glücklichen Tagen, spottet der unglücklichen Tage, rühmt sich, ihre Fallstricke umgangen zu haben. Er beansprucht, alleiniger Herr über sein Schicksal zu sein. Er sieht sich als Hauptverursacher des Guten und des Bösen, das ihm widerfährt. Er übernimmt die Verantwortung für seine Irrtümer, seine Fehler und seine Verbrechen, ohne Scham und Gewissensbisse. Er bekennt und bereut nichts. Er erwartet keine Vergebung. Nichts kann ihn aufhalten, denn er kennt keine Angst und fürchtet keinen Schmerz. Er wagt bis zuletzt, frei, leicht, sinnenfreudig zu sein.

Weit weg von den Spiegeln und den Intrigen der Salons, vergessen vom Glücksspiel und der Liebe, ein Abenteurer ohne Abenteuer, ein Reisender am selben Ort, bietet er sich nun den höchsten Genuß, der für ihn alle anderen Genüsse begleitet und rechtfertigt, den begehrenswertesten Genuß: das Schreiben. Das Schauspiel des Verführers scheint hier, in Dux, im Schloß des Grafen Waldstein, sein Ende zu finden, als durch eine unerwartete List die dahinfliehende Zeit zum Stillstand kommt. Die Erinnerung revanchiert sich am Alter und am Exil, sie erstickt die Melancholie und tilgt die Verfolgungen der Welt. Mit einer letzten Anmaßung, einer letzten Verhöhnung seiner Zeitgenossen, der Nachwelt und der öffentlichen Moral kostet der Venezianer seine Erinnerungen aus.

Dreizehn Stunden täglich, die ihm wie dreizehn Minuten erscheinen, erzählt er sich noch einmal sein Leben, als sei es ihm nicht wie jedem Menschen bestimmt, sein Leben nur einmal zu leben. Dies ist das Privileg des Künstlers: Durch die Magie der Erzählung ruft er Tote und Lebende zusammen, tritt er ein in einen Dialog mit dem nicht mehr Existenten, verleiht er den Begierden von einst, der Zusammenhanglosigkeit seiner Leidenschaften einen Sinn. Der Memoirenschreiber sammelt, verbindet, holt sein Leben ins Bewußtsein. Er ist bereit, sich in Vergangenheit und Überdauern, in das Fließen der Kontinuität einzutragen. Indem er sich an vergangene Freuden erinnert, erneuert er sie und genießt sie ein zweites Mal. Über die erlittenen Schmerzen hingegen kann er lachen, denn er empfindet sie nicht mehr. Doch er weiß nun um die Zeitlichkeit, der niemand entrinnt. Sein Leben, ob würdig oder unwürdig, ist seine Materie, und seine Materie ist sein Leben. Er hat kein anderes, und deshalb hält er es in Ehren. Er hat sich schon immer als Schüler seiner selbst begriffen, der die Pflicht hat, seinen Lehrer zu lieben. Denn dies ist seine Stärke und sein Geheimnis: Er genießt schamlos und ohne Schuldgefühl. Giacomo Casanova hat einen Sinn für das Glück.

Lust zu leben, Lust zu schreiben

Isoliert von der Welt und den Frauen liebt Casanova, ein zahnloser Greis und das Gespött der gräflichen Dienerschaft, nun allein die französische Sprache, die Sprache der Liebe und der Aufklärung. Seine letzte Eroberung, seine schönste Kurtisane ist das Schreiben. Nach einer Kindheit ohne Worte, unbeachtet von den Seinen, berauscht er sich nun an Worten und legt die Feder nicht mehr aus der Hand. Ereignisse und Worte verschmelzen ineinander. Worte fangen Düfte ein, Kurven, Stoffe, Klänge, die Farbe der Erinnerungen. Worte schließen das

Lebendige in sich ein und überhöhen es. Das Glänzende und das Flauschige, das Verderbte und das Liebliche, das Samtige und das Rauhe, das Sahnige und das Bittere, das Heisere und das Klebrige, das Blasse und das Geistvolle, der ganze Regenbogen der Sinne entfaltet sich und erwärmt die Seele eines Exilierten, der die Langeweile fürchtet.

Höfe, Gärten, Boudoirs, feuchte Kerker, Sprechzimmer von Klöstern, literarische Gespräche und theologische Dispute, Frauen, Bücher und Glücksspiele, kirchliches Habit und militärische Uniform, Maske des Pierrot oder *bautta*, Gondel und Berline, Kabale und Philosphie, Feste, Pocken, Duelle, Taktlosigkeiten, Flucht und Ruhm, alle Ereignisse, alle Denkwürdigkeiten ziehen noch einmal vor den trüben Augen des triumphierenden Greises vorüber.

Er ruft sich die Speisen mit den intensivsten Aromen ins Gedächtnis: die Käsesorten, deren Vollkommenheit sich erst erweist, wenn die kleinen Lebewesen in ihrem Innern zum Vorschein kommen, den schmierigen Stockfisch aus Neufundland, gut abgehangenes Wild mit starkem Hautgout, und vor allem den Champagner, die Austern und die dicke und schaumige Schokolade am Morgen, die zuzubereiten er sich selbst vorbehalten hat. Was die Frauen angeht, macht er keinen Hehl daraus, daß diejenige, die er liebte, immer einen herrlichen Duft verströmte, und je stärker sie schwitzte, desto lieblicher erschien sie ihm.

Casanova lacht beim Gedanken an die, die ausrufen werden: »Wie abgeschmackt! Welche Schande, sich das eingestehen zu müssen und nicht einmal zu erröten!« Er ist dreist genug, sich gerade deshalb glücklicher zu schätzen als andere, weil seine Begierden ihm mehr Lust verschaffen. Skrupellos hat er die Leichtfertigen, die Halunken und die Dummköpfe getäuscht, wenn ihn danach verlangte. Er berichtet selbst, wie er beurteilt wurde: Hexer, Fälscher, Dieb, Spion, Münzverringerer, Verräter, Spieler, Halunke, Verleumder, Wechselfälscher, Schriftfälscher, gottloser Lügner, Atheist. Er verheimlicht seine Missetaten nicht, sondern verwandelt sie in Geschichten, er, der sich Chevalier de Seingalt nannte, durch die Gunst des Alphabets, das allen gehört und dessen sich jeder bedienen kann, um sich seinen eigenen Namen zu erschaffen.

Der Schriftsteller und sein Double

Er sitzt am Tisch, in der Nähe des Fensters, und sein Blick verliert sich in der Tiefe des Parks mit den seltenen Gewächsen, der sich bis zum Fuß der Berge hinzieht. Das Schloß, in dem er ein ruheloses Leben beschließt, gleicht Schloß Chantilly in Frankreich. Es steht auf einem großen Platz, am Ende eines Hofes, flankiert von einer Jesuitenkirche und einem Pavillon. Eine doppelläufige Treppe führt auf die Terrasse und zum Haupteingang. Die Fenster der Fassade sind geschmückt mit weißen Fensterstürzen und mit Sprossen. Schlafräume und die aneinandergereihten Salons sind mit erlesenem Mobiliar ausgestattet. Gemälde und Rüstungen zeugen von der glorreichen Vergangenheit der Familie seines Gastgebers. An einem Ehrenplatz hängt das Porträt des Herzogs von Wallenstein, der zu Schillers tragischem Helden werden wird. Ein Hauch von Glorie und der Geruch alter Bücher liegt über dem Ort.

Und dennoch verzehrt sich Casanova vor Langeweile in seiner vergoldeten Zuflucht. Er versucht, ihr mit ein paar Eskapaden in Dresden und Prag zu entkommen. Wenn der Schloßherr verreist ist, was oft geschieht, belästigt und demütigt der Verwalter Georg Feldkirchner den alten Venezianer. Der rächt sich mit der Feder, indem er ihm Briefe schreibt, die er nicht abschickt.

Casanova fordert die Achtung, *die ein höflicher Mann einem Mann schuldet, der zwar nicht als Edelmann geboren, aber durch das Studium der Naturwissenschaften und der Literatur geadelt wurde.*

Schon als Kind hat er begriffen, daß allein das Schreiben jenen Macht verleiht, die sie nicht aufgrund der Privilegien ihrer Kaste von Geburt an besitzen. Schreiben heißt eine Maske anlegen, die die sozialen Zugehörigkeiten und Identitäten verwischt, heißt, eigene Gesetze schaffen und sich die Straflosigkeit des Künstlers und die Immunität des Diplomaten sichern. Er muß schreiben, um gesund zu bleiben, denn Wut tötet, so denkt er, wenn es nicht gelingt, sich auf die eine oder andere Art davon zu befreien. Das Schreiben verändert den Lauf der Dinge. Das hat er in seinem Leben immer wieder festgestellt. Mit achtzehn Jahren, als er, ein mittelloser, aber belesener junger Abate, aufgrund eines kleinen Versehens in der Festung Sant' Andrea eingesperrt ist, hilft er einem Oberstleutnant, der von einer Beförderung träumt, aber nicht schreiben kann. Casanova lacht, als er sich an die Szene erinnert.

Ich entwarf ihm eine kurze, aber so wirkungsvolle Eingabe, daß der Savio alla Scrittura [der Kriegsminister], *ihn fragte, wer der Verfasser sei, und seinem Ersuchen stattgab.*

Giacomo wird für sein Eingreifen reichlich belohnt und befindet sich plötzlich in der Position des öffentlichen Schreibers und Herrn über sämtliche Beförderungen des Regiments.

Der Erfolg meiner Bittschrift ließ alle anderen Offiziere glauben, sie könnten ohne die Unterstützung meiner Feder nichts erreichen, und so versagte ich sie niemandem.

Der Venezianer erinnert sich, daß er in seiner Unerfahrenheit seine Dienste ohne Unterschied allen und jedem anbot und daß die Rivalitäten unter seinen Klienten ihm einige Auseinandersetzungen eintrugen. Und darüber hinaus auch seine erste Geschlechtskrankheit. Eine schöne Griechin hatte um die Gewandtheit seiner Feder nachgesucht, und er hatte sich in Naturalien bezahlen lassen. *Doch zwei Tage nach der Heldentat fand ich mich nicht belohnt, sondern bestraft*, muß er eingestehen.

Fünfundzwanzig Jahre später schickte er, um aus einem Gefängnis in Madrid zu entkommen, vier beeindruckende Briefe an die Obrigkeit. Nach seiner Freilassung sagt er zu den Alkalden:

Gebt zu, wenn ich es nicht verstanden hätte zu schreiben, hättet Ihr mich auf die Galeere geschickt.

Ach! erwiderte lakonisch der spanische Richter, *das ist gut möglich.*

Seinen ersten literarischen Triumph erlebte er noch als Kind in Venedig. Er war erst ein kleiner Junge von elf Jahren, seit zwei Jahren in Padua im Exil, wohin ihn seine Mutter gebracht hatte, damit er zu Kräften käme und die Anfangsgründe des Studiums erwerbe. Sie hielt ihn für dumm und brachte ihn in einer schmuddeligen und ärmlichen Pension unter. Bald aber boten ihm Grammatik, Griechisch und Latein ebenso wie die Begriffe der Philosophie, der Astronomie und der Musik keine Geheimnisse mehr. Er war ein brillanter Schüler geworden. Als der kleine Giacomo nach Venedig gerufen wurde, um sich von seiner Mutter zu verabschieden, die wieder einmal auf Reisen ging, erstrahlten ihre Augen vor Bewunderung, als er einen geistreichen und intelligenten Vers auf Lateinisch improvisierte. Zum ersten Mal sah sich das vernachlässigte Kind anerkannt.

Dies war meine erste literarische Leistung, und ich darf wohl sagen, daß in diesem Augenblick die Saat der Liebe zum literarischen Ruhm in meiner Seele zu keimen begann, denn der Applaus erhob mich auf den Gipfel des Glücks.

In seinem böhmischen Zufluchtsort erinnert sich Casanova an den überraschten und stolzen Blick seiner Mutter. In seinen Kinderaugen war sie schön wie der helle Tag. Schön und unerreichbar. Für einen Augenblick lang war es ihm gelungen, die

Aufmerksamkeit jener unnahbaren Mutter auf sich zu lenken, die sich gleich nach seiner Geburt von ihm abgewandt hatte. Einen Augenblick lang hatte er sich unter ihren Blicken glücklich gefühlt. Nie gestand er sich ihr gegenüber auch nur die geringste Traurigkeit, den Schatten eines Bedauerns oder das Aufkeimen eines Zorns ein. Sie war die unbestrittene Königin, die strahlend schöne Dame, die nachts durch seine Träume wandelte, nicht aber seine kindliche Seele erschütterte. Vielleicht hatte sie ihn nicht geliebt, weil er zart und kränkelnd war und sie fürchtete, ihn zu verlieren. Sie hatte ihn ihrer eigenen Mutter anvertraut und war mit ihrem Mann nach London entflohen. Der kleine Giacomo blieb kraftlos und antriebslos und schwebte zwischen Leben und Tod. Er verlor alles Blut, das ihm unablässig aus der Nase rann. Hatte er gemeint, sie so zurückhalten zu können? Eine andere Frau hatte sich seiner angenommen, eine liebevolle Großmutter, die entschlossen war, ihn gesund zu pflegen, und die ihn bis zu ihrem Tode unverbrüchlich liebte. Sie brachte ihn zu einer Zauberin, die das Blut beschwören sollte, das ihm all seine Kraft entzog. Und da endlich überkam ihn die Lust zu leben, spät, aber um so heftiger. Eine gütige Großmutter hatte ihm die Daseinsfreude und ein unerschütterliches Selbstvertrauen eingehaucht. Beides verlor er nie, bis auf einen Tag voller Verzweiflung in London, an dem er sich in die Themse stürzen wollte, weil die Charpillon, eine junge Prostituierte, ihn getäuscht hatte.

An jenem verhängnisvollen Tag zu Beginn des Monats September 1763 begann ich zu sterben und hörte auf zu leben, gesteht er sich ein. *Ich war achtunddreißig Jahre alt. Wenn die absteigende Linie so lang ist wie die aufsteigende, wie es ja sein müßte, scheine ich heute, am ersten Tag des Novembers 1797, noch mit nahezu vier Lebensjahren rechnen zu können, die aufgrund des Axioms motus in fine velocior recht schnell vorübergehen werden.*

Die Liebe in London hat mich nel mezzo del cammin di nostra vita gebracht. Dies war das Ende des ersten Aktes meines Lebens. Der zweite Akt endete mit meiner Abreise aus Venedig im Jahre 1783. Der dritte Akt wird offenbar hier [in Dux] *enden, wo ich zu meiner Unterhaltung diese Memoiren schreibe.*

An der Schwelle zum Tod ist der Drang zu schreiben für Casanova auch eine letzte Genugtuung im Leben. Die flüchtige Erinnerung an das Strahlen in den Augen seiner Mutter. Eine Wette auf die Unsterblichkeit. Casanova ist ein Spieler. Bassette, Pikett, Biribisso, Primspiel, Whist, Fünfzehnerspiel und Pharao, er war bei allen Hasardspielen dabei, im *Ridotto* von Venedig, am Tisch des Marchese Grimaldi und der Lady Harrington ebenso wie an dem vieler Gauner und Beutelschneider. Zu seinem zwanzigsten Geburtstag gab ihm sein venezianischer Gönner Senator Bragadin, der wie ein Vater zu ihm war, den Rat, den er immer befolgte – niemals gegen den Inhaber der Bank zu spielen. *Du liebst das Hasardspiel, daher rate ich dir, niemals gegen die Bank zu spielen. Lege selbst die Bank auf, und du wirst im Vorteil sein.*

Was mich zwang zu spielen, war eine Art Habsucht. Ich gab gern Geld aus, und ich beklagte meine Ausgaben, wenn mir nicht das Spiel die Mittel dazu verschafft hatte. Mir schien, das im Spiel gewonnene Geld habe mich nichts gekostet.

Nun spielt Giacomo Casanova seinen letzten Trumpf aus. Er hat kein anderes Leben mehr als das seiner Erzählung. Die Feder in seiner Hand verleiht ihm die einzige Möglichkeit, sein Schicksal endgültig zu besiegeln: Er schreibt, um sein Leben in ein Kunstwerk zu verwandeln und sich selbst zur literarischen Gestalt zu erheben.

Schreibend hat Casanova Zuflucht in seinem Zimmer gesucht, hat all den bösartigen Domestiken den Rücken zugewandt, die ihn während der Abwesenheit des Hausherrn plagen. Durch seine Erinnerungen rächt er sich an der Schmach, die er erleidet. Er spricht deutsch, und sie hören ihm nicht zu. Er wird böse, und sie lachen. Er tanzt auf jedem Ball das Menuett, erweist seine Ehrerbietung, wie er es bei Marcel, dem berühmten Pariser Ballettmeister gelernt hat, und sie machen sich über ihn lustig. Er trägt seinen weißen Federbusch, sein Drogett aus golddurchwirkter Seide, seinen Rock aus schwarzem Samt und Strumpfbänder mit Straßschnallen über verzierten Seidenstrümpfen, und sie lachen wieder.

Cospetto! ruft er aus, *Ihr Lumpenpack, Ihr seid alle Jakobiner, Ihr versündigt Euch an dem Grafen, und der Graf versündigt sich an mir, indem er Euch nicht bestraft.*

Es lag ihm immer daran zu gefallen. Das gibt er gern zu. *Doch auch wir Männer, obgleich uns die Gebärmutter fehlt, folgten in unserer Jugend gern der wunderlichen Neigung, uns herauszuputzen*, betont er immer wieder. Er erinnert sich an eine denkwürdige Verkleidung, die er anläßlich des Karnevals in Venedig für einige Freunde ersann. Noch einmal führt er sich die Szenerie vor Augen.

Er begibt sich zum besten Trödler der Stadt und ersteht zwei Samtanzüge, der eine blau, der andere schwefelfarben, sowie verschiedene Seidenkleider, das eine feuerrot, das zweite lila, das dritte aus Flockseide mit Streifen. Außerdem kauft er Batisthemden und mehrere halbe Ellen Samt, Seide und gestreifte Stoffe, alles in verschiedenen Farben. Zu Hause erwartet ihn ein Schneider, und mit einem Stilett bringt Casanova an jedem Gewand kreuz und quer etwa sechzig Schnitte an. Sodann befiehlt er dem entsetzten Handwerker, die Löcher mit Stoffetzen zu flicken, um so einen schönen Kontrast zu erzielen. Er vergißt auch nicht, mit der Frau des Schneiders, der schönen Zenobia, ein wenig zu tändeln. Er fordert sie auf, die Gewänder ebenfalls zu mißhandeln. Sie reißt sie am Halsausschnitt, an den Schultern und den Ärmeln in der Weise ein, daß sie die Begierde wecken, ohne den Anstand zu beleidigen. Mehrere Tage dauert es, die Kostüme vorzubereiten, jene *pitocchi*, die aus vornehmen Marchesi und Marchese luxuriöse Bettlergestalten machen. Casanova will das Geheimnis der Verkleidungen bewahren. Seine Freunde werden bis zum Augenblick des Umkleidens nichts davon erfahren. *Fragt mich nicht wie*, sagt er ihnen, *denn ich will Eure Überraschung genießen. Theatercoups sind meine Leidenschaft.*

Als Pierrot verkleidet, ergötzt sich Casanova an dem Schauspiel, das seine Freunde auf dem Ball darbieten. Vorsätzlich zerlöcherte Schuhe, nach Herzenslust zerrissene Manschetten aus feiner Spitze, wirre Haare, Masken voller Verzweiflung, schartige Teller aus feinem Porzellan, mit denen sie betteln: Die Maskerade ist ein glanzvolles Elend. Alle applaudieren dieser ausgefallenen, extravaganten Idee, die mit dem im Karneval erlaubten Übermut die Welt verkehrt herum erzählt. Casanova bleibt hinter seiner weißen Maske inkognito, genießt sein Werk und sprengt die Bank. Wenige Tage darauf eine neue Verkleidung für ein kleines Fest im Salon. Diesmal werden nicht die Stände der Gesellschaft umgekehrt, sondern die Geschlechter. Männer und Frauen tauschen die Gewänder. Erstere sehen sich aufgefordert, die Sittsamkeit des schönen Geschlechts und seine keusche Zurückhaltung nachzuahmen, während letztere, geschützt durch ihre Verkleidung, sich zu den verwegensten Berührungen erkühnen. Die Nacht endet, wie von ihrem Regisseur geplant. Alles war aufs Sorgfältigste vorbereitet. Alle haben ihr Vergnügen.

Das Leben ist ein Theater, und nur unter dieser Bedingung

lohnt es, gelebt zu werden. Casanova liebt es, Gewißheiten zu erschüttern. Mit der fröhlichen Impertinenz einer Figur aus der *commedia dell'arte* zerstört er die etablierte Ordnung, macht sich über Identitäten lustig, verwischt er die Grenzen der Gewißheit. Spielerisch entwirft er eine neue Wirklichkeit, um sie nach jeder noch so kleinen Freude zu ordnen. Sein Vergnügen schließt das der anderen ein. Casanova ist großzügig, ja unmäßig. Er liebt den Aufwand, die Verschwendung. Er braucht ein Publikum, das sich begeistert und seinen Kunststücken applaudiert. Er hält nichts zurück, sammelt keine Schätze. Das beweist in seinen Augen, wie uneigennützig und höchst ehrenwert er ist. Seine Freuden sind die des Künstlers, des Zauberers, der aus seinem Ärmel wunderbare Illusionen hervorholt. Nichts davon bleibt, außer einer Verbeugung, ein wenig Beifall und Lust, Lust und nochmals Lust.

Die Gastfreundschaft und die Rente des Grafen Dux muß er annehmen, weil er nicht mehr hoffen kann, seine Börse zu füllen oder Gesellschaft in seinem Bett oder seiner Kalesche zu haben. Die unwiderstehliche Jugend ist vergangen. Der Marquis kann sich nicht mehr in neue Reisen, neue Eroberungen stürzen. Er kann sich nicht mehr sagen: *Wenn ich am Morgen erwache, betrachte ich meinen Körper und meine geistige Verfassung und bin glücklich*. Von Augenblick zu Augenblick rückt ihm das Alter näher. In melancholische Gedanken versunken, notiert er auf dem Papier die ersten Anzeichen des Alters.

Mir schien, ich sei alt geworden. Sechsundvierzig Jahre waren doch ein hohes Alter. Den sinnlichen Genuß empfand ich zuweilen als weniger lebhaft, weniger verführerisch, als ich ihn mir vorgestellt hatte [...] Es war nun schon acht Jahre her, daß meine Manneskraft allmählich nachließ. [...] Ich konnte mich noch so anstrengen, die Frauen wollten sich nicht mehr in mich verlieben. [...] Ich war ein ganz anderer geworden ...

Aus seinem Leben kann er keinen Titel, keinen Besitz und kein Vermögen hinterlassen. Nicht einmal einen Namen. Wenn es Kinder gibt, hat er sie allein durch die äußere Ähnlichkeit und das Wort ihrer Mütter anerkannt. Casanovas Erbe sind die Seiten, die er nun so rasch wie möglich füllt, um den Parcours seines ganzen Lebens durchmessen zu können. Er weiß nicht, ob ihm das gelingt. Erschöpfung und Melancholie drücken ihn zuweilen nieder. Da sein Glanz als Abenteurer im Lauf der Jahre verblaßte, ist es ihm gelegentlich weniger angenehm, davon zu berichten. Doch bevor der Tod ihn einholt, will er Zeugnis geben von einem Jahrhundert und einer Lebensart, deren Ende gekommen ist. Er will von seiner außerordentlichen Fähigkeit zum Glücklichsein berichten, die er einem jeden wünscht.

Die Begierde, mit der seine Feder über das Blatt gleitet, gleicht der Begierde, mit der er gelebt hat. Er erinnert sich an das prachtvolle Mahl, das er der Frau des Bürgermeisters von Köln zum Geschenk machte, weil er sie verführen wollte. Sie veranlaßte ihn, sich an den Grafen Verità zu wenden, damit dieser ein Mahl organisiere, das in allen Einzelheiten dem glich, das sie beim Fürsten von Zweibrücken genossen hatte.

– *Sagt mir nur, was Ihr auszugeben bereit seid*, fragt ihn der Graf.

– *Mehr als man kann*, antwortet Casanova.

– *Also weniger*, korrigiert der Graf.

– *Nein. Mehr, denn ich will glänzen.*

– *Drückt Euch genauer aus, denn ich kenne den Mann.*

– *Sagt ihm, zweihundert Dukaten.*

– *Das genügt. Mehr hat der Graf von Zweibrücken nicht ausgegeben.*

Eine Tafel für vierundzwanzig Personen wird gedeckt und mit Tischwäsche aus Damast, vergoldetem Silber und Porzellan geschmückt. Das Menü setzt sich zusammen aus vierundzwanzig Austern pro Person, einer gewaltigen Platte mit Trüffelragout sowie einem Buffet mit Desserts, die sämtliche Herrscher Europas porträtieren. Casanova, der galante Kavalier, bleibt stehen und bedient die Damen, geht von einer zur andern, ohne die Dame seines Herzens, die betört ist von seiner Freizügigkeit, bevorzugt zu behandeln. Mit Vergnügen stellt er fest, daß während des Essens kein Tropfen Wasser getrunken wird: dafür um so mehr Champagner, Tokaier, Maraschino, Rheinwein, Madeira, Malaga, Wein aus Zypern, aus Alicante und vom Cap, und es wird nichts anderes serviert. Der Venezianer genießt es, sich einem Fürsten des Kaiserreichs gleichwertig zu fühlen. Weil er dem Kurfürsten von Köln das Vergnügen bereitet hat, von seiner Flucht aus den Bleikammern zu erzählen, erhält er von diesem eine prachtvolle goldene Schnupftabakdose, verziert mit seinem Porträt im Gewand eines Großmeisters des Ordens der deutschen Ritter und eingefaßt mit Brillanten. Er läßt die Dose unter seinen Gästen herumreichen. Keiner zweifelt mehr an der Noblesse des Gastgebers. Und die Gattin des Bürgermeisters läßt ihm diskret mitteilen, wie er sie in einer der kommenden Nächte finden kann: Er soll sich in der Kirche verbergen, die an ihr Haus angrenzt, und sich dort einschließen lassen, bis sie kommt, um ihn zu befreien. Das Warten war so köstlich wie die Umarmung, die sie dafür belohnte.

Casanova erinnert sich gern, ganz so, als verleihe allein die Erinnerung der Liebe ihren tiefsten Sinn. Vor seinem geistigen Auge läßt er die Gesichter, die Gespräche, die Ereignisse vorüberziehen. Er ist nicht mehr der Greis, der gequält wird vom Verwalter des Schlosses und dessen bösartigem Kumpan Vidarol, welcher auf dem Abtritt mit einer ekelerregenden und entehrenden Substanz sein Bildnis gezeichnet hat. Nein, er ist der Venezianer, der von einem Ort zum andern eilt und freizügig sein Wort, seine Saat und seine Phantasie verschwendet.

Casanova ist ein unternehmungslustiger Mann. Weder Mißerfolg noch Erfolg halten ihn auf oder werfen ihn um. Er strebt unablässig mit demselben Feuer voran. Nie mangelt es ihm an Ideen oder an Energie. Und wenn er auf seinem Weg auf ein Hindernis trifft, genügen eine Nacht erholsamen Schlafes und einige Tage strenger Diät, und er ist wieder auf den Beinen. Er bekennt, nur einen einzigen Tag seines Lebens verloren zu haben, einen Tag, den er nicht bewußt erlebte, weil er nach einem Maskenball am Hof von Sankt Petersburg einen Sonntag lang im Dezember 1764 siebenundzwanzig Stunden hintereinander schlief.

Wenn es ein lustiges, erstaunliches, ideenreiches Verzeichnis voller unerwarteter Wendungen gibt, in dem er mit Vergnügen blättert, so ist dies das Verzeichnis seiner zahlreichen Vorhaben, Beschäftigungen und Unterfangen in ganz Europa.

In Paris erlernt er bei Crébillon dem Vater die französische Sprache, ist Mitbegründer der Lotterie, errichtet eine Manufaktur für Seidendruckerei, widmet sich der Kabbalistik, verkehrt mit Silvia, der Übersetzerin von Marivaux, nimmt bei dem angesehenen Ballettmeister Marcel Menuettstunden, applaudiert zweien der berühmtesten Tänzer seiner Zeit, Louis Dupré und der Camargo, spioniert im Auftrag Ludwigs XV. und konversiert unbefangen mit der Marquise de Pompadour und dem Herzog de Richelieu.

In Spanien verfaßt er gelehrte Abhandlungen über die Besiedelung der Sierra Morena und den Anbau von Tabak. Bei Katharina der Großen entwirft er die Reform des Gregorianischen Kalenders und schlägt vor, Maulbeerbäume zu kultivieren. Für den Herzog von Kurland wird er unversehens zum Fachmann für den Bergbau. Er geht mit der Materie um, als kenne er sich theoretisch wie praktisch vorzüglich darin aus, und wundert sich selbst, mit welcher Leichtigkeit er über Fragen spricht, von denen er unmittelbar zuvor noch keine Ahnung hatte. Seit London will er seinem Vaterland das Geheimnis der Rotfärbung von Baumwollstoffen verkaufen, und in Prag erfindet er eine *grammatikalische* Lotterie, mit deren Hilfe die Spieler die französische Sprache und *nicht ganz so vollkommen auch alle anderen Sprachen des Universums* erlernen können!

Im Kreise von Spielern ist er ein Falschspieler, im Kreise von Schauspielern wird er zum Theaterunternehmer und zum Dramatiker. Im Kreise von Dummen erweist er sich als Filou, im Kreise von Edelmännern als Ehrenmann. Für Madame d'Urfé ist er unter dem Namen Paralis ein Kabbalist, sein Name als Hirte von Arkadien bei der *Académie romaine de poésie* ist Eupolemo Pantaxeno. Mit achtzehn Jahren erbittet er von Papst Benedikt XIV. die Erlaubnis, an Fastentagen üppig zu speisen und verbotene Bücher zu lesen. Im Alter von fünfunddreißig Jahren rezitiert er zusammen mit Voltaire Aristoteles, unterhält sich über Homer, Dante, Petrarca und Goldoni. Seit seiner Adoleszenz ist er abwechselnd Abate, Doktor der Jurisprudenz, Soldat, öffentlicher Schreiber, Geigenspieler, Arzt und Zauberer, Adoptivsohn eines venezianischen Patriziers, Libertin, Spieler, Finanzier, Pierrot, Tänzer der Furlana, Liebhaber und Freund der Frauen.

Zeit des Glücks

Casanova verliebt sich in eine Frau nach der anderen, doch er führt nicht Buch. Er empfindet Liebe für die Frau, die er begehrt, und bleibt ihr verbunden. Er genießt die Schönheit ihres Körpers, vorausgesetzt nur, sie geht einher mit scharfsinnigem Esprit und ausgesuchter Konversation. Vergnügen gibt und nimmt er gleichermaßen. Wenn es zwischen einem Mann und einer Frau um Liebe geht, kann der Betrug nur wechselseitig sein. Jeder verliert sich und gewinnt zugleich. Das Vergnügen des Augenblicks ist immer unschuldig. Womit sonst sollte man seine Lust bezahlen, wenn nicht mit seiner eigenen Person?

Casanova ist unbeständig und freiheitsliebend, hat aber die Eleganz, nach dem Bruch für eine glückliche Zukunft seiner Maitressen zu sorgen – Heirat, Mitgift, Engagement am Theater ... Er schöpft sein Glück aus der Augenblicklichkeit und Vergänglichkeit, doch er erschöpft sich auch darin. Er entrinnt der Dauer, kann aber Tränen und Leid nicht immer verhindern. Er kennt den Schmerz mancher Trennungen. Bettina, die erste, Teresa-Bellino, von der er nicht wußte, ob sie eine Frau oder ein Kastrat war, Henriette, seine größte Liebe, die Nonne M. M. aus Murano und Pauline, die adlige Portugiesin, die er in London kennenlernte, alle haben ihn in eine Verzweiflung gestürzt, die seine Sinnenlust gern gemieden hätte. Die Zeit des Glücks ist zeitlos, so lang sie auch sein mag, sie setzt sich zusammen aus einer nie abreißenden Folge von Genüssen. Das Ende der Liebschaft und der Begegnung stürzt ihn, wenn er sie nicht unverzüglich negiert und durch ein neues Abenteuer aufhebt, in tiefsten Schmerz und Trauer.

Nichts ist bitterer als die Trennung, wenn die Liebe noch nicht alle Kraft verloren hat, bekennt er und erweist sich damit weniger als Libertin, denn als großer Sentimentaler. *Der Schmerz erscheint unendlich viel größer* [sic] *als das verflossene Vergnügen. Das Vergnügen ist vergessen, und es bleibt nichts als der Schmerz. Man ist so unglücklich, daß man, um es nicht mehr sein zu müssen, am liebsten niemals glücklich gewesen wäre.*

In solchen Situationen versinkt er in einen tiefen und langen Schlaf, der einer völligen Entkräftung gleicht. Er ißt nichts mehr und verfällt in eine Mattigkeit, die ihn am Denken hindert und ihn tröstet. Zuweilen bestraft er sich für eine unerträgliche Zuneigung durch Verhältnisse mit käuflichen Frauen, die ihm dennoch Liebeskummer bereiten. Um sich diesem Gefühl des Verlusts und vielleicht sogar der Verlassenheit zu entziehen, bemüht er sich, die Verbindung zu den Frauen, die der Zufall und die Liebe über seinen Weg geführt haben, lebendig zu halten. Über weite Entfernungen und viele Jahre hinweg, in einigen Fällen sogar ein ganzes Leben lang und an irgend einem Ort Europas – Kaleschen, Spieltische, Theaterlogen, fürstliche Parks, von Paris nach Sankt Petersburg und von Rom nach Spa –, an Orten, wohin stets dieselben Menschen reisen, wo sie Abschied nehmen und sich wiedersehen, nimmt er das Gespräch wieder auf, das einige Zeit zuvor unterbrochen wurde. Welche Wonne, bekannte Gesichter wiederzusehen und aus den verflossenen Jahren zu erzählen! Ist dies nicht die ungezwungenste Art, Beständigkeit zu beweisen? Sich lieben heißt vielleicht einfach, sich wiederfinden.

Du wirst auch Henriette vergessen, hatte sie mit der Spitze eines Diamanten in eine Fensterscheibe des Hotels *A la Balance* in Genf geritzt. Nein, er vergißt sie nicht. Er hat geweint um diese Frau aus provenzalischem Adel, die äußerstes Zartgefühl verband mit dem Anschein großer Libertinage. Sie war schön, geistreich und kultiviert, mit einem Verstand wie ein Mathematiker, und lachte gern, um sich den Anschein von Frivolität zu geben. Sie spielte göttlich Cello. Im Schatten eines Gartens von Parma verborgen, hatte er Tränen darüber vergossen. Marie-Anne d'Albertas, die später François Bougerel de Fontienne zum Mann nahm, mußte ihren venezianischen Geliebten nach drei Monaten vollkommenen Glücks verlassen. Das war im Jahre 1749. Vierzehn Jahre später verbarg sie sich vor seinen Blicken, als der Zufall ihn auf ihr Schloß vor den Toren von Aix führte, wo er um ihre Gastfreundschaft bat. 1769 verbrachte er, schwer krank, vier Monate in Aix, wo er von einer diskreten Dienerin gepflegt wurde, die nicht verraten wollte, in wessen Dienst sie stand. Die wohlwollende gute Fee, die im

Verborgenen über seine Gesundheit wachte, hieß Henriette. Auch sie hatte jenen Mann nicht vergessen, den sie als den »ehrwürdigsten Mann auf der Welt« bezeichnete. Sie schickte ihm ein Billet, als er Aix verließ, um nach Marseille zu reisen:

Nichts, mein alter Freund, ist romantischer als die Geschichte unserer Begegnung in meinem Landhaus vor sechs Jahren und unserer neuerlichen Begegnung, zweiundzwanzig Jahre nach unserer Trennung in Genf. Wir sind beide älter geworden. Glaubt Ihr mir, daß ich trotz der Liebe, die ich noch immer für Euch empfinde, sehr froh bin, daß Ihr mich nicht erkannt habt? Nicht, daß ich häßlich geworden wäre, doch meine Körperfülle hat meine Gesichtszüge verändert. Ich bin Witwe, glücklich und so gut gestellt, daß ich sagen kann, Ihr werdet in Henriettes Börse genug Geld finden, wenn Euch die Bankiers den Kredit verweigern. Kehrt nicht nach Aix zurück, um mich wiederzusehen, denn das könnte die Leute auf Gedanken bringen ...

Zwanzig Jahre nach diesem Brief korrespondieren sie immer noch miteinander. Keiner von beiden hat das vollkommene Glück vergessen, das sie einst gemeinsam erlebten: Nie trübte auch nur ein Streit von einer Minute, ein Gähnen, ein geknicktes Rosenblatt ihre Glückseligkeit.

Nahezu am Ende des dritten Aktes seines Lebens angelangt, an dem sich der Vorhang schon langsam senkt, kostet der Venezianer das friedvolle Glück der Erinnerung.

Seine letzte Freundin, die zweiundzwanzigjährige Stiftsdame Cäcilie von Roggendorf, weckt in ihm eine letzte, platonische und briefliche Leidenschaft. In einem Schreiben vom 25. Juni 1797 erklärt sie ihm: *Oh teuerster Freund und einziger Mensch, den ich noch ohne Kummer lieben kann, wenn Ihr wüßtet, wie wertvoll mir das Vertrauen ist, das ich in mir wachsen fühle, wenn ich Eure Zeilen nochmals lese, welche Reinheit der Sitten entdecke ich in ihnen, welche Richtigkeit in den Grundsätzen, eine Feinheit des Geistes, ein Taktgefühl, das mich entzückt.*

Für sie schreibt der Greis im Exil ein »Handbuch« seines Lebens. Und er formuliert ein Bekenntnis, das er nie für möglich gehalten hätte. Er, der sinnenfreudige Wollüstling und Libertin wagt zu schreiben, die wahre Liebe sei der Sinnenlust fremd.

Überdauernde Liebe kann erst jenseits der Sinnenlust entstehen: Wenn sie entsteht, ist sie unsterblich; die andere muß schal werden, denn sie beruht allein auf Einbildung.

Das Kind aus Venedig

Die Kindheit Giacomos war einsilbig. Die Eltern hielten sein irdisches Dasein für kurz. Keiner dachte daran, mit dem Kind zu sprechen. Die Worte bildeten eine fernen und undeutlichen Brei aus Lauten. Er entdeckte den Gebrauch der Sprache und die Freude daran erst spät. Seine älteste Erinnerung daran datiert aus seinem neunten Lebensjahr. Bis zu dem Augenblick, in dem sein Geist und mit ihm die Erinnerung erwachte, schienen seine Sinneswahrnehmungen, seine Phantasie, sein Leben nur spärlich aus ihm hervorzutreten, ein kleiner unterirdischer Wasserlauf, ein unwillkürliches Geplätscher, ein leichter Schimmel, den die Zeit hinterläßt.

Seine ersten Jahre erlebte er im Zeichen des Blutes, der Nase und der mysteriösen Vergeudung. Das Blut floß unaufhaltsam, Tropfen um Tropfen. Je größer Giacomo wurde, desto schwächer wurde er. Sein Blut hörte nicht auf, zu strömen und seiner gleichgültigen Umgebung einen Tod anzukündigen, der nicht auf sich warten lassen würde. Die Ärzte stritten sich über die Ursache seines Leidens: Wie konnte er mehr Blut vergießen, als sein kleiner Körper enthielt? Er verliert, so sagten sie, allwöchentlich zwei Pfund Blut, dabei kann er nicht mehr als sechzehn bis achtzehn Pfund haben. Woher also kann eine so überreichliche Bluterzeugung kommen? Einer versicherte, der ganze Speisesaft des Knaben verwandle sich in Blut, ein anderer behauptete, die Luft vermehre bei jedem Atemzug einen Teil davon, und das erkläre, warum das Kind immer den Mund offenhalte. Alexander Knipps-Macoppe, ein berühmter Arzt und Medizinprofessor der Universität von Padua, erklärte, das Blut sei eine dehnbare Flüssigkeit, deren Dicke sich wohl, deren Menge sich aber nie verändern könne; die Blutungen Giacomos müßten also von der Dicke und der Masse seines Blutes herrühren. Sein Blut könne leichter zirkulieren, wenn es sich auf natürlichem Wege Erleichterung verschaffe und abfließe. Er fügte hinzu, das Kind wäre schon lange verstorben, wenn nicht die Natur, die das Leben wolle, sich selbst geholfen hätte.

Seine Eltern glaubten, er sei einem vorzeitigen Tode geweiht, sie sprachen nicht mit ihm. Das Kind blieb schweigsam, reglos, der Blick erloschen, trüb, stumpf. Jeder bedauerte ihn und ließ ihn in Frieden. Er unterhielt und interessierte keinen, am wenigsten seine Mutter. Der kleine Giacomo wollte nichts von der Welt wissen. Er wohnte in Venedig, in der Calle della Commedia.

Als er ein Jahr alt war, vertraute ihn seine Mutter Zanetta ihrer eigenen Mutter an, um in Begleitung ihres Mannes nach London zu ziehen, wo sie ihr Debut am Theater geben wollte. Im Haushalt seiner Großmutter Marsia herrschten Sauberkeit und ein ehrbarer Wohlstand. Sein Großvater mütterlicherseits, Girolamo Farussi, war zweiundzwanzig Tage vor der Hochzeit seiner einzigen Tochter Zanetta mit dem Komödianten Gaetano Casanova an Kummer und Verdruß gestorben. Girolamo war Handwerker, Seiler, gebürtig aus Burano, einer Insel in der Lagune, die berühmt war für ihre Fischer und die Geschicklichkeit ihrer Spitzenmacherinnen. Er lebte mit seiner Familie in Venedig, im Viertel San Samuele. Ein junger Komödiant aus der Theatertruppe der Grimani zog in das Haus gegenüber und verliebte sich in Zanetta, die kaum fünfzehn Jahre alt war.

Gaetano Casanova, geboren 1697 in Parma als Sohn von Giacomo Casanova und Anna Roli, hatte im Alter von neunzehn Jahren seine Familie und seine Heimatstadt verlassen, um einer Schauspielerin mit dem Künstlernamen »la Fragoletta« zu folgen, die mit Talent die Soubrette gab. Ohne Handwerk und ohne Geld wurde er Tänzer und dann Schauspieler. Acht

Jahre später, sei es aus Wankelmut, sei es aus Eifersucht, verließ er seine Maitresse und kam nach Venedig, wo er sich der Truppe am Theater San Samuele anschloß.

Für den Seiler war es eine Schande, sich zur Schau zu stellen. Es kam nicht in Frage, daß er seine Tochter einem Komödianten gab. Und so entführte Gaetano die schöne Zanetta, die er für seine Liebe empfänglich gemacht hatte. Mit den notwendigen Papieren versehen und von Zeugen begleitet, erschienen die beiden Liebenden vor dem Patriarchen von Venedig, der am 27. Februar 1724 in der Kirche San Samuele die Trauung vollzog. Aus dieser Ehe ging dreizehn Monate später, am 2. April, dem Ostertag des Jahres 1725, Giacomo Girolamo Casanova hervor. Am Tag davor hatte Zanetta große Lust auf Krebse.

Die Mutter Casanovas, Giovanna Maria Farussi, genannt Zanetta, war eine makellose Schönheit. Das blieb sie lange, bis ihre Schönheit dann urplötzlich welkte. Sie wurde im August 1708 geboren, vielleicht auf Burano, der Insel ihres Vaters. Zum Gedenken an diese Herkunft wurde sie »la Buranella« genannt. Aus ihrer Jugend ist nichts bekannt, außer ihrer Schönheit, ihrer Bereitschaft, sich von dem Schauspieler aus dem Haus gegenüber entführen zu lassen, und dem darauffolgenden Verlust ihres Vaters. Ihre Mutter verzieh ihr die Mesalliance, nachdem sie sich hatte versprechen lassen, daß Zanetta nicht zur Bühne gehen werde. Zanetta hielt ihr Versprechen nicht. Ihr Ehemann hingegen wechselte bald vom Theater zum Handwerk des Optikers. Zanetta überließ es ihrer Mutter, ihre Kinder aufzuziehen, so daß sie selbst sich der *commedia dell'arte* widmen konnte. Zunächst vertraute sie ihr ihren Erstgeborenen an, um nach London zu ziehen, wo sie zwei Jahre später einen zweiten Sohn gebar. Es ging das Gerücht, sein Erzeuger sei der Prinz von Wales, der zukünftige König George II. Francesco Casanova wurde Schlachtenmaler, Mitglied der *Académie de peinture* in Paris und schließlich Günstling des Fürsten Kaunitz in Wien.

Ende des Jahres 1728 kehrten Zanetta und Gaetano nach Venedig zurück und spielten am Theater San Samuele. Giacomo war drei Jahre alt. 1730 wurde der dritte Sohn, Giovanni Battista, geboren. Er wurde ebenfalls Maler und Zeichner, Pensionär des Kurfürsten von Sachsen in Venedig, Schüler von Mengs in Rom und Direktor der Akademie der bildenden Künste in Dresden. Ein Jahr später erblickte Faustina Maddalena das Licht der Welt. Sie starb mit fünf Jahren an einer Krankheit. 1732 gebar Zanetta Maria Maddalena Antonia Stella, die ihre Mutter an den Hof von Sachsen begleitete, wo diese als Tänzerin auftrat. Auf seinem Totenbett übergab Casanova das Manuskript seiner *Erinnerungen* an die Familie seiner Schwester, genauer gesagt, an ihren Schwiegersohn Carlo Angiolini.

Ein sechstes Kind, Gaetano Alvise, wurde 1734 »posthum« geboren. Dieser letzte Sohn wurde Priester. Zanetta war mit fünfundzwanzig Jahren Witwe, doch sie verweigerte sich allen Bewerbern und beschloß, allein – aber aus der Entfernung – für ihre Kinder zu sorgen. Wenig später verließ sie Venedig, um von Verona nach Sankt Petersburg und später nach Dresden zu ziehen, wo sie bis zu ihrem Lebensende Mitglied des Ensembles der *Comici italiani* war, einer Truppe, die von Andrea Bertoldi für Heinrich Graf von Brühl, den kursächsischen Premierminister, zusammengestellt worden war. Auf der Bühne wie im Leben spielte Zanetta Casanova Zeit ihres Lebens voller Anmut und Geschick die Rolle der *prima amorosa*.

Die Fee und die Hexe

Die erste Kindheitserinnerung Casanovas führt ihn zurück zum Beginn des Monats August 1733, in ein Haus in der Calle della Commedia, im Schatten der Kirche und des Theaters von San Samuele.

Giacomo lehnt, in der Hitze des Sommers, an einer Wand. Er hält den Kopf in die Hände gestützt und beobachtet mit starrem Blick, wie sein Blut auf den Boden rinnt. Seine geliebte *nonna* wäscht ihm das Gesicht mit frischem Wasser und läßt ihn, ohne daß irgend jemand davon erfährt, in eine Gondel steigen, die sie beide nach Murano bringt.

Am Ziel angekommen, führt die Großmutter ihren Enkel vorbei an schönen Gärten und Lusthäusern in ein schmutziges, düsteres Loch. Dort treffen sie auf eine alte Frau, die auf ihrem schmuddeligen Bettgestell sitzt, mit einer schwarzen Katze im Arm und umgeben von fünf oder sechs weiteren Katzen. Die beiden Alten verständigen sich flüsternd, dem Kind wird die Zeit lang. Nachdem die Großmutter der Hexe einen Silberdukaten in die Hand gedrückt hat, öffnet diese eine Kiste, nimmt Giacomo in ihre Arme und setzt ihn hinein. Sie verschließt die Kiste und sagt ihm, er solle keine Angst haben. Schon das hätte genügt, um ihn zu ängstigen, wenn er ein wenig weiter gedacht hätte, was aber nicht der Fall war. Stumpfsinnig drückt er sich in eine Ecke, das Taschentuch an der Nase, fühllos für den von außen hereindringenden Lärm. Er hört, wie jemand abwechselnd lacht, weint, singt, schreit und auf seine Kiste schlägt, doch ihm ist alles gleichgültig. Endlich holt man ihn wieder heraus. Woraufhin die Hexe ihn tausendmal liebkost, ihn auszieht, ihn in Tücher wickelt und auf ihr Lager legt, Spezereien verbrennt, Beschwörungsformeln murmelt, ihn wieder aus den Tüchern wickelt, ihm wohlschmeckendes Zuckerwerk zu essen gibt und ihm die Schläfen und den Nacken mit einer Salbe einreibt, die einen lieblichen Duft verströmt. Daraufhin verheißt sie dem Knaben, das Blut werde allmählich versiegen, wenn er zu keinem davon spreche, doch er werde sterben, wenn er das Geheimnis ihres Mysteriums verrate. Für die kommende Nacht sagt sie ihm den Besuch einer schönen Dame voraus. Kaum zu Hause angekommen, versinkt das Kind in Schlaf.

Eine betörend schöne Frau in einem großen Reifrock aus wunderbaren Stoffen durchquert diese Nacht. Sie steigt durch den Kamin in den Raum hinab, in dem der Knabe liegt. Er erwacht und erblickt – oder vermeint es zumindest – jene strahlende Dame, auf deren Haupt eine Krone tausend Funken versprüht. Gemessenen Schrittes nähert sie sich ihm zugleich hoheitsvoll und freundlich und läßt sich auf dem Rand seines Bettes nieder. Aus der Tasche zieht sie kleine Büchsen, deren Inhalt sie über seinem Gesicht ausschüttet, während sie vor sich hinmurmelt. Unbekannte Worte, seltsam zarte Worte, die ihn einhüllen. Sie spricht lange, sehr lange. Der Knabe hört ihr zu, gelähmt, geblendet. Er sieht die kleinen Büchsen, hört die Musik der Worte, sieht die in der Nacht so hell erstrahlende Königin. Er begreift nicht, wie ihm geschieht. Er ist in seinem eigenen Bett im Theater. Die Fee beugt sich über ihn, küßt ihn und verschwindet so, wie sie gekommen ist. Unmittelbar darauf schläft der Knabe wieder ein.

Am andern Morgen kommt die Großmutter an sein Bett. Sie spricht von dem nächtlichen Besuch und gebietet ihm bei Todesstrafe zu schweigen. Diese Drohung, ausgesprochen von der einzigen Frau, die unumschränkt über ihn gebietet und ihn daran gewöhnt hat, ihren Anweisungen blind zu gehorchen, prägt seine Erinnerung. Der Befehl ist nicht schwer zu befolgen. Wem könnte er seine Begegnung mit der Fee erzählen, er, der doch mit niemandem spricht, und an den keiner jemals das Wort richtet?

Nach dem Ausflug nach Murano und der darauffolgenden Nacht werden die Blutungen Tag für Tag schwächer, und der Geist des kleinen Giacomo öffnet sich. In weniger als einem Monat lernt er lesen. Die Lust zu lernen und zu leben hat ihn ergriffen. Er ist acht Jahre und vier Monate alt.

Der gestohlene Kristall

Die zweite Szene, an die Giacomo sich erinnert, datiert von Mitte November 1733, drei Monate nach der Reise nach Murano, sechs Wochen vor dem Tod seines Vaters.

Giacomo befindet sich mit Francesco, dem zwei Jahre jüngeren Bruder, im Zimmer des Vaters. Er beobachtet aufmerksam, wie sein Vater mit optischen Geräten arbeitet. Ein großer, runder, in viele Facetten geschliffener Kristall fesselt seine Aufmerksamkeit. Er nimmt ihn, betrachtet ihn und freut sich über die Vervielfältigung der Gegenstände. Plötzlich hat er Lust, ihn an sich zu nehmen. Da er sich unbeobachtet weiß, ergreift er den Kristall und läßt ihn in seine Tasche gleiten. Wenige Augenblicke später erhebt sich der Vater. Da er den Kristall nicht findet, wendet er sich an seine Söhne und sagt, einer von ihnen müsse ihn genommen haben. Francesco verneint, Giacomo, obwohl schuldig, leugnet. Der Vater droht, sie zu durchsuchen und den Lügner mit der Peitsche zu schlagen – woraufhin der ältere Sohn so tut, als suche er den Kristall in allen Ecken des Zimmers, und ihn bei dieser Gelegenheit in die Tasche des Bruders gleiten läßt. Als die Suche vergeblich bleibt, wird der Vater ungeduldig. Er durchsucht die Taschen seiner Söhne und findet den verlorenen Gegenstand bei dem Unschuldigen, dem er die versprochene Strafe verabreicht.

Sechs Wochen nach diesem Abenteuer leidet der Vater unter einem Geschwür im Kopf, das ihn innerhalb von acht Tagen das Leben kostet. Der Arzt gibt seinem Patienten zunächst »verstopfende« Medikamente und glaubt dann, den Fehler wiedergutmachen zu können, indem er das krampflösende Bibergeil verabreicht, woraufhin der Patient unter Krämpfen stirbt. Eine Minute nach seinem Dahinscheiden platzt das Geschwür und entleert sich durch das Ohr: Nachdem Doktor

Zambelli seinen Patienten umgebracht hat, verläßt er das Haus, als gebe es nichts mehr für ihn zu tun.

Als Gaetano Casanova stirbt, ist er erst sechsunddreißig Jahre alt. Die Allgemeinheit, und insbesondere der Adel, betrauern sein Ableben, weil er sich durch seine Lebensführung und mehr noch durch seine Kenntnis der Mechanik über seinen Stand erhob. Zwei Tage vor seinem Tod im Dezember 1733 fühlt er sein Ende nahen. Er versammelt seine Frau und seine fünf Kinder sowie drei Patrizier, die Brüder Michele, Alvise und Zuane Grimani, Besitzer des Theaters von San Samuele, an seinem Bett, um diese als Schirmherren seiner Familie zu verpflichten. Seine in Tränen aufgelöste Frau läßt er schwören, daß sie keines ihrer Kinder für das Theater erzieht. Zanetta legt den Schwur ab, und die drei adligen Venezianer bürgen für seine Unverbrüchlichkeit.

»Die Bäume laufen ja!«

Zanetta ist als schwangere Witwe bis Ostern von ihrer Verpflichtung am Theater entbunden. Sie gibt allen Bewerbern um ihre Hand einen Korb. Sie glaubt, ihre Kinder selbst durchbringen zu können. Giacomos Mutter interessiert sich – vielleicht sogar zum ersten Mal – für ihren Ältesten, nicht so sehr aus besonderer Vorliebe für ihn, sondern eher wegen seiner Krankheit. Ihre Mutter Marsia lenkt ihre Aufmerksamkeit auf das immer noch schwächliche und appetitlose Kind. Am 2. April 1734, Giacomos neuntem Geburtstag, wird er von Zanetta, seinem Vormund, dem Abate Alvise Grimani, und Signor Baffo, einem freigeistigen Dichter und Freund seines verstorbenen Vaters, nach Padua gebracht.

Um zehn Uhr abends steigen sie alle vier in einen *burchiello*. Die Reise von Venedig nach Padua auf einem Kanal der Brenta dauert acht Stunden. Das Boot erinnert an ein kleines schwimmendes Haus, mit einem Saal und mehreren Kammern und einer Reihe mit Glasscheiben versehener Fenster. Zanetta hat sich bei Tagesanbruch erhoben. Sie öffnet ein Fenster. Die Strahlen der aufgehenden Sonne treffen auf das Gesicht des Kindes und wecken es. Das Bett des Kindes liegt zu tief, als daß es das Ufer sehen könnte; es erkennt nur die Kronen der Bäume, die den Kanal säumen. Das Boot treibt ruhig und gleichmäßig dahin, so daß zu Giacomos Überraschung ein Baum nach dem anderen seinem Blick entschwindet. An seine Mutter gewandt, ruft Giacomo aus: *Was ist das? Die Bäume laufen ja!*

Als auch die beiden Patrizier anwesend sind, wiederholt das Kind seine Frage. Alle lachen. Die Mutter seufzt und antwortet gereizt: *Das Schiff bewegt sich, nicht die Bäume. Und nun zieh dich an!*

Das Kind, dessen Verstand sich regt, meint die Erscheinung zu verstehen und sagt: *So kann es also sein, daß auch die Sonne sich nicht bewegt und daß umgekehrt wir es sind, die von Westen nach Osten wandern.*

Die Mutter macht sich lustig, Signor Grimani nennt es schiere Dummheit. Giacomo ist bestürzt und kurz davor, in Tränen auszubrechen, als Signor Baffo auf ihn zustürzt, ihn zärtlich in die Arme schließt und erklärt: *Du hast recht, mein Kind. Die Sonne bewegt sich nicht. Nur Mut, gebrauche nur immer deinen Verstand, auch wenn die andern lachen.*

Diese Lektion vergißt Giacomo nicht. Dafür ist er seinem Lehrer dankbar. Denken heißt für ihn von nun an leben: Selbständig denken, ohne die Lacher zu fürchten. Er hat die Lust an der Grenzverletzung entdeckt, eine Gefährtin der Lust an der Erkenntnis. Von jetzt an kennt sein Wissensdurst keine Grenzen mehr: Grammatik, Jurisprudenz, Theologie, Mathematik, alte und neue Sprachen, die Schriften Vergils, Senecas, Ariosts und Aretinos, die Kunst der Prosa und der Verse, das

Streben nach höchster Gelehrsamkeit hat Besitz von ihm ergriffen.

Giacomo überlegt nunmehr:

Die Dummheit der beiden anderen (meiner Mutter und des Abate Grimani) hätte gewiß die Schärfe einer Fähigkeit in mir abgestumpft, von der ich nicht weiß, ob ich es weit genug in ihr gebracht habe. Eines aber weiß ich, daß ich nämlich ihr allein das Glück verdanke, das ich empfinde, wenn ich mit mir allein bin.

In den frühen Morgenstunden dieses Tages geben Zanetta und ihre beiden adligen Begleiter den neunjährigen Knaben mit seinem kleinen Reisekoffer in einer schmutzigen Pension ab. Sie sehen weder die Ratten noch das Ungeziefer in den Zimmern der Kinder, sie fragen nicht nach, als ihnen ein karges und fades Mahl serviert wird. Sie zählen sechs Zechinen ab, um sechs Monate im voraus zu bezahlen. Signora Mida protestiert, das sei nicht genug, um den Knaben zu beköstigen, seine Wäsche sauberzuhalten und ihm Unterricht geben zu lassen. Sie hören nicht auf sie. Die Mutter, Abate Grimani und Signor Baffo umarmen den kleinen Giacomo, weisen ihn an, immer zu gehorchen, und lassen ihn allein.

So entledigte man sich meiner.

Der silberne Löffel

Als das Kind zum ersten Mal am Eßtisch sitzt, bittet es um sein silbernes Besteck, eine persönliche Habe, die ihm teuer ist, weil sie ein Geschenk seiner geliebten Großmutter Marsia ist. Seine Bitte wird ihm verwehrt, es muß sich an den hölzernen Löffel gewöhnen. Eine dünne Suppe, eine kleine Portion Stockfisch, ein Apfel, und als Getränk, weder aus dem Glas noch aus einem Becher, sondern aus dem irdenen Krug getrunken, Wasser, in dem leere Traubenstengel abgekocht wurden: Das ist von nun an seine Mahlzeit. Giacomo ist überrascht, doch er weiß nicht, ob es ihm erlaubt ist, das Essen schlecht zu finden und sich zu beschweren.

Der Hunger verhilft ihm zu beschönigenden Träumen, in denen er an einem reichlich gedeckten Tisch seinen nagenden Hunger besänftigt. Er zwingt ihn auch, was er findet, zu stehlen und in sich hineinzuschlingen. Innerhalb weniger Tage vertilgt er an die fünfzig geräucherte Heringe, die er in einem Küchenschrank findet, als er nachts im Dunkeln hinunterschleicht, einen Kranz roher Würste aus dem Rauchfang des Kamins, und ungeachtet eines verdorbenen Magens alle Eier, die er, kaum gelegt und noch warm, im Hof entdecken kann. In der Schule macht er so rasche Fortschritte, daß sein Lehrer Doktor Gozzi ihn zum Aufseher über seine dreißig Kameraden macht. Im Austausch gegen einige gebratene Koteletts oder einige Hühnchenteile finden ihre Fehler seine Nachsicht. Bald hat das Elend ein Ende, als Doktor Gozzi ihm nahelegt, an Abate Grimani, Signor Baffo und seine Großmutter zu schreiben – seine Mutter war nicht mehr in Venedig, da sie wieder angefangen hatte, Theater zu spielen – und sie um die Erlaubnis zu bitten, sein Kostschüler zu werden. Anstelle einer Antwort erhält er von Grimani eine Rüge, doch seine *nonna* erscheint acht Tage später, um ihn aus der schmutzigen Pension herauszuholen, in die ihn sechs Monate zuvor seine Mutter gesteckt hatte.

Giacomo wirft sich ihr an den Hals und bricht in Tränen aus. Die Großmutter weint mit ihm, nimmt ihn auf die Knie und fordert ihn auf, ihr seinen ganzen unglückseligen Aufenthalt zu berichten. Er läßt keine Einzelheit aus. Daraufhin packt sie seine wenigen Kleidungsstücke in seinen Reisekoffer, nimmt das silberne Besteck wieder an sich und bringt ihren Enkel in die Herberge, in der sie wohnt. Giacomo empfindet eine unaussprechliche Freude, sein Herz und sein Geist sind bereit zu verzeihen und alle Unannehmlichkeiten zu vergessen. Seine Großmutter bringt ihn im Haus Doktor Gozzis unter, kleidet ihn in das Gewand eines Abate und läßt ihm eine Perücke fertigen, da sie ihm wegen seiner Unsauberkeit das Haar abschneiden lassen muß. Mit dem *burchiello* kehrt Marsia nach Venedig zurück, erleichtert, daß es ihr wieder einmal gelungen ist, die ungenierte Saumseligkeit ihrer Tochter auszugleichen.

Zanetta, Komödiantin bei Goldoni

Während Giacomo Kostschüler in Padua war, zog seine Mutter mit der Theatertruppe der Brüder Grimani nach Verona. Die Truppe spielte im Herbst und im Winter in Venedig und verbrachte die schöne Jahreszeit »auf dem Festland«. Giuseppe Imer, der Leiter der Truppe, war ein sehr eloquenter Genoveser mit einem eher unansehnlichen Äußeren, kurz geraten, dick und ohne Hals, mit kleinen Augen und einer kleinen, platten Nase, doch es mangelte ihm weder an Geist noch an Kenntnissen oder an Begabungen. Da er zudem eine schöne Stimme hatte, plante er, in die Komödie musikalische Intermezzi aufzunehmen. Diese Neuerung war äußerst erfolgreich. Er bat Carlo Goldoni, für seine Truppe zu schreiben.

Goldoni schreibt in seinen *Erinnerungen des Herrn Goldoni als Auskunft über die Geschichte seines Lebens und seines Bühnenschaffens*, die Truppe habe zwei Schauspielerinnen gehabt, die in der Lage waren, die Intermezzi zu singen: »Die eine war eine sehr schöne und begabte Witwe namens Zanetta Casanova, die in den Komödien die jungen Liebhaberinnen spielte.« Weder die beiden Schauspielerinnen noch der Direktor der Truppe konnten auch nur eine einzige Note lesen; und dennoch bezeugt Goldoni ihren sicheren Geschmack, ihr präzises Gehör und ihre vollkommene Ausführung. Das Publikum ist bezaubert und applaudiert.

Goldoni erklärt sich bereit, ein Intermezzo in drei Akten und die Musik dazu zu schreiben. Er nennt sein Stück *Das Mündel*. Die Idee dafür holt er sich aus dem Privatleben des Direktors. Ihm ist aufgefallen, daß dieser der schönen Witwe außerordentlich zugetan ist. Und als er dessen Eifersucht bemerkt, spielt Goldoni ihn selbst. Imer bemerkt die Arglist, doch das Intermezzo erscheint ihm so gut und die Kritik so aufrichtig und feinfühlig, daß er den Scherz gern verzeiht.

Im Frühjahr 1735 schließt Goldoni sich erneut der Truppe an, die sich allerdings sehr verändert hat. Er schreibt: »Die Truppe hat insbesondere durch den Weggang der Witwe Casanova einen erheblichen Verlust erlitten; denn diese ist trotz ihrer Liaison mit dem Direktor in die Dienste des polnischen Königs getreten.«

In Wahrheit ist Zanetta nicht in die Dienste des Königs von Polen-Sachsen getreten, sondern nach Rußland gereist, mit einer Truppe italienischer Schauspieler, zusammengestellt von Pietro Mira, genannt Pedrillo, einem venezianischen Geiger, der es zum bevorzugten Possenreißer Kaiserin Annas gebracht hat. Sie hat ihn nach Italien geschickt, um eine Truppe von Schauspielern und Musikern zu engagieren, unter denen sich auch der Schauspieler Vulcani, Giuseppe dall'Oglio und Zanetta Casanova befanden.

Blonde Perücke und literarischer Erfolg

Vor ihrer Reise in den hohen Norden ruft die Mutter ihren ältesten Sohn und seinen Erzieher Doktor Gozzi zu sich nach Venedig. Sie empfängt sie mit sehr anmutiger Ungekünsteltheit. Giacomo und der Lehrer sind zutiefst beeindruckt. Das

Kind findet die Mutter strahlend schön. Abate Gozzi, eingeschüchtert und kaum an die Welt und die Sitten der feinen Gesellschaft gewöhnt, errötet, senkt den Blick, wagt Zanetta nur dann anzusehen, wenn sie das Wort an ihn richtet, und noch weniger, wenn sie ihm die Wangen darbietet, um einen keuschen Kuß zu erhalten. Zanetta scheint sich zu amüsieren. Das erste, was sie an ihrem Sohn bemerkt und woran sie Anstoß nimmt, ist die blonde Perücke, die sich mit seinem braunen Gesicht »beißt« und einen unerträglich krassen Gegensatz zu seinen Augenbrauen und seinen schwarzen Augen bildet.

– *Warum laßt Ihr ihm denn nicht die eigenen Haare frisieren, mein teurer Abate Gozzi?* fragt sie.

– *Weil meine Schwester Bettina ihn mit einer Perücke leichter sauberhalten kann, Signora*, erwidert dieser.

Die ganze Gesellschaft bricht bei dieser naiven Antwort in schallendes Gelächter aus und fragt den Abate, ob seine Schwester verheiratet sei. Giacomo antwortet, ohne zu zögern: *Bettina* [ist] *die schönste Vierzehnjährige in unserer Straße!*

Alle lachen noch mehr, und Zanetta verspricht, Bettina ein schönes Geschenk zu machen, wenn sie ihrem Sohn die eigenen Haare frisiere. Sie ruft einen Perückenmacher, damit dieser ihm eine Perücke in einer passenden Farbe bringe, woraufhin alle sich dem Kartenspiel zuwenden.

Beim Abendessen notiert ein Engländer, ein Literat und ausgezeichneter Kenner der lateinischen Sprache, ein altes Distichon, das er Giacomo zu lesen gibt:

Discite grammatici cur mascula nomina cunnus
Et cur femineum mentula nomen habet
Erklärt uns, Ihr Grammatiker, warum cunnus maskulin ist, während mentula feminin ist.

Der junge Gelehrte überlegt einen Augenblick und schreibt dann den folgenden Pentameter:

Disce quod a domino nomina servus habet
Weil der Sklave immer den Namen seines Herrn trägt.

Die ganze Tischgesellschaft lacht, man staunt über so viel Frühreife und applaudiert lautstark dem jungen Helden, den man für nahezu schwachsinnig gehalten hatte und der sich innerhalb von zwei Jahren so manierlich entwickelt hat. Zanetta schenkt seinem Lehrer eine goldene Uhr. Abate Grimani gibt Giacomo vier Sesterzen, damit der sich Bücher kaufe.

Die prima amorosa

Nach Padua zurückgekehrt, spricht der Lehrer nur noch von der Mutter seines Schülers, und Bettina entdeckt ihre Zuneigung für Giacomo, als sie in einem Paket fünf Ellen leichte Glanzseide sowie zwölf Paar Handschuhe entdeckt. Das junge Mädchen nimmt sich des kleinen Venezianers an und kommt nun jeden Tag, um ihn, manchmal sogar in seinem Bett, zu kämmen. Sie wäscht ihm das Gesicht, den Hals, die Brust und liebkost ihn zuweilen in einer kindlichen Art, die ihn aufs höchste erregt. Die schöne, fröhliche, schalkhafte Jungfrau, eine große Romanleserin, erweckt ihn mit immer kühneren Gesten. Er bezähmt sich mit knapper Not, bleibt schüchtern und zürnt sich selbst.

Eines Morgens treibt die auf seinem Bett sitzende Bettina ihren Reinlichkeitseifer allzu weit, und ihre Neugier verschafft Giacomo eine so heftige Wollust, daß diese »erst aufhörte, als sie nicht weiter gehen konnte.« Damit ist der junge Mann eingeweiht, wenn auch noch nicht in die Liebe, so doch in die Tändelei und die oft schwer zu erratenden Wünsche der Frauen. Giacomo Casanova erlebt seine ersten amourösen Verstrickungen.

Bei Sonnenaufgang entzündet Bettina das Feuer seiner Sinnlichkeit, nachts hingegen schließt sie sich mit einem anderen

Kostschüler des Hauses ein. Der kleine Venezianer ist machtlos, zornig und entsetzlich eifersüchtig. Seine Bildung, sein Verstand und seine Manieren sind denen seines Rivalen überlegen, doch leider hat der andere den Vorzug, im mannbaren Alter zu sein. Giacomo verlangt eine Erklärung, woraufhin Bettina eine seltsame Einladung ausspricht: Sie fragt ihn, ob sie ihn als Mädchen verkleiden und auf einen Ball mitnehmen dürfe, der fünf oder sechs Tage später stattfindet. Dort könnten sie sich aussprechen. Er will sich unbedingt als Knabe zeigen und nicht, wie sie vorschlägt, als Mädchen, und teilt ihr mit, er werde sie am Abend desselben Tages in seinem Zimmer erwarten.

Giacomo geduldet sich die ganze Nacht. Draußen schneit es in großen Flocken. Am frühen Morgen, als er mehr vor Wut als vor Kälte fast vergeht, nähert er sich dem Zimmer Bettinas, hört ein Geräusch und sieht seinen triumphierenden Rivalen herauskommen. Dieser verpaßt ihm einen so heftigen Tritt in den Bauch, daß er sich ein ganzes Stück entfernt im Schnee liegend wiederfindet.

Giacomo brütet düstere Rachegedanken, als er entdeckt, daß das junge Mädchen auf seinem Bett von entsetzlichen Krämpfen geschüttelt wird. Sie ist nur halb angezogen, bäumt sich auf, wirft sich nach rechts und nach links, stößt wild mit Füßen und Fäusten um sich, entwindet sich mit heftigen Stößen den Herbeieilenden, die sie festzuhalten suchen. Eine Hebamme spricht von hysterischen Krämpfen, ein Arzt verordnet kalte Bäder. Giacomo hingegen weiß, oder glaubt zu wissen, daß die plötzliche Erkrankung Bettinas allein von ihrer nächtlichen Beschäftigung herrührt, und von der Angst, der hinauskomplimentierte junge Liebhaber könnte sie verraten. Dennoch zweifelt er nicht an der Echtheit der Krämpfe, die sich in den folgenden Tagen immer wieder einstellen.

Die Familie wird zusammengerufen, und man beschuldigt

eine Bedienstete, eine Hexe zu sein. Bettinas Bruder, der Abate, versucht, die Dämonen zu beschwören. Nichts hilft. Giacomo flüstert ihr ins Ohr: *Nur Mut, werdet gesund, Ihr könnt meiner Diskretion gewiß sein.* Bettina übersteht den Tag ohne weiteren Anfall. Giacomo glaubt, sie geheilt zu haben. Doch die Krämpfe kommen wieder. Man ruft einen Kapuziner, um die Besessene exorzieren zu lassen. Sie beruhigt sich ein wenig. Der junge Kostschüler findet in seinem Zimmer ein Billet mit dem folgenden Wortlaut: *Begleitet mich, als Mädchen verkleidet, auf den Ball, oder aber ich werde Euch ein Schauspiel bieten, das Euch zu Tränen rührt.* Der junge Venezianer weigert sich und sagt ihr, er liebe sie wie eine Schwester. Er sieht in ihr ein Wesen, das von seinem Temperament verführt wurde.

Ich empfand eine Art Vergnügen darin, das Falschgeld, das sie mir gegeben hatte, für bare Münze zu nehmen.

Die Affaire endet, als Bettina die Pocken bekommt. An die Stelle des Begehrens treten Gefühle der Zärtlichkeit und der Nachsicht. Giacomo ist ihr nicht mehr böse, sondern versteht ihren Schmerz. Von nun an und sein ganzes Leben lang wird er akzeptieren, daß er von den Frauen zum Narren gehalten wird. Er teilt ihr Geheimnis mit ihnen: Die Frau liebt den Mann, doch sie muß ihr Verlangen zuweilen verhüllen.

Einige Zeit später kehrt Giacomos Mutter aus Sankt Petersburg zurück. Kaiserin Anna Iwanowna fand die italienische Komödie nicht unterhaltend genug. Zanetta ist in Begleitung von Carlino Bertinazzi, einem berühmten Harlekin, gereist, der anschließend nach Paris weiterzieht. Sechs Monate darauf verabschiedet sie sich von Giacomo und begibt sich an den Hof von Dresden, wo sie auf Lebenszeit in die Dienste Augusts III., Kurfürst von Sachsen und König von Polen, tritt. Wir schreiben das Jahr 1738, der junge Casanova ist dreizehn Jahre alt. Er tut so, als mache ihn die Abreise seiner Mutter nicht traurig. Er wird so sein wie sie: leichthin, leichtfertig und vergnügungssüchtig. Zutiefst aufrichtig und zugleich unbeständig. Die Liebe ist ein Spiel, ein Fest. Das Leben ist ein Theater, eine Komödie, man muß nur gut genug spielen.

Der Vorhang hebt sich

Die Allmacht der Frauen

Zu Beginn des ersten Aktes seines Lebens läßt der Venezianer die folgenden Personen nacheinander auftreten: eine abwesende Mutter, einen zu früh verstorbenen Vater, eine wohlwollende Großmutter, eine Hexe aus Murano, eine nächtliche Fee, einige ärztliche Scharlatane, einen Verfasser schlüpfriger Gedichte, einige adlige Venezianer, eine gemeine Slawonierin, einen Lehrer aus Padua, eine junge Hysterikerin, einen schönen Exorzisten, ausschweifende Schüler, den Pfarrer von San Samuele, den alten Senator Malipiero, die Tochter des Schauspielers Imer, eine Bäuerin, zwei Schwestern, einen geschickten Friseur, Seminaristen, einen Kriegsminister, einen um Mitternacht verprügelten Mann, eine Griechin, der er seine erste Geschlechtskrankheit verdankt, und Bernardo de Bernardis, Bischof von Gottes, des Papstes und seiner Mutter Gnaden.

Der Vorhang hebt sich über einer Hexenszene.

Giacomo blutet, wie andere Kinder weinen. Er weint Blut. Sein Leben entweicht durch die Nase. Tropfen um Tropfen geht es mit ihm zu Ende. Warum ruft er so den Tod herbei? Um die Aufmerksamkeit einer Mutter zu fesseln, die sich von ihm abwendet und sich immer weiter von Venedig entfernt? Einer Mutter, die in London, Verona, Sankt Petersburg, Prag und Warschau die Liebhaberin auf dem Theater spielt. Wie könnte er ihren Gefallen finden, wie sie einen Augenblick lang an sich binden, die Wärme ihrer Arme erfahren, die Weichheit und den Duft ihrer Haut, den melodiösen Klang ihrer Stimme?

Der Knabe aus der Theatergasse wird unter dem Zeichen des Verlusts geboren. Seine Kindheit ist bedroht. Erst die beschwörenden und rätselhaften Gesten einer alten Hexe aus der Lagune erwecken ihn spät zum Leben, zur Erinnerung, zur sinnlichen Wahrnehmung. Der kleine Venezianer ist ohne Eltern, doch drei Frauen neigen sich über ihn: eine Zauberin, eine Königin der Nacht, eine verständnisvolle Großmutter. Sie umgeben ihn mit Fürsorge und Wohlwollen, sie vertrauen ihm. Um zu sehen, wie die Maske des Todes von seiner traurigen Gestalt abfällt, tauchen die drei Frauen das Kind in ein Ritual der Schwangerschaft und der Wiedergeburt. Die Urszene wird nachgespielt, Schwangerschaft und Geburt werden noch einmal durchlebt. Durch die symbolische Macht ihrer Gesten und Worte wird ihm das Leben noch einmal geschenkt und das Gefühl eingehaucht, geliebt zu werden.

Alle Sinne des in seine Kiste eingeschlossenen Kindes werden gereizt: Gehörsinn, Geruchssinn, Geschmackssinn, Tastsinn, Gesichtssinn. Man läßt ihn Lachen und Schreie, Gebete und Gesänge hören. Man taucht ihn ein in den herben Geruch des Rauchs und dann in den lieblichen Duft der Salben. Er schmeckt das köstliche Aroma von fünf Zuckermandeln. Seine Haut wird am ganzen Körper mit Liebkosungen umhüllt, mit Tüchern bedeckt, wieder aufgedeckt, abgerieben, massiert und schließlich berührt. Die Zauberin begleitet ihre Gesten mit Worten in friaulischer Mundart. Der kleine Venezianer, dessen Vater und Mutter nicht zu ihm sprechen, wird in einem Bad aus Worten gewiegt, deren Bedeutung er nicht kennt. Das Blut – der Frauen, des Todes und der Kastration –, das fließt und sich außerhalb seines Körpers verbreitet, sein unbewußtes, ungewisses, ignoriertes Leben hat ein Ende. Die Kiste hält zurück, schließt ein, umhüllt, beschützt, erlöst. Und nach der Dunkelheit, im Dämmerlicht der Nacht, erscheint ihm die strahlendste, erhabenste aller Frauen, eine Traummutter, die sich über ihn beugt, ihn mit Küssen, überaus sanften Worten und unzähligen kleinen Büchsen bedeckt. Giacomo ist dem Leben wiedergegeben.

Nach der Reise auf die Insel Murano und dem so wohltuenden nächtlichen Besuch vollzieht sich die Metamorphose. Das Blut, das so gefährlich zerfloß, ist beschworen, der Tod läßt von ihm ab. Der Knabe wird dazu verpflichtet, das Geheimnis zu wahren, und durch diese Inszenierung zugleich in die Magie eingeführt. Später wird er selbst zum Magier werden, im Spiel zuweilen, oft aber auch aus innerer Notwendigkeit.

Sein ganzes Leben lang strebt Casanova danach, diesen Augenblick einer wunderbaren Verschmelzung, die magische Regression mit der Feenmutter und der Zaubergroßmutter wiederzufinden. Unablässig erfindet er neue Listen, um jene Illusion der glückseligen Euphorie, jene durch die Vorsehung herbeigeführte Vereinigung vor aller Differenzierung, aller Trennung, allen Gesetzen aufrechtzuerhalten. Am Beginn seiner Erinnerung ist der kleine Giacomo der magischen Allmacht der Frauen ausgeliefert.

Als der Venezianer seine Erinnerungen verfaßt, hält er es zwar für lächerlich zu glauben, er verdanke die Heilung von seinen Blutungen den Narreteien einer Zauberin und einer Fee, doch er hält es für ebenso falsch, ihren Beitrag zu mißachten. Die Erscheinung der schönen Königin hat er immer als einen Traum angesehen, sofern er nicht durch eine Maskerade bewußt getäuscht wurde. Für den Greis von Dux gibt es keine Zauberer, doch er zweifelt nicht an der tatsächlichen Macht ihres Zaubers über all jene, die an sie glauben. Er ist überzeugt davon, daß die Heilmittel gegen die schlimmsten Übel nicht immer aus der Apotheke stammen.

Manche Dinge, so schreibt er in seinem böhmischen Zufluchtsort, *werden wirklich, auch wenn sie zuvor nur in der Vorstellung existierten, demzufolge müssen verschiedene Wirkun-*

gen, die man ansonsten dem Glauben zuschreibt, nicht immer Wunder sein. Wirklich sind sie für all jene, die dem Glauben eine unumschränkte Macht einräumen.

Die Mutter Casanovas

Die Mutter Casanovas war schön, bildschön und unnahbar, fern und feenhaft. Von der Frau, die ihn zur Welt gebracht hat, kennt der Sohn nur die Schönheit und die Abwesenheit. Über seine Verlassenheit spricht er ohne große Emotionen. Er leugnet sein Leid und seine Verlustgefühle. Giacomo idealisiert die Mutter, um seinem Schmerz und seiner Trauer zu entkommen. Er betrachtet sie mit den staunenden Augen der rückhaltlosen Bewunderung. Für ihn ist sie eine Fee, eine Königin, eine Zauberin.

In einem übernatürlichen Licht schillernd, mit Schmuck, Luxus und Ruhm bedeckt, durchquert sie seine Nacht wie in einem Traum und führt ihn aus der Ferne zum Erfolg. Sie thront dort oben, in der gleißenden Helligkeit der Bühnenscheinwerfer. Sie ist das verherrlichte Ebenbild der Liebe. Er meidet jeden Konflikt mit ihr, er zürnt ihr nicht, er grollt ihr nicht. Er schützt sich vor der Leere und der Trennung, indem er jede Spur einer Konfrontation, jede Form der Andersheit, jeden Unterschied zu verwischen sucht: sei es das Geschlecht, den Ort, die Generation oder die Standesgrenzen. Alle seine Abenteuer inszenieren ein und dasselbe unbewußte Raster: Er will diesseits der verstörenden Andersheit bleiben, dem anderen begegnen, ohne eine drohende Ablehnung gewärtigen zu müssen. Das Kind aus Venedig will sich die Illusion der mütterlichen Vollkommenheit bewahren. Nur so kann es sich in der Gewißheit wiegen, daß es in ihrer Allmacht und ihrem Zauber geborgen ist. Sie ist die blinde Göttin, die Vorsehung, das Schicksal, das Glück, und er steht unter ihrem Schutz.

Um dieser unnahbaren Göttin nahe sein zu können, muß er sich mit ihr identifizieren und ein Leben außerhalb der üblichen Bahnen führen. Er wird über, neben oder jenseits der allgemein gültigen menschlichen Gesetze stehen. Er überschreitet die Grenzen, verhöhnt die Gesetze, bietet Blitz und Donner die Stirn, entkommt aus den Gefängnissen, erobert jede Frau, in die er sich verliebt, hält kein Unterfangen für unmöglich. Casanova hat nicht nur einen maßlosen Ehrgeiz, sondern auch eine unerschöpfliche Willenskraft, Kaltblütigkeit und Energie. Immer hat er das unwiderstehliche Gefühl, von einer unsichtbaren Wesenheit, einem wohlwollenden Genius beschützt zu werden, der ihn zu seinem Glück drängt.

Nachdem er schon in frühester Kindheit mit dem Tod getändelt hat, gehört ihm nun das Leben. Von Anfang an weiß er, daß ihm nichts zusteht, also ist ihm alles erlaubt oder doch möglich. Die Vergangenheit existiert nicht mehr, die Zukunft noch nicht: Es zählen nur der Augenblick und das Jetzt. Er steht immer wieder auf und springt immer weiter. Er taucht auf aus dem Nirgendwo, um die Jungfrau, die Witwe, die Bäuerin, die Gräfin oder den vornehmen Herrn zu retten, die seinen Weg kreuzen. Er bietet ihnen seinen Arm an, sein Schwert, seine Ehre, sein kabbalistisches Wissen, seine Börse, seine Beziehungen, seine Konversation, sein Können als Liebhaber, seine Phantasie. Durch seine Kühnheit, seine Listen, seine Gewandtheit mildert er das Unglück der Menschen, die ihm begegnen. Was Abenteuer, Vergnügen, Neuartigkeiten, Belohnungen und vergnügliche Geschichten zum Erzählen angeht, kommt er auf seine Kosten.

Ähnlich wie die drei Zauberinnen seiner Kindheit versucht er, die Rolle des *deus ex machina* zu spielen, der die Macht hat zu retten, zu heilen, zu verändern, und je nach den Umständen und Notwendigkeiten zu tilgen oder deutlich werden zu lassen. Er liebt es, mit dem Verbotenen und dem Unmöglichen zu spielen und dabei doch eine anmutige Leichtigkeit zu bewahren. Das Tragische ist nicht sein Fach, er flieht es mehr als alles andere. Er ist der Held der Vorsehung, der Gutes tut und bei dem sich alle, Männer wie Frauen, beglückwünschen, seine Bekanntschaft gemacht zu haben. Er will gefallen, überzeugen, durch seinen Charme, seine Überzeugungskraft, seine Redegewandtheit, sein Talent und gelegentlich auch seine Geschenke oder sogar sein Geld bezwingen, nie aber durch Gewalt oder Zwang. Er rühmt sich seiner Eroberungen, nicht seiner Opfer. Er berauscht sich am Lachen, am Dank, am zufriedenen Seufzen und am Applaus. Sie sind wie ein betörender Nachhall des Beifalls seiner Mutter, als er sie an einem Abend in der Fastenzeit des Jahres 1736 mit seinem ersten Gedicht beeindruckte.

Giacomo blutet, Zanetta wendet sich ab. Er wagt es, eine Frage zu stellen, sie beklagt seine Dummheit. Aus diesem Knaben wird also nichts werden. Sie läßt ihn schamlos in Padua zurück, weil er angeblich eine Luftveränderung braucht, und kehrt wieder auf die Bühne zurück, eine schöne, von beflissenen Bewunderern umgebene Witwe. Zwei Jahre vergehen. Sie hat eine lange Reise vor sich, als sie sich an ihren Erstgeborenen erinnert. Sie läßt ihn nach Venedig kommen, um sich von ihm zu verabschieden. Eine blonde Perücke entstellt ihn, plötzlich interessiert sie sich für sein Haar, sein Aussehen. Sie wünscht, daß ihr Sohn wenigstens etwas darstellt, daß er das kunstvolle Arrangement an ihrem Tisch und die Sitten der feinen Gesellschaft, mit der sie sich umgibt, nicht durch seinen Anblick beleidigt. Und da fängt der Kleine plötzlich an zu sprechen und übersetzt Verse ins Lateinische. Zanettas Gäste lachen und sind bezaubert von so viel Lebendigkeit und Frühreife. Die Mutter ist entzückt, heiter, sogar stolz. Gar nicht so schlecht, der kleine Giacomo. Was sagt er da? Beide Geschlechter könnten ihr Vergnügen nur im andern finden? Der Sklave trage immer den

Namen seines Herrn? Wie kann er das in seinem Alter wissen? So verfügt er also mit elf Jahren schon über Gelehrsamkeit, selbstsicheres Auftreten und Schlagfertigkeit. Zanetta applaudiert. Beflügelt durch den Beifall der Mutter schwingt sich der kleine Giacomo hinauf zu den Gipfeln des Glücks.

Sie betrachtet seine Perücke, sie lacht, wenn er spricht. Ist es das, was den Frauen gefällt, Äußerlichkeiten und schöne Worte? Sie wollte nichts von ihm wissen, von seinem geschwächten Körper, seiner unablässig blutenden Nase und seiner Weltabgewandtheit. Sie will ihn aufgeweckt, brillant, redegewandt, herausgeputzt und parfümiert. Also wird er so sein.

Auf das narzißtische Interesse, das Casanovas Mutter für ihn bezeugt, reagiert er – sie spiegelnd –, indem er sich an Lebhaftigkeit, an Reisen, an Festen, an Ekstasen, an Festmählern der Sinne und des Geistes überbietet. Alles ist Vorwand für den Genuß. In der heiteren Übertreibung überwindet er Verzweiflung, Leere und Tod. Das vernachlässigte Kind, das still vor sich hin starb, glaubt nun an das Glück. Und da weder Angst noch die Befürchtung zu mißfallen sein Tun beschränken, kann er unendlich kühn und großmütig sein.

Die Mutter spielt auf der Bühne, er selbst im Leben. Sein Theater ist ganz Europa. Er befindet sich unentwegt mitten in der Vorstellung, achtet stets darauf, ob sein Publikum zufrieden scheint, und spart nicht an Effekten und Anstrengungen. Sein Vergnügen ist das Vergnügen der anderen. In den Salons, den Boudoirs und auf Reisen bemüht er sich unablässig, den Erwartungen seines jeweiligen Gegenübers zu entsprechen. Er hat das nicht zu unterdrückende Bedürfnis, sich geliebt, anerkannt, geschätzt, bewundert, geachtet zu fühlen. In Gesellschaft anderer erträgt er weder Schweigen noch den Schatten einer Mißbilligung.

In der glänzendsten Gesellschaft, gesteht er, *genügt es, daß mich eine einzige Person scheel ansieht, und ich gerate aus der*

Fassung. Es verdirbt mir die Laune, und ich benehme mich dumm. Das ist ein Fehler.

Sein Bedürfnis ist es, das Bedürfnis des anderen zu wecken. Liebe, Wertschätzung, Interesse und Freundschaft, die man ihm entgegenbringt, sollen grenzenlos, schrankenlos, unverbrüchlich, sollen absolut sein, so wie die Zuneigung, die ihm die Großmutter entgegenbrachte: eine bedingungslose Liebe, die ihn in seinen kindlichen Allmachtsphantasien bestätigte. Eine Liebe ohne Ende und ohne Anfang, losgelöst von der Zeit. Er lauert gespannt auf jedes noch so flüchtige Zeichen der Zustimmung und der Übereinstimmung. Unablässig muß er sein Glück von neuem versuchen, im Spiel, mit den Frauen, in allen seinen Unterfangen. Der Zufall muß ihm die Illusion der Straffreiheit, den Stern, der über seinem Leben leuchtet, immer wieder neu bestätigen.

»Adieu, Venedig!«

Da Giacomo sich als begabter erweist, als Zanetta jemals erwartet hätte, träumt sie von einer erfolgreichen Zukunft für ihren Sohn. Trotz seines Interesses für die Medizin drängt sie ihn, die kirchliche Laufbahn einzuschlagen, die einzige, die talentierten jungen Menschen seines Standes offensteht. Soll er das Kirchenrecht studieren, dann wird er es weit bringen!

Als Schauspielerin am Hof des sächsischen Kurfürsten ersucht sie die Königin von Polen, ihre Tochter, die Königin von Neapel, dazu zu überreden, in ihrer Heimat Kalabrien einen Bischofssitz für ihren Günstling Bernardo de Bernardis, Mönch in Warschau, zur Verfügung zu stellen, der ihr dafür versprochen hat, Giacomo in Dienst zu nehmen.

Er wird dich auf den Weg bringen, der zu den höchsten kirchlichen Würden führt, schreibt sie an ihren achtzehnjährigen

Sohn. *Bedenke nur, welch ein Trost es für mich wäre, dich in zwanzig oder dreißig Jahren zumindest als Bischof zu sehen.*

Dieses plötzliche Interesse seiner Mutter verdreht ihm den Kopf. *Adieu, Venedig!* Er soll zu Fuß in die ewige Stadt wandern und sie dann südlich von Neapel treffen. Leichten Schrittes macht er sich auf den Weg. Trotz aller Verdrießlichkeiten auf der Reise ist er im Innersten überzeugt, daß er eine glänzende Zukunft vor sich hat, denn sie trägt die Züge jener fernen und einflußreichen Mutter. Nun kann ihm nichts mehr etwas anhaben. Er hat eine Beschützerin!

Als er sich zum ersten Mal der Stadt Rom nähert, sieht er am Wegesrand eine ellenlange pyramidenförmige Flamme, die ihn bis zu seiner Ankunft in der Stadt begleitet. Der Anblick dieses kleinen Irrlichts verführt ihn zu eigenartigen Überlegungen. Er beginnt, von einem außergewöhnlichen Schicksal zu träumen – ein Gedanke, der ihn nicht mehr los läßt. Papst wird er werden, oder aber ein großer Philosoph. Er weiß, daß er in einem Alter ist, in dem ein junger Mann sich auf das Glück verlassen kann, wenn er nur ein wenig Mut besitzt und durch sein Äußeres die Menschen für sich einnimmt. Zwar hält er sich nicht für schön, doch er meint, etwas an sich zu haben, das noch besser ist und das er nicht benennen kann. Er fühlt sich zu allem bereit. Er ist überzeugt, daß sich ihm über kurz oder lang ein Horizont eröffnet, den er »in den rosigsten Farben« sieht. Vom Alter, von Enttäuschungen und vom Tod will er noch nichts wissen.

Ich überließ mich meinem Schicksal und hielt es für eine überflüssige Mühe, an die Zukunft zu denken.

In Kalabrien bei Bischof Bernardo de Bernardis angekommen, stellt Casanova bekümmert fest, wie ärmlich er gekleidet und untergebracht ist, und daß er jeglicher interessanten Gesellschaft entbehrt. Als er ihn fragt, ob er gute Bücher habe, Umgang mit gebildeten Menschen und einen Kreis, mit dem sich ein oder zwei Stunden in angenehmer Gesellschaft verbringen lassen, lächelt Bernardo de Bernardis nur traurig. Nachdenklich und niedergeschlagen fragt sich der junge Mann:

Sollte dies – ohne eine gute Bibliothek, ohne angenehme Gesellschaft, ohne geistigen Wettstreit, ohne literarische Korrespondenz – das Land sein, in dem ich mich mit achtzehn Jahren endgültig niederlassen würde?

Der Bischof beschließt, den literarisch gebildeten, ehrgeizigen jungen Mann mit einigen Empfehlungsschreiben nach Neapel zu schicken. Dort gelingt es ihm rasch, Zugang zu den besten Familien zu erhalten. Jeder Familienvater will ihn als Lehrer seiner Kinder behalten. Ein Neapolitaner namens Antonio Casanova erkundigt sich nach seinem Namen.

– *Stammt Eure Familie aus Venedig?* fragt er.

– *Ich bin, mein Herr*, antwortet der junge Mann bescheiden, *ein Urenkel des Enkels des unglücklichen Marcantonio Casanova, eines Sekretärs des Kardinals Pompeo Colonna, der 1528 in Rom unter dem Pontifikat Clemens VII. an der Pest starb.*

Giacomo, der seinen ganzen Stammbaum auswendig kann, sagt ihn her, beginnend bei Don Juan von Saragossa, Sohn des Don Francisco von Saragossa, der Ende des 14. Jahrhunderts geboren wurde. Daraufhin umarmt ihn der Neapolitaner, nennt ihn seinen Cousin, läßt ihm einen blauen, aus feinstem Tuch gefertigten Überrock mit goldgestickten Knopflöchern schneidern und führt ihn, so nobel gewandet, in die gute Gesellschaft von Neapel und Umgebung ein. Es dauert nicht lange, und Casanova erhält die wunderbarsten Geschenke und die angenehmsten Einladungen. Man will ihm sogar die Ehre zuteil werden lassen, die Hand der Königin zu küssen. Bei dieser Aussicht überkommt ihn die Scham. Er hat sich in seiner Genealogie eines Dichters, eines Theologen, eines Sekretärs des Königs, eines Gefährten des Christoph Kolumbus und eines Obersten gerühmt, doch er hat verschwiegen, daß er nur der Sohn eines Schauspielerpaares ist. Nun weiß jedoch die Königin, daß Zanetta in den Diensten des Kurfürsten von Sachsen steht, und nichts wird sie davon abhalten, von diesem Wissen auch Gebrauch zu machen. Die Enthüllung seiner wahren Herkunft wird ein Skandal sein, sein Stammbaum erschiene lächerlich, Vorurteile würden den guten Eindruck, den er hinterließ, zunichte machen. Trotz seiner glänzenden Konversation, seiner vornehmen Manieren, seiner vielfältigen Begabungen und der Freundschaft, die ihm Herzöge und Herzoginnen zuteil werden lassen, gehört er nicht zu ihrer Welt. Er ist ein Eindringling, ja fast ein Betrüger. Aus Furcht vor Entdeckung entschließt er sich rasch, die Stadt zu verlassen. Er verkündet kühn, er werde nach Rom reisen, um dort sein Glück zu machen. Seine neuen Freunde lassen ihn nicht mit leeren Händen ziehen: Sie übergeben ihm eine Tabaksdose, eine mit goldenen Arabesken verzierte Taschenuhr aus Schildpatt, einen wertvollen Spazierstock, Silberdukaten, einen Reiseanzug und verschiedene Empfehlungsschreiben für den mächtigen Kardinal Acquaviva.

Im tiefsten Innern ist Casanova verletzt. Der gesellschaftliche Affront, die Schande, einem niederen Stand anzugehören, bestimmen von nun an sein Verhalten. Einmal will er die Adligen zwingen, ihm eine Würde zuzugestehen, die nicht die ihre ist, eine persönliche Würde, die sich nicht von Geburt und Vermögen ableitet, ein andermal imitiert er die Allüren der feinen Gesellschaft und nennt sich Chevalier de Seingalt, oder er entlehnt den Mädchennamen seiner Mutter und nennt sich, vor allem in Rußland, Graf Farussi.

Für den jungen Abate Casanova ist die Versuchung groß, seine Abstammung abzuwerfen, jede Spur seiner gesellschaftlichen Herkunft und Zugehörigkeit zu verwischen, ohne familiäre Bindungen durch die Welt zu ziehen und sich die euphorische Illusion zu leisten, er sei sein eigener Vater und seine eigene Mutter.

Was ist ein Vater?

Der Schriftsteller erinnert sich an drei Szenen aus seiner Kindheit, die aufeinander folgen und sich aneinanderreihen: die Heilung durch den Zauber der Hexe, den Diebstahl des Kristalls und den frühen Tod des Vaters.

Sobald der Wissensdurst des kleinen Giacomo geweckt ist, wendet er sich dem Vater zu. In dessen mechanischer und optischer Werkstatt entdeckt er staunend den unendlichen Spiegel eines geschliffenen Kristalls. Den väterlichen Zauber, der konkreter und nicht so geheimnisvoll und unzugänglich ist wie der Zauber der Frauen, will er sich aneignen. Als der Vater sein Arbeitsgerät wieder einfordert, wagt das Kind nicht einzugestehen, daß es den Kristall gern behalten hätte, um ihn noch einmal vor das staunende Auge zu halten. Zum Diebstahl gesellt sich Feigheit: Der Knabe läßt den Gegenstand in die Tasche des jüngeren Bruders gleiten. Gaetano bestraft den Jüngeren anstelle des Älteren.

Der Schuldige entgeht der Strafe, der Unschuldige bezahlt für einen Fehler, den er nicht begangen hat. Kann es sein, daß ein Vater sich so leicht zum Narren halten, täuschen, ködern läßt? Wie kommt es, daß er Wahrheit und Lüge nicht voneinander scheiden und Gerechtigkeit wiederherstellen kann? Der zweifache Irrtum läßt das väterliche Gesetz lächerlich, ohnmächtig, unbegründet erscheinen. Die Autorität des Vaters wird nicht verneint – schließlich setzt er seine Strafandrohung in die Tat um –, doch sie wirkt töricht. Kurze Zeit nach dem an sich banalen Vorfall stirbt der Vater allzu früh und unter unglückseligen Umständen.

Der Greis von Dux verbindet die beiden Ereignisse miteinander, als habe es tatsächlich einen Zusammenhang gegeben, doch er fühlt sich an diesem »Mord« nicht schuldig und prangert den Doktor Zambelli an. Dessen Unfähigkeit kontrastiert mit dem Geschick der Zauberin von Murano. Das Paar, das die beiden unausgesprochen darstellen, ist ein Spiegelbild des Elternpaares: Es zeigt weibliche Allmacht und männliche Ohnmacht. Casanova kommt in vielerlei Variationen immer wieder auf dieses Motiv zurück. Über die Darstellung seiner Abenteuer hinweg versucht er, die Gleichung seiner Herkunft zu lösen, indem er immer wieder dasselbe Bild entwirft: Er hält jede Autorität zum Narren, wird seinerseits von den Frauen an der Nase herumgeführt und zeigt, welch unerschöpfliche Energie in ihm steckt.

Der Versuch des kleinen Jungen, sich mit dem Vater zu identifizieren, mißlingt und endet als Betrug. Das Versagen der Autorität wird offenkundig. Doch der Sieg über den Vater hat einen bitteren Beigeschmack. Giacomo beugt das Recht und lenkt seine Härte auf einen anderen. Insgeheim hat er gesiegt, zugleich aber verliert er den Vater. Auf Herausforderung und Triumph folgen Verlust und Leere. Die Schuldfrage bleibt offen. Casanova weigert sich, sich schuldig zu fühlen, er will nichts davon wissen, und doch zieht er sein ganzes Leben lang immer wieder Mißerfolge auf sich, wird eingesperrt, verjagt, verbannt, enteignet, als unerwünscht abgeschoben.

Der Vater läßt sich allzu leicht täuschen und kann den Sohn nicht vor der mütterlichen Maßlosigkeit (ihrer allzu häufigen Abwesenheit, ihrer Faszination und ihrem Zauber) schützen. Damit gelingt es ihm nicht, seine Rolle in der Familie auszufüllen. Er hinterläßt eine Lücke. Als Halbwaise versucht Giacomo, Adoptivväter zu finden, herausragende Männer, die in der Lage wären, ihn zu führen und sein Ungestüm zu formen. Als er mit achtzehn Jahren in Rom eintrifft, denkt er von sich selbst:

Ich war ein interessanter Bruder Leichtfuß, ein recht hübsches Pferd aus einer guten Rasse, und nicht – oder was noch schlimmer ist – schlecht dressiert.

Während seiner Lehrjahre, in Padua, Venedig, Rom und Konstantinopel und wohin immer ihn das Schicksal führt, trifft er auf mächtige und kenntnisreiche Männer, deren Vertrauenswürdigkeit, Größe und Weisheit er auf den Prüfstand stellt. Mit einer kritischen, immer ein wenig ironischen Hellsichtigkeit ermißt er ihre Grenzen, ihre Schwächen und – schlimmer als alles – ihre Inkonsequenz. Casanova schwankt unablässig, ob als Kind, als Schüler, als Student, als Abate oder als junger Militär im Dienste seines Vaterlands, zwischen der Neigung, die Autorität von Vätern, Fürsten und hohen Herren in Frage zu stellen, und dem Bedürfnis, sich auf ein verbindliches, eindeutiges, unverrückbares und gerechtes Gesetz zu stützen. Er braucht ehrbare Adoptivväter, die sich nicht an der Nase herumführen oder bei einer Verfehlung ertappen lassen.

Giorgio Baffo, dem engen Freund seines Vaters, der ihn in seinem Wissensdrang unterstützt und ihn ermutigt, selbständig zu denken, auch wenn seine Umgebung ihn auslacht, ist er unendlich dankbar. Und dies wohl um so mehr, als Baffo ein Dichter war, der sich nur in Gedichten »der schlüpfrigsten Art« versuchte. Der von der Inquisition aus seinem Vaterland verbannte Venezianer notiert nicht ohne Ironie:

Die venezianischen Staatsinquisitoren werden aus Pietät zu seiner Berühmtheit beigetragen haben; denn indem sie seine Manuskripte auf den Index setzten, machten sie sie kostbar.

Sein erster Lehrer, Doktor Gozzi, unterwirft sich dem Gesetz der Kirche und mißtraut dem eigenständigen Denken, weil es den Zweifel nährt. Er lehrt ihn alles, was er selbst weiß. Das ist in den Augen des Schülers wenig, und doch wiederum genug, um ihn in alle Wissenschaften einzuweihen und ihm das Violinenspiel beizubringen. Für den Abate Gozzi, der mit dem kleinen Venezianer im selben Bett schläft, ist die fleischliche Sünde die größte aller Sünden, und so verdrießt es ihn, als der ungezogene Giacomo behauptet, sie könne nur die läßlichste aller Sünden sein. Doktor Gozzis untadelige Lebensführung entspricht seinen religiösen Vorstellungen. Der erwachsene Casanova nächtigt jedesmal bei ihm, wenn er nach Padua zurückkehrt. Er bleibt ihm aufrichtig verbunden, auch wenn er sich sehr bald der Reliquie entledigt, die ihm sein Lehrer geschenkt hat.

Die ich vielleicht noch hätte, gesteht er, *wenn sie nicht in Gold gefaßt gewesen wäre. So aber vollbrachte sie das Wunder, mir in einem Augenblick höchster Not zum Vorteil zu gereichen.*

Am 22. Januar 1741 erhält Giacomo in Venedig zur höchsten Zufriedenheit der Großmutter die vier niederen Weihen. Der Pfarrer von San Samuele stellt ihn Senator Malipiero vor, einem alten, siebzigjährigen Edelmann, in dessen Palazzo die auserlesenste venezianische Gesellschaft verkehrt. Der Senator leidet an Gichtanfällen, die ihm bald das eine, bald das andere Glied lähmen, und hat darüber hinaus keine Zähne mehr, so daß er sich gezwungen sieht, allein zu speisen, weil er doppelt so lange wie seine Gäste braucht, um eine Mahlzeit zu beenden, und weil er sich weder beeilen noch die anderen warten lassen will. Als der junge Abate dem geistreichen Senator vorgestellt wird, überzeugt er ihn, an seine Tafel Gäste zu laden, die von Natur aus doppelt so viel essen wie andere.

– *Aber wo finde ich solche Leute?*

– *Die Sache ist heikel. Eure Exzellenz sollten einige Tischgenossen ausprobieren, und wenn sie so sind, wie Eure Exzellenz sie wünschen, sie Euch erhalten, ohne ihnen den wahren Grund zu verraten; denn auf der ganzen Welt gibt es keinen wohlerzogenen Menschen, der sich nachsagen lassen will, er habe nur deshalb die Ehre, am Tisch des Senators zu speisen, weil er doppelt so viel esse wie andere.*

Senator Malipiero ist von dieser Beweisführung so angetan, daß er den jungen Abate zu seinem täglichen Tischgenossen macht. Giacomo wird zu seinem Günstling, und der Senator läßt ihn die Philosphie Gassendis studieren und gestattet ihm, auf seinen Abendgesellschaften anwesend zu sein, auf denen sich geistreiche Männer versammeln, die alle Neuigkeiten aus der Stadt kennen, und ehrbare Frauen, über die sein Schirmherr sagt, sie seien die Tugend selbst, und alle Welt hielte ihn für einen Spitzbuben, wenn er jemals etwas über sie in Umlauf brächte, das nicht ihrem guten Ruf entspreche. Dies ist seine erste Lektion in Lebensart.

Ein »unbedeutender junger Abate«

Innerhalb weniger Tage wird Giacomo zum Liebling aller weiblichen Gäste des Palazzo Malipiero.

Als unbedeutender junger Abate, erzählt der Venezianer, *sollte ich sie begleiten, wenn sie ihre Töchter oder Nichten in den Sprechzimmern der Klöster besuchten, in denen diese als Pensionärinnen untergebracht waren. Ich besuchte sie unangemeldet zu allen Tageszeiten; sie zankten mich aus, wenn eine Woche verging, ohne daß ich mich sehen ließ; und wenn ich die Zimmer der jungen Mädchen betrat, hörte ich, wie sie sich eiligst entfernten; doch sie schalten sich töricht, wenn sie sahen, daß nur ich es war. Ich fand ihr Zutrauen bezaubernd.*

Sämtliche Türen tun sich ihm auf; er erhält Zutritt zu Boudoirs und Gondeln und gewinnt das Vertrauen seiner Umgebung. Er ist fünfzehn, knapp sechzehn – das Alter der androgynen Anmut, der kaum erblühten Sinnlichkeit. Er ist kein Kind mehr und doch noch Kind. An diesem verschwommenen Übergang werden ihm die Vorrechte der Kindheit noch zugestanden und einige Freiheiten der Erwachsenen schon eingeräumt. Ohne mit der Wimper zu zucken, läßt er sich die Liebkosungen der »alten Frauen« gefallen, von denen sich einige nur als solche ausgeben, um die Regeln des Anstands nicht zu verletzen, wenn sie ihn küssen.

Ein »unbedeutender junger Abate«: Dies ist seine gesellschaftliche Stellung, die ihm einerseits wenig Einfluß einräumt, ihm aber andererseits Straflosigkeit zusichert, ihm ermöglicht, leichtfertig, folgenlos zu verführen, so wie er es stets gern hätte. Er ist ein unbedeutender junger Mann, der keinem Rechenschaft schuldet und Rivalitäten aus dem Weg geht. Giacomo spielt außer Konkurrenz.

Sein Einzug in die Palazzi Venedigs, die Gesellschaft der vornehmen Damen, das zarte Rascheln ihrer Kleider, ihr nach Amber duftender Puder, ihre geistreiche Konversation wecken in ihm das Verlangen, durch seine Erscheinung und sein elegantes Äußeres zu gefallen. Der Pfarrer von San Samuele will nichts davon wissen und ist sich mit der Großmutter darin einig, daß seine Frisur allzu herausgeputzt und seine nach Jasmin duftende Pomade allzu aufdringlich sei. Der junge Abate erwidert, wenn er hätte stinken wollen, wäre er Kapuziner geworden. Daraufhin schleicht sich der Pfarrer von San Samuele frühmorgens und mit einer guten Schere bewaffnet in Giacomos Zimmer und schneidet ihm erbarmungslos die schönen Locken ab. Was für ein Zorn! Was für eine Empörung, als er erwacht! Sein Bruder Francesco lacht, seine *nonna* versucht, ihn zu beruhigen, indem sie einräumt, Pfarrer Tosello habe die Grenzen der erlaubten Züchtigung überschritten. Giacomo gerät in Zorn und beschließt, sich »unter dem Schutz aller Gesetze blutig an ihm zu rächen«. Er wendet sich an einen Advokaten, um Genugtuung zu erhalten, als unversehens ein von Signor Malipiero geschickter kunstfertiger Friseur erscheint, der ihm Gerechtigkeit widerfahren läßt. Nachdem er den Schaden begutachtet hat, sagt er lachend, er werde Giacomos

Haare »en vergette« – einem Staubwedel gleich – frisieren, so daß er noch eleganter sei als zuvor! Giacomo empfindet dies als Genugtuung und fühlt sich gerächt. Wieder einmal besiegt er die Autorität, indem er sie lächerlich macht.

Der alte Senator Malipiero amüsiert sich darüber und sorgt dafür, daß sein Schützling die Predigt am zweiten Weihnachtsfeiertag halten kann. Diese Predigt wird ein vollkommener Triumph, versehen mit fünfzig Zechinen für den Prediger und einer Anzahl Liebesbriefe, die ihm zur Empörung der Frömmler von einigen schönen Damen aus der Zuhörerschaft verehrt werden. Giacomo träumt davon, zum berühmtesten Prediger des Jahrhunderts zu werden, und seine Großmutter sieht ihn bereits als Apostel. Die Eitelkeit hindert ihn daran, sich allzu viel Mühe zu machen und seine Predigt auswendig zu lernen, zudem hält ihn seine Gefräßigkeit allzu lange bei Tisch, und als er zum zweiten Mal auf die Kanzel steigt, faselt er nur dummes Zeug. Seine Zuhörer werden unruhig. Er sieht, daß einige sich aus der Kirche entfernen, andere meint er lachen zu hören. Er verliert den Kopf und wird ohnmächtig, halb aus Heuchelei, halb aus Schwäche. Es folgt ein schmählicher Abgang. Die Scham zwingt Giacomo, unverzüglich die Stadt zu verlassen und sich wieder an der Universität von Padua einzuschreiben, wo er die Prüfungen des dritten Jahres im Studium der Rechte absolviert und sein Doktorat vorbereitet. Ganz so folgenlos ist sein Handeln wiederum nicht.

Lachen und Schuldgefühle

Einige Zeit später, als er sich darauf vorbereitet, Venedig zu verlassen, um in den Süden Italiens zu reisen, erteilt Malipiero, der entzückt davon ist, daß sein Schüler so bereitwillig dem von seiner Mutter vorgesehenen Weg folgt, diesem Schüler eine Lektion, die er nie vergißt. Er erklärt ihm, daß das berühmte Gebot der Stoiker, *Sequere Deum*, nichts anderes bedeutet als: »Schicke dich in das, was das Schicksal für dich bereithält.« Einen Monat darauf ereignet sich eine Affäre, durch die Giacomo bei Malipiero in Ungnade fällt. Giacomo hat sich Teresa Imer, der schönen Favoritin des alten Senators, allzu sehr genähert.

Wir saßen nebeneinander an einem Tischchen, mit dem Rücken zu der Tür, hinter der wir unseren schlafenden Gönner vermuteten, als uns im Lauf unseres Gesprächs in unserer arglosen Fröhlichkeit die Lust ankam, die Unterschiede unseres Leibes zu erkunden. Wir waren gerade am interessantesten Teil der Untersuchung angelangt, als ein heftiger Stockhieb auf meinen Hals herniedersauste, dem ein zweiter folgte, und dem unzweifelhaft noch viele andere gefolgt wären, wenn ich mich diesem Hagel von Schlägen nicht eilends durch die Flucht aus dem Zimmer entzogen hätte.

Eine Viertelstunde später werden Mantel und Hut bei ihm abgegeben. Er erhält einen Brief, in dem Senator Malipiero ihn auffordert, nie wieder den Fuß in seinen Palazzo zu setzen. Giacomo sinnt auf Rache und antwortet:

Ihr habt mich im Zorn geschlagen und könnt Euch daher nicht rühmen, mir eine Lektion erteilt zu haben. Deshalb will ich auch nichts gelernt haben. Ich könnte Euch nur dann verzeihen, wenn ich vergäße, daß Ihr ein Weiser seid, und das kann ich nie vergessen.

Der Jüngling hat seinen Lehrer, der seinen Zorn und seine Eifersucht nicht bändigen konnte, bei einem Fehler ertappt. Und welchen Wert besitzt ein Lehrer, der seine eigene Weisheit nicht achtet? Die Dienerschaft errät die Ursache der plötzlichen Verbannung Giacomos, und bald lacht die ganze Stadt über den Vorfall.

So endet das Spannungsverhältnis mit der Autoritätsfigur des Senators Malipiero unter Gelächter. Es war ein gespanntes

Verhältnis, keine offene Konfrontation. Giacomo macht sich über den alten Weisen lustig, verkehrt die Lektion ins Lächerliche, erklärt, er habe nichts gelernt. Er lacht über die Autorität, ohne sie direkt anzugreifen; er macht die väterliche Unzulänglichkeit sichtbar, weicht aber dem Konflikt aus. Ein paar Pirouetten, und schon hat er es geschafft. Der Harlekin, Diener zweier Herren und damit keines einzigen oder nur seiner selbst – was auf dasselbe hinausläuft –, verläßt die Bühne und macht eine lange Nase. Applaus des Publikums.

Casanova kennt aber auch Schuldgefühle. Immer wieder stürzt er sich kopfüber in Mißerfolge, Fallen, Liebeskummer, Spielverluste, Staatsgefängnisse. Er verläßt sich auf die magische Allmacht der Frauen und scheint die Funktion des Vaters abzuwerten, und dennoch zwingt ihn das Gefühl, im Unrecht zu sein, sich immer wieder selbst zu bestrafen:

Mein ganzes Leben lang habe ich nichts anderes getan, als meine Krankheit herbeizuführen, wenn ich bei bester Gesundheit war, und um meine Gesundheit zu ringen, wenn ich sie verloren hatte.

Diese Systematik ist nicht ohne Ironie, denn die Strafe bietet oftmals Gelegenheit für eine neue Heldentat: Als unterwerfe er sich stets nur scheinbar dem Gesetz, triumphiert er am Ende darüber, verhöhnt und verlacht es und bringt andere zum Lachen: Sei's drum! Von einer Krankheit kann ich genesen, aus einem Gefängnis entweichen, eine Spielschuld ausgleichen, eine Enttäuschung durch einige Nächte erholsamen Schlafes vergessen!

Er hat beides in sich: das unverschämte Bedürfnis, sich über die Gesetze zu stellen, und den heimlichen Wunsch, für seine Streiche zu bezahlen. Er wechselt extrem schnell zwischen Gesundheit und Krankheit, Schönheit und Schmutz, Glück und Elend, Fürsten und Gaunern, Palästen und Kerkern, und umgekehrt. So durchquert der unbedeutende junge Abate ganz Europa, von Norden nach Süden, und von Osten nach Westen, und wechselt von der der Gesellschaft der schönsten Marquise zur verkommensten Hure, und von der Gesellschaft der schlimmsten Ketzer zum Papst.

Von Papst Benedikt XIV. erbittet er die Erlaubnis, in der Fastenzeit üppig zu speisen und verbotene Bücher zu lesen, ganz so, als müsse er immer wieder versuchen, jedwede Autoritätsfigur in eine willfährige Mutterfigur zu verwandeln und damit das Gefühl seiner Unverletzlichkeit zu stärken. Immer wieder wiederholt er dieselbe Szene aus seiner Kindheit: Er will um jeden Preis der vogelfreie Sohn einer magischen Mutter bleiben, indem er jedes väterliche Verbot durch Lachen oder Täuschung umgeht.

Das rote Gewand des Glücks

Giacomo zieht das kirchliche Gewand aus, um sich die Uniform des Militärs überzustreifen; doch da er weder geduldig noch heuchlerisch genug ist, macht er auf diesem Weg ebenso wenig Karriere wie auf dem anderen. Nach den Lehrjahren kehrt er 1746 in seine Geburtsstadt zurück. Er ist zwanzig Jahre alt und ohne einen Heller in der Tasche. Er entschließt sich, Geiger im Orchester des Theaters San Samuele zu werden. Zurück zum Ausgangspunkt.

Im Frühjahr desselben Jahres spielt er in einem der Orchester, die im Palazzo Soranzo anläßlich einer großen Hochzeit verpflichtet sind. Gegen Ende des Festes verläßt er den Palazzo, um sich auf den Heimweg zu machen. Auf der Treppe trifft er auf einen Senator im roten Talar, der im Begriff ist, in seine Gondel zu steigen. Ein Brief fällt ihm aus der Tasche. Giacomo hebt ihn auf und übergibt ihn dem Senator, der darauf besteht, ihn in seiner Gondel mitzunehmen. Drei Minuten später bittet der Senator den Geiger, ihm den linken Arm zu schütteln, er murmelt undeutlich, er fühle sein Bein nicht mehr, sein Mund verzerrt sich, sein Auge scheint zu brechen. Giacomo ruft dem Gondoliere zu, er solle anhalten, er holt einen Arzt, der den Sterbenden zur Ader läßt, er zerreißt sein Hemd, um einen Verband anzulegen, und man bringt den sterbenden Senator in sein Bett. Giacomo verlangt eine Nachtwache für den Kranken. Die Herren Dandolo und Barbaro, zwei Freunde des Patriziers, treten ein und befragen den jungen Unbekannten, den sie am Krankenlager antreffen. Nachdem dieser die näheren Umstände des Anfalls dargestellt hat, erklärt er, er werde die Nacht in einem Sessel verbringen und keinesfalls von der Seite des Senators weichen. Er fügt hinzu, er müsse die Nacht bei dem Kranken verbringen, da dieser sonst sterben werde. Die beiden Freunde sind beeindruckt. Sie wissen nicht, wer der junge Mann ist, wagen nicht, ihn um Auskunft zu bitten, und er selbst schweigt sich aus.

Der herbeigerufene Arzt Doktor Ferro versucht, den Kranken durch ein Pflaster mit Merkurialsalbe zu heilen. In der Nacht wird der Kranke immer heißer und aufgeregter und kann kaum mehr atmen. Der junge Casanova wartet nicht lange und nimmt sich die Freiheit, dem Kranken die Brust zu entblößen, das Pflaster abzunehmen und ihn mit lauwarmem Wasser abzuwaschen. Das Leben kehrt in den Sterbenden zurück, und er sinkt in einen friedlichen Schlaf. Am anderen Morgen rühmt sich Doktor Ferro, der Kranke verdanke ihm seine Genesung, doch die drei Patrizier zeigen auf den jungen Venezianer und erklären, dieser sei ein Arzt, der mehr wisse als er.

Ich bewahrte ein bescheidenes Stillschweigen, um nicht in das Lachen auszubrechen, das ich zurückhalten mußte, während der Arzt mich musterte und mich zu Recht für einen dreisten Scharlatan hielt, der es gewagt hatte, ihn auszustechen. […] Er ging, und so war ich unversehens der Arzt eines der angesehensten Mitglieder des Senats von Venedig.

Der von seinem Schlaganfall genesene Senator Matteo Giovanni Bragadin interessiert sich für die okkulten Wissenschaften. Der junge Mann erscheint ihm allzu kenntnisreich, und so vermutet er, dieser verfüge über eine übernatürliche Gabe. Das Kind aus Venedig, dem durch einen Zauber das Leben geschenkt wurde, schlüpft augenblicklich in die Rolle, die ihm angeboten wird: Casanova ist so verrückt, dem Senator vorzulügen, er verfüge über ein magisches Rechenverfahren. Bragadin erwidert, dies sei der Schlüssel Salomons, der auch als Kabbala bezeichnet werde. Giacomo weiß wohl, daß er den Senator betrügt, doch er sieht nicht ein, warum er ihm die Augen öffnen sollte, schließlich profitieren beide Seiten von seiner Täuschung. Er hat die griechischen und römischen Schriftsteller gelesen und weiß, daß neben der Vernunft auch die Klugheit, die *Metis*, ihren Platz hat.

Betrug ist ein Laster, doch eine rechtschaffene List ist nichts anderes als umsichtige Klugheit. Eine Tugend. Sie gleicht in der Tat der Spitzbüberei, doch das muß man hinnehmen. Wer sie nicht zu gebrauchen weiß, ist ein Narr.

Giacomo beschließt, sich der Freundschaft der drei Patrizier zu versichern. Er findet einen Vater.

Wer immer du sein magst, erklärt ihm der Senator, *ich verdanke dir mein Leben. Deine Gönner, die dich zum Priester, Doktor, Advokaten, Soldaten und schließlich zum Geigenspieler machen wollten, waren lauter Narren, die dich nicht erkannten. Gott befahl seinem Engel, dich über meinen Weg zu führen. Ich habe dich erkannt; wenn du mein Sohn sein willst, mußt du mich nur als Vater anerkennen, und fortan bis zu meinem Todestag werde ich dich in meinem Hause als solchen behandeln. Deine Wohnung steht bereit, lasse deine Habseligkeiten herbringen, du hast einen Diener, eine freie Gondel, freie Kost und sechs Zechinen im Monat zu deiner Verfügung.*

Giacomo wirft sich dem Senator zu Füßen, um ihm seine

Dankbarkeit zu bezeugen. Innerhalb weniger Tage steigt er vom niedrigen Handwerk des Geigenspielers zum Sohn eines hohen Herrn auf. Er hat den Tod des Vaters gerächt, indem er das Leben eines Adoptivvaters gerettet hat. Er betrügt den einen so, wie er den anderen betrogen hat, doch der zweite überlebt und amüsiert sich. Der Senator erweist sich als nachsichtiger Vater, der sich mit der jugendlichen Tollheit Giacomos identifiziert, indem er sich an seine eigene Jugend erinnert, die kaum weniger sittsam war. Wohl erteilt er ihm einige Lektionen zu den Grenzen einer Autorität, die es nicht zu überschreiten gilt, doch er schärft ihm vor allem ein, den Augenblick zu genießen: *Denke daran, dich zu vergnügen!* befiehlt er ihm und überläßt ihm auch die erforderlichen Mittel, um diesem Befehl nachzukommen.

Giacomo ist einundzwanzig Jahre alt und glaubt sich über jedes Vorurteil erhaben. Er meint, vollkommen frei leben zu können; er weigert sich anzuerkennen, daß es wahre Freiheit nirgends gibt und nirgends geben kann, nicht einmal in einer vom Adel regierten Republik. Seine Ungezwungenheit wird ihn ins Gefängnis bringen. Er ist der Adoptivsohn eines Granden aus Venedig, doch er ist nicht dessen legitimer Sohn. Der Makel seiner Geburt läßt sich nicht tilgen. Berauscht von seiner Straflosigkeit gibt er vor, das nicht zu wissen.

Ich war recht wohlhabend, von der Natur mit einem stattlichen Äußeren begünstigt, ein wagemutiger Spieler, ein maßloser Verschwender, ein großartiger und scharfzüngiger Redner, unbescheiden und unerschrocken, ein Liebhaber schöner Frauen, der seine Rivalen ausstach, und ich ließ nur die Gesellschaft gelten, der es gelang, mich zu unterhalten, schrieb er, *so mußte ich unweigerlich gehaßt werden. Ich war bereit, mit meinem Leben zu bezahlen, und so glaubte ich, mir sei alles erlaubt, denn Amtsanmaßungen, der mich störten, forderten meinen ganzen Widerstand heraus.*

Das Glücksrad dreht sich unweigerlich nach unten. Die Inquisition zieht durch die Lande. Wer ist dieser Komödiantensohn, der sich wie ein Patrizier gebärdet, der verbotene Bücher besitzt, mit ausländischen Botschaftern verkehrt, Frauen ungeachtet ihrer Liebhaber den Hof macht und gottlose Gedanken verbreitet?

Bragadin, der acht Monate lang Staatsinquisitor war, bedrängt ihn, sich in Sicherheit zu bringen.

– Die Vorsicht gebietet, daß du abreist. Glaube mir, mein teurer Sohn, geh, fahre Tag und Nacht mit der Post bis nach Florenz und bleibe, bis ich dir schreibe, daß du zurückkehren kannst. Laß meine vierrudrige Gondel fertigmachen und geh!

– Ich fühle mich keines Verbrechens schuldig und kann deshalb keine Furcht vor dem Tribunal der Inquisitoren empfinden.

– Das Tribunal kann dich für schuldig befinden, Verbrechen begangen zu haben, von denen du gar nichts weißt.

– Wenn ich gehe, zeige ich eine Furcht, die ein Eingeständnis meiner Schuld ist.

– Dann übernachte wenigstens heute in deinen Zimmern im Palazzo, im Haus eines Patriziers können dich die Häscher nicht festnehmen.

– Dann werden sie mich bei Tage finden, ich darf keine Angst haben.

– Vielleicht sehen wir uns nicht wieder, mein teurer Sohn.

Im Hochzeitsgewand

Am 25. Juli 1755, bei Tagesanbruch, dringt *Messer Grande* in sein Zimmer ein, um ihn festzunehmen. Er nimmt seine Manuskripte, seine Briefe und seine Bücher an sich. Ariost, Horaz, Petrarca, seine Werke der Magie, den Pförtner der Kartäuser und das kleine Bändchen mit den erotischen Stellungen des Aretino. Währenddessen macht Giacomo sorgfältig Morgentoilette, rasiert sich, läßt sich frisieren, kleidet sich in Spitzen und Seide, als begebe er sich zu einer Hochzeit. Spott, Provokation, seine Art zu zeigen, daß er sich unschuldig fühlt, daß es sich um einen Irrtum handeln muß? Die Inquisitoren von Venedig können unter den Bleidächern des herzoglichen Palastes keinen Mann einsperren, der so vornehm gekleidet ist, er kann nicht schuldig sein. Als wenige Stunden später der Sekretär des Gerichts seine Festnahme amtlich erklärt hat, überquert Giacomo Casanova den Ponte dei Sospiri und findet sich, niedergeschlagen und bestürzt, in einem dunklen Kerker wieder, dessen Decke so niedrig ist, daß er nicht einmal aufrecht stehen kann. Es ist heiß, er hört das Trippeln der Ratten, er ist allein mit seiner Wut, seiner Empörung und seiner Verzweiflung. *Nie in meinem Leben hatte ich einen so bitteren Geschmack im Mund*, schreibt er.

Am 31. Oktober 1756 um Mitternacht entkommt er über die Dächer. Von dort steigt er in den Speicher des herzoglichen Palastes hinab, entdeckt eine kleine, schmale Steintreppe, die in das Schreibzimmer der Kanzlei führt. Er bricht verschiedene Türen auf und gelangt in das Geschäftszimmer des *Savio alla Scrittura*, des Kriegsministers, das durch eine unüberwindbare Tür gesichert ist. Weste, Hemd und Beinkleider sind zerrissen, er blutet an den Seiten und an den Schenkeln. Er setzt sich, um dem Mönch, der ihn auf seiner Flucht begleitet, zu erklären, daß sein Werk vollendet sei und daß er sich Gott oder dem Schicksal überantworte.

Ich zerriß meine Taschentücher, um mir notdürftig Verbände anzulegen. […] Ich legte meinen schönen Anzug an, der an diesem recht kalten Tag komisch wirkte. […] Ich sah aus wie ein Mann, der nach einem Ball in einer liederlichen Kaschemme abgestiegen ist, wo man ihn gerupft hat. Die Bandagen an meinen Knien nahmen meiner Erscheinung all ihre Eleganz.

In diesem dramatischen Augenblick, in dem sich alles für oder gegen ihn wenden kann, sorgt Casanova sich um sein Aussehen. Zumindest aber unterstreicht der Greis von Dux für den Leser die Koketterie seines Helden. Als wolle er andeuten, daß sich von der Festnahme bis zur Flucht nichts von Belang ereignet hat, daß weder die Verurteilung wegen Atheismus noch die Widrigkeiten des Kerkerlebens über ihn triumphieren konnten, daß all dies keine Auswirkungen auf ihn hatte. Der Freigeist ist immer noch verwegen, aufrührerisch, leichtfertig und verläßt sein Gefängnis so, wie er es betreten hat, elegant, im Hochzeitsgewand! Die Inquisition konnte ihn nicht in ihre Gewalt bringen. Casanova beteuert, daß er ein unbedeutender junger Mann ist und bleiben wird, dessen Tun ohne Folgen bleibt. Und daß ein Festtagsgewand einen Menschen retten kann.

Die Vorsehung hilft ihm in Gestalt eines Postens, der im Hof des Palastes Wache schiebt und Casanova mit seinem goldbetreßten spanischen Hut mit weißem Federbusch am Fenster erblickt. Er glaubt, am Vorabend versehentlich einen Patrizier eingeschlossen zu haben, und steigt hinauf, um ihn zu befreien. Als er die Tür geöffnet hat, fliehen die beiden Gefangenen, so schnell sie können, über die königliche Prachttreppe, die *scala dei Giganti*, und der Wachposten Andreoli bleibt wie versteinert zurück. Casanova und sein Gefährte, der Mönch Balbi, überqueren die *Piazetta*, streben, ohne nach links oder rechts zu blicken, dem nächstgelegenen Kanal zu und springen in die erstbeste Gondel.

Ich erblickte hinter mir den ganzen schönen Kanal und bewunderte, als ich kein einziges Boot sah, den prachtvollsten Tag, den man sich nur wünschen kann, die ersten Strahlen einer herrlichen Sonne, die über dem Horizont aufging, die beiden jungen, kraftvoll rudernden Gondolieri, und als ich zugleich an die grauenvolle Nacht dachte, die ich hinter mir hatte, an den Ort, an dem ich den vergangenen Tag zugebracht hatte, und an all die glücklichen Zufälle, die mir geholfen hatten, wurde meine Seele von einer Woge des Gefühls durchströmt. Sie erhob sich zum barmherzigen Gott, erbebte in unendlicher Dankbarkeit, rührte mich zutiefst und so sehr, daß meine Tränen sich unversehens Bahn brachen, um mein Herz zu erleichtern, das unter maßloser Freude zu erstikken drohte. Ich schluchzte und weinte wie ein Kind, das man gewaltsam zur Schule bringt.

Die Glücksfälle des Schicksals verhelfen Casanova zu seiner Freiheit und nehmen ihm sein Vaterland. Fünfzehn Monate Ausdauer und einige Stunden Mut, körperliche Gewandtheit und Kaltblütigkeit haben ihm zum Sieg über die unerbittlichste Autorität verholfen. Er bricht in Tränen aus wie ein im Stich gelassenes Kind. Dann überkommt ihn das Lachen. Mit unvermindertem Ungestüm schickt er sich an, mit bloßen Händen und leerem Geldbeutel, munter über zwei Flüsse zu setzen, um den Sbirren der Inquisition zu entkommen und an den Grenzen der *Serenissima Repubblica* Immunität zu genießen. Seine unglaubliche Flucht bestätigt ihn in dem euphorischen Gefühl, über den Gesetzen zu stehen, keinen Einschränkungen zu unterliegen, ein Kind der Vorsehung zu sein.

Listen der Sinnenlust

Das Vergnügen der Frauen

Giacomo Casanova bekennt sich von seiner ersten Verliebtheit an als Spielzeug der Frauen. Die Hauptperson seiner amourösen Abenteuer ist vorbehaltlos den Begierden der Frauen ausgeliefert. Die Frauen bestimmen die Spielregeln. Sie verfügen über ihn. Er selbst provoziert das Schicksal nur selten oder höchstens indirekt. Lieber paßt er sich den Umständen an, als offen die Initiative zu ergreifen. Mit unstillbarer Neugier und der listigen Geduld dessen, der es versteht, die richtige Gelegenheit abzupassen und sie dann sofort zu nutzen, überläßt Giacomo sich den Wechselfällen der Liebe und nennt sie Glück. Er ist für alles offen.

Seine glücklichsten Liebschaften sind die, die er nicht kontrollieren kann. Donna Lucrezia, die weder Ehebruch noch Inzest fürchtet, Henriette, die rätselhafteste und deshalb vielleicht am meisten geliebte, oder M. M., die Nonne aus Murano, die ihn in die Libertinage einweiht – diese Frauen sind es, die den Ball eröffnen. Sie setzen die Regeln: Zeitpunkt, Ort, äußere Umstände, Anfang und Ende der Liebschaft. Sie ergreifen die Initiative. Er ordnet sich unter. Er willigt ein. Er genießt. Hinter der Fassade des Eroberers zeigt Casanova eine Neigung, ja sogar ein Bedürfnis zur Passivität. Vielleicht ist das eine List, eine Taktik, um sich selbst zu täuschen. Was geschieht, geschieht nahezu ohne sein Wissen oder seine Absicht. Ganz so, als überlasse er sein Verlangen oder das Verlangen des anderen dem Zufall. Welch süße Verantwortungslosigkeit.

Er will nicht wissen und freut sich über den Taschenspielertrick, der ihm zu seiner Lust verhilft. Er verläßt sich einfach darauf, daß er irgendwann belohnt wird:

... wenn wir uns in dem freizügigsten Tête-à-tête befänden, das eine Reise mit sich bringt, und in dem süßen Müßiggang, der den Körper und die Seele zwingt, alles zu tun, um das Nichtstun zu ersetzen. Man ist es müde zu plaudern, zu insistieren, zu argumentieren, ja sogar zu lachen, und man handelt, weil man gar nicht mehr wissen will, was man tut. Erst im nachhinein denkt man darüber nach und ist recht froh, daß all dies so gekommen ist.

Gefeit gegen den Haß

Seine Hingabe an das Verlangen der Frauen schützt ihn davor zu hassen. Niemals einer Maitresse zu schaden, nie sie zu erzürnen oder zu enttäuschen, jedes Leid zu vermeiden, das aus der Verbindung entstehen könnte, dies ist beständig das Ziel des Mannes, der einst als Kind von seiner Mutter zurückgewiesen wurde. Giacomo könnte es sich nicht verzeihen, würfe er auch nur den Schatten einer Tragik auf die Beziehung zu einer Frau. Mehrfach plant er aufrichtig, eine Geliebte zu heiraten, und doch kann er sich nie entschließen, die Freiheit aufzugeben. Er weiß einfach, er wäre ein schlechter Ehemann. Er übertritt das Gesetz oder unterwirft sich ihm scheinbar, er mokiert sich über Autoritäten und Religion, doch er achtet seine Freunde. Er hütet sich, ihnen Unrecht zu tun. Wenn er weiß, daß er einen Fehler gemacht hat, bemüht er sich, ihn wiedergutzumachen. Tod und Unglück, den Gefährten seiner Kindheit, geht er grundsätzlich aus dem Weg. Sie wecken in ihm nur Abscheu und Ekel.

Nie verzeiht er sich, wenn ihm einer Geliebten gegenüber ein

Fehler oder eine Ungeschicklichkeit unterlaufen ist. Einer der traurigsten Tage seines Lebens ist der, an dem er entdeckt, daß Lucia, die Tochter des Verwalters des Grafen Montereale, zu einer heruntergekommenen Hurenwirtin in der übelsten Spelunke Amsterdams geworden ist.

Allein schon der Klang der zwei oder drei Instrumente, die das Orchester darstellten, ließ die Seele in Traurigkeit versinken. Ein Saal, der nach dem schlechten Tabak stank, der dort geraucht wurde, nach den knoblauchgeschwängerten Rülpsern der Tänzer und der Gäste an den Tischen, die rechts eine Flasche oder einen Bierkrug und links eine abscheuliche Schlampe im Arm hielten, bot meinen Blicken und meinen Gedanken ein so trostloses Bild, daß ich die Erbärmlichkeit des Lebens erkannte und sah, wie sehr die Rohheit das Vergnügen entwürdigen kann.

Er zürnt sich selbst, weil er zwanzig Jahre zuvor, selbst noch unschuldig, die Unschuld des naiven Mädchens gefährdet, aber ihre Jungfräulichkeit doch respektiert hat. Er gibt sich nicht zu erkennen, läßt der einstmals Geliebten Geld und geht bedrückt. In jener Nacht verfolgen ihn unheilvolle Träume. Nichts fürchtet er mehr, als sich eine Frau zur Feindin zu machen. Einige Jahre später meint er, an einem anderen Unglück, dem der Corticelli, schuld zu sein:

Versteinert, außer mir, sah ich mich in der demütigenden Notwendigkeit, mich als eine der Ursachen des schrecklichen Absturzes zu erkennen, den diese Unglückliche erlebt hatte. Das Mitleid zwang mich, unverzüglich etwas für sie zu tun.

Giacomo gibt sich die Schuld am zerrütteten Leben dieser beiden Frauen, dennoch glaubt er, alle Frauen, die er kannte, glücklich gemacht zu haben. Eine ehemalige Maitresse, die er zufällig nach einigen Jahren wiedersieht, erklärt ihm: *Mein teuerster Freund, ich verdanke dir mein Glück und meinen Frieden.* Eine seiner Eroberungen ruft aus: *Ihr seid geboren, andere Menschen glücklich zu machen.* Henriette, die vornehme Französin, erklärt ihn zum »ehrenwertesten Mann, den ich auf der Welt gekannt habe«. Das ist Musik in seinen Ohren.

Giacomo gewährt seinen Geliebten stets diskrete Fürsorge, geneigte Aufmerksamkeiten, raffinierte Geschenke, lustige Überraschungen und den Bekanntesten unter ihnen eine respektvolle Anonymität in seinen Memoiren. Er ist großzügig, ja sogar verschwenderisch, er gibt, ohne zu berechnen, er gewährt mehr, als er besitzt. Er liebt es zu überraschen, zu bezaubern, Freude zu schenken, einen Kostümball oder ein aufwendiges und köstliches Bankett zu organisieren, eine Theatertruppe trotz widriger Winde und Korsaren auf einem Schiff zu befördern, eine Geliebte von Kopf bis Fuß in die feinsten Spitzen, die fließendsten und kostbarsten Stoffe zu kleiden oder eine Miniatur ihres Porträts anfertigen zu lassen und es durch ein geheimes Scharnier in einem wertvollen Schmuckstück zu verbergen. Er will blenden. Er ist zu allem bereit, um die Erwartungen einer Frau zu übertreffen, weil er sicher ist, sie mit sich zufriedenzustellen, wenn es ihm gelingt, sie mit sich selbst zufriedenzustellen. Dies ist vielleicht das überzeugendste Mittel, das er gefunden hat, um sich der Gunst einer Dame zu versichern.

Casanova braucht die Zustimmung, die Wechselseitigkeit der Gefühle. Die bloße Andeutung einer Unterwerfung bekümmert ihn. Bei der jungen Rosalie, die er aus ihrem Elend befreit, beklagt er sich: *Deine Unterwürfigkeit beweist mir, daß du mich nicht liebst. Warum kommst du meinem Verlangen nicht entgegen?* Als ihm das junge Mädchen wenige Tage später keine Dankbarkeit mehr erweist, sondern seine Freude zum Ausdruck bringt, macht es ihn endlich glücklich.

Am liebsten ist es ihm, wenn eine Frau völlig selbständig ist. Wenn sie von ihm abhängig ist, sieht er zu, daß sie selbst zur Herrin über ihr Schicksal wird: Er verschafft ihr Geld, eine Anstellung, einen Gönner oder sogar eine Aussteuer und einen

Ehemann. Casanova liebt es, Pygmalion zu spielen. Nichts bereitet ihm mehr Vergnügen, als Geschäfte und Läden zu durchstöbern, um die neue Garderobe einer Frau zusammenzustellen und sie damit zu überraschen. *Ich wußte stets die genauen Maße*, rühmt er sich voll Stolz. Eine Geliebte einzukleiden, ist für ihn ein wunderbares Schauspiel. Es verheißt den Augenblick, in dem er sie entkleiden wird, weckt aber vor allem die Eitelkeit und die Eigenliebe der Schönen. Ihre Augen glänzen, ihre Grübchen werden tiefer, ihr Mund lacht, sie ist bereit, sich den raffinierten Freuden der Venus hinzugeben. Erinnert sich Giacomo an das plötzliche Interesse seiner Mutter für sein Haar und die Farbe seiner Perücke? Vergewissert man sich der Zuneigung des anderen nicht dann am ehesten, wenn man sein verschönertes Bild reflektiert? Casanova führt seine Geliebte vor einen großen Spiegel, ermutigt sie, sich zu betrachten, und lacht, wenn sie lacht. So ist jeder eingeschlossen in den bewundernden Blick, den er in den Augen des entzückten anderen entdeckt. *Ich vergötterte sie, wie sie mich vergötterten*, gesteht er.

Er will, daß seine Gefährtinnen dieselben Freiheiten genießen, die er sich selbst einräumt. Die Frauen tragen allein die Last der Mutterschaft und erleben jeden Monat ihren »Mondwechsel«, zugleich entspricht ihre Intelligenz und ihr kritischer Verstand dem der Männer. Casanova zeigt keine Spur von Frauenfeindlichkeit. Im großen Buch seines Lebens sind die Frauen die Herrinnen. Das Weibliche fasziniert ihn so sehr, daß er zuweilen die Grenzen verwischen will.

Die Spiele der Liebe laden dazu ein, die Unterschiede der Geschlechter zu kosten, doch im Augenblick des höchsten Genusses verschwimmen die Grenzen. Casanova erlebt sich als gleichgeschlechtlich mit der Frau oder diese als gleichgeschlechtlich mit sich, er weiß nicht mehr, welchem Geschlecht er angehört. Die geschlechtliche Indifferenz, das Pfand seiner wiedergefundenen kindlichen Allmacht, ergreift Besitz von ihm. Dies ist der Preis der Verzückung.

Giacomo kann sich das, was er als Kampf und Gefecht bezeichnet, nicht vorstellen, ohne daß die Lust vollkommen geteilt wäre. Er braucht eine Frau, die ihm gewachsen ist, die vor Sinnenlust überströmt, die ebenso beherzt in den Kampf zieht wie er selbst, eine schöne Kriegerin, die es nach immer wieder neuen Heldentaten dürstet. Er läßt seiner Gefährtin Zeit, zu ihrem Genuß zu kommen, und achtet darauf, daß er selbst nicht zu rasch an das Ende seiner »Laufbahn« gelangt:

Mein ganzes Leben lang war ich von der Furcht beherrscht, mein Streitroß könnte sich weigern, erneut in den Kampf zu ziehen. Diese Zurückhaltung empfand ich nie als lästig, denn der sichtbare Genuß, den ich verschaffte, war immer schon vier Fünftel meines eigenen Genusses.

Damit die Liebe eine angenehme Sinnenlust bleibe, achtet der Liebhaber darauf, eine drohende *verhängnisvolle Rundung des Leibes* möglichst zu verhindern. Er zögert nicht, sich *eine kleine Hülle aus sehr feiner und durchsichtiger Haut* überzuziehen, *mit einer Länge von acht Zoll, einseitig verschlossen und am anderen Ende wie ein Geldbeutel mit einem schmalen rosafarbenen Band versehen.*

Acht Zoll, ist dies das Maß seines unermüdlichen »Streitrosses« oder das Maß, das er aus den erotischen Schriften der Antike kennt?

Sexualität und Konversation

Seine Neugier auf eine Frau wird viel eher geweckt von ihrer Anmut, ihrer geistigen Lebendigkeit, ihrem Scharfsinn, ihrer Fröhlichkeit und Weltkenntnis, also viel eher von ihrem Charakter, als von ihrer Schönheit, ihren Gesichtszügen und ihrem vollkommenen Körper. Raffinierte Schliche mißfallen ihm, doch die Schleier der Scham respektiert er. Für Casanova bietet Schönheit ohne Intelligenz nur den materiellen Genuß ihrer Formen, während eine geistreiche Häßliche ihn durch die Reize ihres Verstandes einnimmt und den Mann, den sie verführt, nicht weniger bezaubert.

Dennoch ist Casanova empfänglich für weibliche Schönheit, und so betrachtet er einige seiner Geliebten mit den Augen des Kunstliebhabers. Seine Feder wiederholt die Regeln der klassischen Schönheit. Seine Freundinnen vergleicht er gern idealisierend mit den Porträts, die der Pinsel Raffaels oder der Meißel des Praxiteles zauberte. Doch ohne das Gespräch verringert sich die Liebeslust »zumindest um zwei Drittel«, notiert der verliebte Reisende, der Venus nicht gern sprachlos huldigt. Er schmeichelt galant auf Italienisch und galanter noch auf Französisch, das in ganz Europa gesprochen wird. Von der berühmtesten englischen Kurtisane hält er sich fern, weil er die Sprache Shakespeares nicht beherrscht. Ungern erinnert er sich an ein paar junge Mädchen, die ein »derbes Schweizerisch« sprechen, und Zaira, eine junge Russin, macht er erst dann zu seiner Geliebten, als er ihr die Anfangsgründe des Italienischen beigebracht hat.

Mit Leonilda diskutiert er über ein Epigramm von La Fontaine, das nur in der ersten Ausgabe der Fabeln enthalten ist. Mit Clementina liest er Fontenelles *Gespräche über die Vielheit der Welten*. In der Gesellschaft Helenes unterhält er sich über transzendentale Theologie. Über das Glück kann Henriette sich besser äußern als Cicero in seinen *Tusculanae disputationes*. Die Dubois, die »Locke liebte«, unterhält ihn bis Mitternacht mit philosophischen Fragen. Für Casanova muß die Übereinstimmung zwischen Geist und Sinnen vollkommen sein. Ohne einen Austausch von Worten verliert auch das anmutigste Gesicht seinen Reiz. Sexualität und Sprache gehen

Hand in Hand. Die Freuden des Bettes erscheinen ihm schal, wenn sie nicht mit den Genüssen der Tafel und des Gesprächs einhergehen. Der Venezianer liebt die überströmende Fülle: Ob Wein, Gold, Worte oder Lebenssäfte – er gibt, ohne zu berechnen, und erwartet von seinen Gefährtinnen dasselbe.

Die Verheißung der Unsterblichkeit

Casanova sucht die heitere, undramatische, problemlose, konfliktfreie, unterschiedslose, glückliche Liebe. Bei seinen Rendezvous gibt es weder Lüge noch Verrat. Keine Gewalt irgendwelcher Art, nie Alkohol oder körperlichen Zwang. Nur die beiderseitige Sinnenlust, das Begehren, die Anmut, das Glück des Augenblicks und nach der Liebe die Freundschaft. Nie soll ein Konflikt entstehen. Bis hin zur Trennung soll kein Drama das gegenseitige Verstehen der Liebenden trüben.

Casanova bricht mit keiner Frau. Er kennt nur die Trennung im gegenseitigen Einverständnis, fast immer hervorgerufen durch äußere Umstände, und nicht, weil die Beteiligten es so gewollt hätten. Da gibt es keinen Groll, keinen Bruch, keine Rache und keine enttäuschte Liebe. Traurigkeit, ein paar Tränen, ein paar Seufzer. Auch hin und wieder ein Lachen, und sogar Freude, schließlich ist es das Schicksal, das die Liebenden trennt, und nicht ihr Wille, und man kann sich, wenn der Zufall es will, durchaus ein Wiedersehen vorstellen. Solche Wiedersehen gibt es im Laufe seines Liebeslebens immer wieder, gefördert von seinen unablässigen Reisen durch das Europa der Fürstenhöfe und der Theater.

Über die Valville, eine französische Schauspielerin, die er in Sankt Petersburg kennenlernt, und in deren komfortablem Reisewagen er durch Rußland reist, bis nach Riga und Königsberg, wo sie sich schließlich trennen, schreibt er:

Wir trennten uns in heiterster Stimmung, ohne daß irgend eine jener traurigen Betrachtungen, die bei Trennungen dieser Art so häufig sind, unsere gute Laune hätte trüben können. Wir waren nur deshalb Liebende gewesen, weil wir unserer Liebe nicht allzu viel Bedeutung beimaßen; statt dessen empfanden wir füreinander die aufrichtigste Freundschaft.

So versucht er, sich zu vergewissern, daß er gegen Schmerz gefeit ist und keine Trennung endgültig. Mehr als alles fürchtet er das Gefühl der Verlassenheit und der Trauer. Und er tut alles, um sich davor zu schützen. Manchmal aber siegt doch der Schmerz über die Leichtigkeit, eine Leere tut sich in ihm auf, in Abwesenheit der Geliebten verliert er die Lust zu leben. Dann geht er zu Bett, trinkt nicht, ißt nicht und versucht, im Schlaf zu sterben. Doch das Leben gewinnt die Oberhand, denn es ist stärker als er. Er sieht sich als »gesunde Seele«, die zwar nicht vergessen, aber ein Entzücken durch ein anderes ersetzen kann.

Vergessen ist keine Tugend, sondern eine Schwäche. Casanova macht sein ganzes Leben lang Notizen, bewahrt Kopien seiner eigenen Briefe auf, behält diejenigen, die er erhält, verzeichnet Gespräche und Gegenreden, an die er sich erinnern will. Jede Begegnung wird zu einer einzigartigen Geschichte, zu einem kleinen Theaterstück. Einige sind kurz, andere setzen sich aus zahlreichen Episoden zusammen. Nach zwanzig, dreißig oder vierzig Jahren ist die Erinnerung immer noch nicht verblaßt. Jedes Gesicht behält seinen Schnitt, jede Stimme ihre Klangfarbe, jede Haut ihre ganz eigene strahlende Weiße, Blick und Haar haben nichts von ihren Nuancen verloren, doch vor allem die Charaktere und Temperamente sind in ihrer ganzen Farbigkeit dargestellt. Casanova ist ein sorgfältiger Zeichner, seine Porträts sind einfühlsam, präzise, oft ausdrucksvoll und detailliert, sie fangen das pulsierende Leben ein.

Casanova führt keine Listen. Er liebt nicht alle Frauen, sondern eine nach der anderen, jede in ihrer Einzigartigkeit. Er zählt sie nicht und numeriert sie nicht, es geht ihm nicht darum, ein nüchternes Verzeichnis seiner Eroberungen zu erstellen oder ein düsteres Tableau seiner Jagdtrophäen zu entwerfen. Er erinnert sich an alle mit Rührung. Ihr Zauber scheint ihn erneut zu betören. Jenseits der Entfernungen, der Zeit, die inzwischen verflossen ist, und zuweilen sogar des Todes, bleibt die Erinnerung an die Frauen, die er geliebt hat, in seiner Vorstellung unberührt. Man spürt, daß der Künstler bereit ist, dem Charme des Modells zu erliegen. Was gäbe der alte Mann, wenn eine der Frauen lebendig den Seiten entstiege, um ihm in seinem tristen Exil Gesellschaft zu leisten!

Nachdem Casanova die Frauen geliebt und begehrt hat, legt er sie zärtlich auf dem Papier nieder. Dies ist seine Art, ihnen immer treu zu sein. Der unbeständige Liebhaber schenkt seinen Geliebten die Unsterblichkeit.

Bedrohliche Gestalten

Unnahbare Frauen erschrecken und faszinieren ihn. Wenn sie sagen, sie seien verliebt, warum verweigern sie sich dann der Verkörperung ihrer Leidenschaft? Angela in Venedig, die Marchesa G. in Rom oder Signora F. in Korfu, und später, als Fermate, die Charpillon in London, lassen ihn leiden. Sei es übertriebene Tugendhaftigkeit, üble Koketterie oder ein Verhalten »wider die Natur« – Giacomo fürchtet sich vor dem schönen Geschlecht, wenn es die bedrohliche, unverständliche Gestalt der Verweigerung annimmt. Dennoch gelingt es ihm nicht, sich einfach abzuwenden. Irgend etwas drängt ihn unbewußt dazu, nach einer unwahrscheinlichen und für ihn günstigen Auflösung zu streben. Eine hochmütige Frau, die ihn hoffen läßt, blendet ihn. Er ist zu allem bereit, um die kalte und distanzierte Maske in ein zärtliches und liebendes Gesicht zu verwandeln.

Giacomo ist siebzehn Jahre alt, als er einer berühmten venezianischen Kurtisane als »junger Abate« vorgestellt wird, »der dabei ist, sich einen Namen zu machen«. Giulietta mit ihren Prinzessinnenallüren taxiert ihn, als sei er zu kaufen, was ihm aufs höchste mißfällt. Wenig später bittet sie ihn, in ihrem Hause einen Ball zu organisieren. Er weiß nicht, was er davon halten soll, erklärt sich aber einverstanden. Als nach dem Abendessen das Menuett getanzt wird, lädt ihn die Schöne ein, ihr in ihr Zimmer zu folgen.

Ich will, sagt sie zu ihm, *daß Ihr mich mit einem Eurer Gewänder ganz als Abate verkleidet, und Ihr werdet in meinem Kleid als Frau auftreten. In dieser Verkleidung werden wir hinabgehen und die Kontertänze tanzen. Beeilt Euch, mein teurer Freund, zunächst wollen wir uns frisieren.*

Giacomo sieht, daß sie die Tür verriegelt und vermutet zärtliche Absichten. Er reicht ihr Strümpfe und Schuhe, paßt ihr die Hosen an und ordnet die Hemdkrause, doch Giulietta findet seine Hände zu neugierig. Sie reicht ihm ihr Hemd und ihren Rock und ist plötzlich erzürnt, weil sie die »allzu sichtbare Wirkung ihrer Reize erblickt«. Der Jüngling will sie küssen, sie will nicht, er wird ungeduldig. *Trotz ihres Zorns zeigten sich die Spritzer meiner Unkeuschheit auf ihrem Hemd.* Sie beschimpft ihn, er weist darauf hin, daß sie im Unrecht ist, doch sie will es nicht zugeben. Sie gehen gemeinsam hinunter und tanzen mit großem Erfolg, doch das Abenteuer endet mit einer heftigen Ohrfeige für den jungen Abate. Er erklärt, Giulietta sei ihre eigene Feindin, doch er erkennt die Tragweite der Lektion nicht wirklich.

Im Herbst 1745 auf Korfu, als Giacomo als Fähnrich im Dienste seines Vaterlands steht, lernt er die fünf Jahre ältere Andriana Foscarini, eine vornehme Venezianerin, kennen, die ihm »über alle Frauen erhaben« scheint, die er bis dahin gesehen hat. Obwohl er aufgrund seiner Stellung als Adjutant die

Ehre hat, an ihrer Tafel zu speisen, gibt sie, die Gemahlin des Gouverneurs der Galeassen, vor, ihn zu ignorieren, was ihn verärgert. Als Theaterunternehmer, herausragender Kenner der adligen Stammbäume Europas, unvergleichlicher Erzähler und sogar Kammerzofe, wenn die Gelegenheit es will, ist er zu allen spektakulären Aktionen bereit, sofern sie nur Notiz von ihm nimmt. Ganz allmählich läßt sie ihn näher an sich heran.

In seiner glühenden Verehrung für Signora F. geht er sogar so weit, Zuckerwerk zu verspeisen, in das ein wenig ihres zu feinem Puder zerschnittenen Haares gemischt wurde! Doch leider glaubt die Verehrte beharrlich, erst Abstinenz mache die Liebe unsterblich. Sie verweigert ihm den Zugang zu dem, was sie als »schicksalhaftes Grab« bezeichnet. Da er sich jedoch keine Freuden der Seele ohne die Vermittlung des Körpers vorstellen kann, setzt er seine ganze Redekunst ein, um sie davon zu überzeugen, daß sie ihn im »Haus der Wonnen«, im »Allerheiligsten«, im »wahren Paradies« empfangen möge. Nachdem er mehrere Wochen lang unermüdlich versucht hat, ihre Gunst zu gewinnen, glaubt er sich nach mehrmaligen unvermuteten Annäherungen und niederträchtigen Zurückweisungen endlich am Ziel seiner Wünsche. Das Glück überwältigt ihn, doch Signora F. behält ihn nur einen Augenblick lang in den Armen, stößt ihn von sich und zieht sich sogleich zurück. Sie wirft sich in einen Lehnstuhl und ruft, mit vor Liebe flammendem Blick: *Mein teurer Freund, fast hätten wir uns zugrunde gerichtet.*

Er meint zu sterben. Er betrachtet sie zitternd, *um zu begreifen, woher dieses widernatürliche Streben kam.* Er flieht in die Nacht hinaus, bedrückt von der Grausamkeit der Erfahrung. Dabei hatte sie von Anfang an mit offenen Karten gespielt und nach einem ersten Kuß angekündigt, daß sie es dabei belassen würden: *Immer, mein teurer Freund, denn weiter werden wir nicht gehen. Die Liebe ist ein Kind, das man durch Tändeleien besänftigen muß, eine allzu kräftige Nahrung muß ihr den Tod bringen.*

Trotz dieser Warnung geht Giacomo in die Falle und wird zu ihrer Marionette.

Sie war noch sehr jung, und da sie gern lachte, hatte sie ein Auge auf mich geworfen, um sich zu zerstreuen, wie sie es mit einem Hampelmann gemacht hätte.

Giacomo wird um so lieber zum vergnüglichen Spielzeug der Frauen, als in der Liebe das Spiel beiderseitig ist. Verachtung und Abneigung hingegen erträgt er nicht. Am meisten graut ihm davor, den Haß einer Frau zu wecken. Nichts ist schlimmer für ihn, als in den Augen einer Person des anderen Geschlechts den Willen zu erkennen, ihn leiden zu lassen.

Seine Laufbahn als Liebhaber kippt 1764 in London. Als die Charpillon, eine Prostituierte, die er für wenig Geld hätte kaufen können, von der er jedoch geliebt werden will, beschließt, ihn zu hassen und ihn so lächerlich zu machen, daß er seine Würde verliert, will er sterben. Der Selbstmord scheint ihm der einzige Ausweg. Die Charpillon hatte ihn gewarnt: Sie würde ihn verspotten und ihn bestrafen, indem sie ihn »rettungslos« in sich verliebt machen würde.

– Dieses Vorhaben ist monströs, und es ist ein Unglück für die Männer, daß man es Euch nicht ansieht. Ich werde mir Eure Freimütigkeit zunutze machen und wachsam sein.

– Umsonst. Es sei denn, Ihr enthaltet Euch meiner Gegenwart.

Er kann nicht anders, er muß sie wiedersehen. Die Niederträchtige erspart ihm keine Abfuhr, keine Demütigung, keine Verleumdung. Er bemüht sich, jede ihrer Launen zu befriedigen, doch vergebens. Es beginnt ein langsamer Abstieg zur Hölle. Das Ende des Abenteurers naht, als er hundert Pfund Blei in seine Taschen steckt und zum Tower von London geht, um sich in die Themse zu stürzen. Ein junger Adliger bringt ihn von seinem verhängnisvollen Vorsatz ab und überredet ihn, mit ihm auszugehen. Als sie ein Menuett tanzen, entdeckt er die Charpillon, die noch wenige Stunden zuvor behauptet hat, sie liege durch seine Schuld im Sterben. Er zittert, verkrampft sich, kalter Schweiß bedeckt seinen Körper. Diesmal ist sie zu weit gegangen. Der Wunsch zu sterben verwandelt sich in den Wunsch nach Rache. Ein Papagei hilft ihm, seine Rachsucht zu befriedigen. Der abgewiesene, verspottete, gedemütigte Liebhaber, der sich umsonst ruiniert hat, dressiert den Vogel und stellt ihn dann vor der Börse inmitten der Passanten aus, wo er zu seiner Freude unablässig wiederholt: *Miss Charpillon ist eine noch größere Nutte als ihre Mutter ...*

Dies geschah in London, der Stadt, in der Zanetta Casanova ihr Debüt am Theater gab, nachdem sie ihren Neugeborenen in Venedig zurückgelassen hatte.

Von den Frauen zum Narren gehalten

Der Schriftsteller Casanova präsentiert seinen Helden Casanova als bedingungslos dem weiblichen Geschlecht verfallen. Er stellt sich bewußt als einen Menschen dar, der nach dem Weiblichen als Absolutum strebt. In Padua bringt ihn Bettina, die Schwester seines Lehrers und seine erste züchtige und unglückliche Leidenschaft, auf diese Bahn. Sie ist siebzehn Jahre alt, er zwölf. Sie reizt ihn durch für sie »bedeutungslose« Liebkosungen, die ihn aber zutiefst beunruhigen, weil er sie aus Schüchternheit und Zartgefühl nicht zurückzugeben wagt. Sie verbringt die Nacht lieber mit Candiani, einem seiner Gefährten, der bereits pubertiert. Giacomo fühlt sich betrogen, gedemütigt, mißhandelt, ein Objekt ihrer Mißachtung. Der Knabe fühlt sich verführt und fallengelassen. Wut, Zorn und Ohnmacht toben in ihm. Seine kaum erwachte männliche Ehre steht auf dem Spiel. Es kommt nicht mehr in Frage, daß er die

Einladung zu einem Ball annimmt und sich als Mädchen verkleiden läßt. Doch zu spät. Bettina wird von schrecklichen Krämpfen geschüttelt. Sie bäumt sich auf, wirft sich herum, deliriert in Griechisch und Latein ... Der darauf folgende Exorzismus erinnert Giacomo an seine eigene Heilung durch die Zauberin von Murano. Er zürnt Bettina nicht mehr, sondern fühlt sich ihr nahe wie einer Schwester. Zwischen zwei heftigen Anfällen argumentiert sie mit unvergleichlicher Dreistigkeit, um ihren Verrat zu rechtfertigen. Je mehr er das Gefühl hat, sie täusche ihn, desto mehr erweckt sie sein Mitleid. Als bei Bettina das Pockenfieber ausbricht, nimmt er seinen Tisch und seine Hefte und wacht an ihrem Bett.

In diesem erbärmlichen Zustand flößte sie mir die ganze Zärtlichkeit ein, die ich ihr nach ihrer Heilung bezeugte.

Von dieser ersten unmöglichen Liebe an, von diesem jungen Mädchen an, dessen Verführungskünste so überzeugend wie beunruhigend sind, und doch nur trügerischer Schein, Fußangeln und Listen, die sich schließlich gegen sie selbst wenden und sie verzehren, entscheidet sich Giacomo für die vermeintlich einzig mögliche Lösung, sich täuschen zu lassen, mit dem Betrug zu verschmelzen, sich zum unverbrüchlichen Verbündeten der Frau zu machen, sich, koste es, was es wolle, auf ihre Seite zu schlagen, ihr Wesen zu seinem eigenen zu machen, sich in ihrem Verlangen zu erschöpfen.

Diese anfängliche Erfahrung – die ihn vielleicht an das Liebesverhalten seiner eigenen Mutter erinnert – weckt in ihm eine unstillbare, grenzenlose, nie befriedigte Neugier den Frauen gegenüber. Hier findet er einen Zugang zu seiner eigenen Weiblichkeit. Zumindest aber nähert er sich einem Anteil seiner selbst, der in der Lage ist, sich mit dem Weiblichen zu identifizieren und die Frauen so gut zu verstehen, daß sie ihn dafür fast immer lieben. Als hätte er sich, nachdem Bettina, die ihm zugleich Mütterchen und Geliebte war, ihn verriet und im

Stich ließ, auf ihre Seite geschlagen und sich lieber damit abgefunden als darunter zu leiden. Casanova begreift schon sehr früh, daß man nicht versuchen sollte, eine Frau in Besitz zu nehmen, weil sie sich doch stets entzieht, sondern daß man sich damit abfinden muß, sie zu lieben, indem man sich ihr bedingungslos ausliefert. Wenn er untreu wird, ist das ohne Kalkül. Er will die Frauen nicht verführen, das heißt, ihnen den Kopf verdrehen, sie im Vorübergehen pflücken und dann wieder fallenlassen. Davor graut ihm, denn so würde er sich den Haß der Verlassenen zuziehen, und das kann er nicht ertragen.

Der erklärte Verführer, der nichts anderes im Sinn hat, schreibt er streng, *ist ein abscheulicher Mann, ein Erzfeind des von ihm begehrten Objekts. Er ist ein veritabler Verbrecher, der, wenn er über die Fähigkeiten des Verführers verfügt, sich ihrer unwürdig erweist, indem er sie mißbraucht, um eine Frau unglücklich zu machen*.

Giacomo kann gar nicht anders, als jede Frau, die er begehrt, auch aufrichtig zu lieben. Er ist ganz ohne Arglist. Jede Liebe berührt ihn zutiefst, sie ist für ihn weder eine Bagatelle, noch schmeichelt sie seiner Eitelkeit. Eher ist sie eine Art Wahnsinn, eine unheilbare Krankheit.

Nichts ist bitterer als ihre Süße, nichts ist süßer als ihre Bitternis. Göttliches Ungeheuer, das sich nur durch Widersprüche erklären läßt.

Wenn Casanova verführt, ist er selbst verführt. Der erste Betrogene ist immer er selbst, ein unverbesserlicher Liebhaber, der zu allen Listen greift, um sich die Illusion der unendlichen Liebe zu bewahren, die sich endlos spiegelt wie der Widerschein der Spiegelränder in Venedig.

1794, als Casanova das dritte Kapitel der *Geschichte meines Lebens* überarbeitet, spricht er von Bettina, die alt und krank ist und im Haus ihres Bruders, des Abate Gozzi, der sie nach einer unglücklichen Ehe mit einem Seiler namens Pigozzo bei sich aufgenommen hat, im Sterben liegt. Im Juni 1777, vierundzwanzig Stunden, nachdem er bei ihr angekommen ist, stirbt seine erste Geliebte unter seinen Augen. Er blieb ihr verbunden – und auf seine Weise auch treu – bis an ihr Totenbett. Wehmütig schreibt der Greis von Dux:

Trotz dieser guten Schule, die ich noch vor dem Mannesalter durchlief, war ich bis zum Alter von sechzig Jahren stets eine leichte Beute der Frauen. Vor zwölf Jahren noch hätte ich ohne den Beistand meines Schutzgeistes ihn Wien ein leichtlebiges Mädchen geheiratet, das mir den Kopf verdreht hatte. Derzeit glaube ich mich gegen alle Narrheiten dieser Art gefeit, aber ach, das verdrießt mich auch.

Der Weise von Dux

Casanova weigert sich, sein Leben als abgehalfterter Verführer zu beschließen. Er will die Lächerlichkeiten des Alters vermeiden. Die verlebte Gestalt des Senators Malipiero, der vergebens die junge Teresa Imer mit seiner Begierde einzufangen sucht, schützt ihn vor einem solchen Niedergang. Giacomo zieht es vor, die fröhlichen Ausschweifungen seiner Jugend durch die Magie seiner Feder und seiner Erinnerungen zu beschwören. Was für eine unerbittliche Revanche an der Ohnmacht des Alters! Was für eine Übereinstimmung von Augenblick und dahinfließender Zeit! Giacomo, der schon in frühester Kindheit vom Tode bedroht war und aus seinem Leben ein glanzvolles Überleben gemacht hat, der Mann des Augenblicks, der dem Leben zugewandte Liebhaber, ist weise geworden. Er wendet sich der Vergangenheit zu, bedenkt die überraschenden Wendungen des Schicksals, schreibt, um sich noch einmal zu erfreuen, um noch einmal zu lachen, um es noch einmal zu genießen, daß er sich an das Publikum seiner Wahl, die beste Gesellschaft, wenden kann. Er schreibt, um mit seinem Leben den vermessenen Beweis zu führen, daß die reine Lust existiert und daß darüber hinaus dieses Glück in der Erinnerung überdauert.

Ich liebte, ich wurde geliebt, ich war gesund, hatte viel Geld und gab es aus, ich war glücklich und gestand mir das auch ein, und ich lachte über die dummen Moralisten, die behaupten, es gebe kein wirkliches Glück auf Erden. Das Wort auf Erden *war es, das mich zum Lachen brachte, als hätte man das Glück anderswo suchen können.*

Bis zum Schluß bleibt er bei seiner Lebensauffassung. Er weigert sich, seinen letzten Verehrerinnen, vor allem Elisa von der Recke, zu begegnen, um ihnen kein Schauspiel zu bieten, das erbärmlich sein könnte. Doch brieflich unterhält er sich mit ihr über die Dichtkunst Plutarchs und die Philosophie Senecas. Ein Jahr vor seinem Tod vertraut er ihr an:

[...] wenn ich sterben muß, um zu erfahren, ob ich unsterblich bin, drängt es mich nicht, diese Wahrheit zu erfahren. Eine Wahrheit, die das Leben kostet, ist zu kostspielig. Doch wenn ich nach meinem Tod noch in der Lage wäre zu fühlen, würde ich niemals annehmen, daß ich tot bin.

Das Jenseits ist nicht seine Welt. Er braucht das ganze Leben, um seine Neugier stillen und alles Glück entdecken zu können. Sein Materialismus und sein Sensualismus zwingen ihn, allein an die Unsterblichkeit durch die Literatur zu glauben. Für ihn gibt es kein anderes Leben nach dem Tod. Zwar ist auch diese Art des Überlebens nie garantiert, doch der Versuch lohnt sich. Der Greis im Exil legt die Feder nicht mehr aus der Hand. Immer noch gelingt es ihm zu verführen, er betört auch jetzt noch durch sein größtes Talent, die Redekunst. Er ruft in Erinnerung, er erzählt, er verzaubert durch Worte. Die schöne Stimme, die zu seinem Bedauern mit dem Alter rauher wird, hat alle Klangfarben der Verführung bewahrt.

Während eines kurzen Aufenthalts in Dux staunt die junge Frau Lorenzo Da Pontes über die Lebendigkeit, die Redegewandtheit und die feinen Manieren des Greises, der ihr ganz außergewöhnlich erscheint. Henriette von Schuckmann, die ihn zehn Jahre früher traf, schreibt ihm 1796 und bittet ihn, sie »aufzuklären«, damit sie die geistigen Verirrungen und den Aberglauben in ihrer Umgebung bekämpfen kann: *Ich wünsche, daß Ihr mein Führer seid. Nennt mich nicht lästig, wenn ich Euch anflehe, mein Apollo zu sein.*

Die junge Cäcilie von Roggendorff, seine letzte Brieffreundin, bezeichnet ihn abwechselnd als Vater, Freund und Geliebten und träumt davon, ihm zu begegnen, und sei es nur ein einziges Mal, *um Euch die Achtung zu bezeigen, die Ihr mir einflößt, aber auch, um das Vergnügen zu haben, ein kleines Menuett mit Euch zu tanzen.*

Dieses letzte Menuett wird Casanova nicht tanzen, doch er hatte die Genugtuung, bis zum Ende seines Lebens unendlich begehrt zu werden. Und war es nicht eine ganz besonders raffinierte List dieses Freundes der Frauen, sich ihnen in der Abenddämmerung seines Lebens zu verweigern, um ihnen mit behender Feder die zartfühlendste und strahlendste Hommage zu widmen? Er verzichtete auf ihre Gegenwart, um sie in seinen Erinnerungen wiedererstehen zu lassen und sie noch einmal mit der Kraft der Jugend zu lieben.

Gott Eros

Nach der ersten Episode in Padua mit Bettina lernt der heranwachsende Giacomo in Venedig die Spiele der Liebe. Er entdeckt, welches Leid ihm die Koketten, die Unnahbaren, die Jungfrauen, die er nicht zu entjungfern wagt, und die Heiratslustigen zufügen können. Er versucht, seine Furcht davor zu bezwingen, die begehrte Frau könnte sich in eine vom Teufel besessene Hysterikerin verwandeln und so das erschreckende und traurige Schauspiel wiederholen, das ihm Bettina, die erste Geliebte, bot. Er ist bereit, den Platz des Exorzisten einzunehmen oder sich selbst als Medizin zu verabreichen, zögert aber noch, seine erotische Kraft offen einzusetzen. Er kostet zum ersten Mal das Glück der geteilten Lust mit zwei Schwestern. Im Schutz der Dunkelheit wird Giacomo zur »Frau« von Martina und zum »Mann« von Nanetta und identifiziert sich dabei mit der abwesenden Angela, der Geliebten, die sich ihm verweigert, den beiden Mädchen aber ihre Gunst gewährt. Die Verwirrung der Geschlechter, der Rollen und der Identitäten unterstützt ihre gemeinsame Initiation. Dieser seltsamen Arithmetik des Begehrens verdankt er es, daß er die Schwelle überschreitet. Dies ist das erste Quartett seines erotischen Werkes.

Giacomo ist gefangen in seiner Identifikation mit der mütterlichen Allmacht und hat keine ausreichende väterliche Unterstützung, um sich davon zu lösen. So bleiben ihm nur zwei Auswege: Er kann entweder seine Männlichkeit verkleiden, die Unterschiede der Geschlechter tilgen und alle Konturen der Identität verwischen, oder aber er muß sein Geschlecht mit aller Macht geltend machen, Himmel und Hölle herausfordern und sich zum allmächtigen Hexer oder Zauberer erheben. Bei seinen ersten amourösen Erfahrungen versucht er sich in beidem. Maskiert und demaskiert, in beiden Situationen bemüht er sich, für jede Frau der personifizierte kleine Liebesgott zu sein. Casanova ist der Held der Anti-Kastration, zumindest aber ist dies das Bild des jungen und temperamentvollen Chevalier de Seingalt, das Casanova zeichnet, als er am Ende seines Lebens seine Geschichte niederschreibt.

Unter einem Gewitterhimmel

Eine zweirädrige Kutsche durchquert die Campagna von Venetien, darin ein junger Abate und eine schöne Pächtersfrau. Er, siebzehn Jahre alt, ist gottlos, sie, eine Jungvermählte von neunzehn oder zwanzig Jahren, unterdrückt nicht ihre Eifersucht über einen Ehemann, der vor aller Augen mit ihrer jüngeren Schwester tändelt. Zunächst spielt sie die *disinvolta*, doch der Abate ermutigt sie, sich in ihn zu verlieben. In Gesellschaft lacht sie gern, doch unter vier Augen bleibt sie sittsam. Sie bringt ihn zum Schweigen: Die geringste Zärtlichkeit mit einem Priester wäre eine Todsünde. Sie fürchtet um ihre Seele. Sie begegnen einander kühl, und alle glauben, die Affäre sei zu Ende.

Nachdem alle Gäste des Grafen Montereale die berühmte Dichterin und Gemahlin Gasparo Gozzis, Luisa Bergalli, besucht haben, besteht der junge Abate Casanova darauf, daß die Neuvermählte zu ihm in die Kutsche steigt. Er befiehlt dem Kutscher, sich von den anderen Wagen zu trennen und den kürzesten Weg über den Wald von Cequini zu nehmen. Der Himmel ist strahlend blau, doch in weniger als einer halben Stunde zieht eines jener kurzen und gewaltigen Gewitter auf, die Himmel und Erde zu erschüttern scheinen.

– *Ach, mein Gott!* sagt die Pächterin, *wir geraten in ein Gewitter.*

– *Ja*, antwortet der Abate, *die Kutsche hat zwar ein Dach, doch der Regen wird Euer Kleid ruinieren, und das verdrießt mich.*

– *Mein Kleid kümmert mich nicht, doch ich fürchte mich vor dem Donner.*

– *Haltet Euch die Ohren zu.*

– *Und der Blitz?*

– *Kutscher*, befiehlt der Abate, *wir wollen uns irgendwo unterstellen.*

– *Die nächsten Häuser befinden sich eine halbe Stunde von hier, und in einer halben Stunde ist das Gewitter vorbei*, erwidert dieser.

Der Kutscher fährt ruhig weiter, es blitzt immer heftiger, der Donner grollt, und Regen setzt ein. Der junge Abate nimmt seinen Mantel ab, um sich und seine Gefährtin damit zu bedecken. Ein heller Lichtschein kündigt den Blitz an, der hundert Schritte vor ihnen einschlägt. Die Pferde bäumen sich auf. Die Pächterin fährt zusammen, wirft sich auf ihn und umklammert ihn ganz fest. Er bückt sich, um den Mantel aufzuheben, der herabgeglitten ist, dabei faßt er unter den Saum ihres Kleides. Die junge Frau versucht, ihre Röcke wieder zurechtzuziehen, doch da leuchtet ein neuer Blitz auf, und sie wagt nicht, sich zu rühren. Ihr Gefährte will den Mantel wieder über sie breiten, dabei fällt sie so günstig auf ihn, daß er sie ohne zu zögern rittlings auf sich zieht. Ihre Stellung hätte nicht passender sein können. Der junge Casanova verliert keine Sekunde und nutzt die Gelegenheit, indem er so tut, als rücke er die Uhr im Gürtel seiner Hose zurecht. Sie nennt ihn gottlos, er empfiehlt ihr, eine Ohnmacht vorzutäuschen, um zu verhindern, daß der Kutscher, wenn er sich umdreht, erkennt, was sich abspielt, und sie ihre Ehre verliert. Er packt sie am Hintern, zieht sie auf sich und überzeugt sich davon, daß er »den vollständigsten Sieg errungen hat, den jemals ein gewandter Gladiator davontrug«.

– *Wie könnt Ihr es wagen, dem Blitz mit einer solchen Ruchlosigkeit zu trotzen?* fragt die fromme Neuvermählte.

– *Der Blitz ist mit mir im Bunde*, antwortet er.

Die junge Frau scheint sich ein wenig zu beruhigen und fragt ihn, nachdem sie seine Ekstase gesehen und gefühlt hat, ob er nun fertig sei. Er lacht und fordert sie auf, ihm vor dem Ende des Gewitters ihr Einverständnis zu beweisen.

– *Willigt ein, oder ich lasse den Mantel fallen!*

– Ihr seid ein schrecklicher Mensch, ich werde für den Rest meiner Tage unglücklich sein. Seid Ihr jetzt zufrieden?

– Nein.

– Was wollt Ihr noch?

– Eine Flut von Küssen.

– Ach, ich Unglückliche! Da habt Ihr, was Ihr wollt!

– Sagt, daß Ihr mir verzeiht. Gebt zu, daß ich Euch Vergnügen bereite.

– Ja, Ihr seht es doch, ich verzeihe Euch.

Das Gesicht der schönen Pächterin hellt sich augenblicklich auf. Casanova läßt nicht locker:

– Sagt mir, daß Ihr mich liebt.

– Nein, denn Ihr seid gottlos, Euch erwartet die Hölle.

Der Himmel ist wieder klar. Der junge Mann scherzt über das Abenteuer, küßt der Pächterin die Hände und sagt ihr, er habe sie von ihrer Angst vor dem Donner geheilt, sie dürfe aber niemandem verraten, durch welches Heilmittel ihm das gelungen sei. Sie antwortet, durch dieses Mittel sei wohl noch nie zuvor eine Frau geheilt worden.

– Im Gegenteil. Das muß in tausend Jahren wohl eine Million Male vorgekommen sein.

– Ich will Euch gern glauben, doch in Zukunft werde ich nur noch mit meinem Gemahl reisen.

– Das wäre unklug, denn Euer Gemahl kann Euch nicht so trösten, wie ich es getan habe.

– Da habt Ihr recht. Mit Euch gelangt man zu außergewöhnlichen Erkenntnissen.

Kaum in Pasiano angekommen, läuft die junge Frau in ihr Zimmer und schließt sich ein. Casanova gibt dem Kutscher einen Scudo. Dieser lacht.

– Worüber lachst du?

– Das wißt Ihr genau!

So endet die Herausforderung an den Blitz in schallendem

Gelächter. Das Lachen muß über die Tragik siegen. Der junge Casanova bietet dem Gewitter nicht nur die Stirn, um die Angst einer jungen Frau zu heilen, sondern auch, um seine eigene Angst zu bezwingen. Angst vor dem Herrn des Blitzes, Angst vor der Frau: Das Geschlecht wie einen Zauberstab erhoben, widersteht er Himmel und Erde, stellt die Gültigkeit der Ehegesetze in Frage und trotzt der Allmacht der Frauen. Als Kind wurde er durch Hexerei geheilt, als junger Mann will er durch die geheimnisvollste aller menschlichen Erfahrungen heilen: die sexuelle Lust.

Willigt ein, bevor das Gewitter vorüber ist!

Casanova braucht das Einverständnis der Frau, er braucht seine Übereinstimmung mit ihr und ihre Übereinstimmung mit ihm, damit er nicht vom Blitz erschlagen wird. Donnerschläge und Lendenstöße – die Liebesraserei entlädt sich so, wie das Gewitter die ruhige Ordnung eines sonnigen Tages in Italien erschüttert. Bei seiner zweiten sexuellen Erfahrung opfert der atheistische Abate der Liebe nicht mehr in der Verwirrung einer Nacht, in der er seine ersten tastenden Erfahrungen mit zwei schönen Schwestern gemacht hat. Diesmal bestätigt er seine triumphierende Männlichkeit im hellen Tageslicht, unter der grandiosen Gewalt des ganzen über ihm entfesselten Himmels. Hinter dem Rücken eines verständnisinnigen Kutschers verkündet Casanova im Angesicht von Blitz und Donner, daß er nun das Geheimnis der Frauen kennt: Die Frau will den Mann. Das Allheilmittel heißt Liebesmedizin oder Liebeszauber. Der einzige Gott, dem Ehrfurcht gebührt, ist die Lust.

Die triumphale Inszenierung der Sexualität, die über den Schrecken siegt, bewahrt den jungen Abate jedoch nicht vor einem erschütternden Verlust. Als er nach Venedig zurückkehrt, ist seine Großmutter krank. Er wacht an ihrem Bett und verläßt sie erst, als der Tod sie auseinanderreißt. Seine Großmutter hinterläßt ihm nichts, denn sie hat ihm zu Lebzeiten alles gegeben, was sie besaß: ihre bedingungslose Liebe, eine magische Liebe, die sein Blut zu stillen vermochte und ihm das Leben schenkte.

Die Versuchung, seine Allmacht in einer zugleich phallischen und magischen Herausforderung zu beweisen, endet nicht mit dem Abenteuer im Gewittersturm. Genoveva, die Marquise d'Urfé, und die schöne Esther sind die Partnerinnen der drei weiteren Szenen.

Liebeszauber und phallische Herausforderung

Der dreiundzwanzigjährige Giacomo lernt im Sommer 1744 Antonio di Capitani kennen, ein »besonders wunderliches Original«, der ihn einlädt, sein Kabinett voller Sehenswürdigkeiten zu besichtigen. Er zeigt ihm ein altes, rostiges Schwert und behauptet, damit habe der heilige Petrus dem Malchus das Ohr abgehauen. Er spricht von einem Schatz, den man mithilfe dieses Schwertes ausfindig machen könne. Mit der üblichen Leichtigkeit, mit der es dem Venezianer gelingt, in die Rollen zu schlüpfen, die von ihm erwartet werden, erklärt er, er sei Magier. Er hält es für nötig, die Scheide des Schwertes zu finden, wenn das Vorhaben gelingen soll, denn, so sagt er, die Scheide ohne das Schwert nütze ebenso wenig wie das Schwert ohne Scheide. *Mitte gladium tuum in vaginam* (»stecke dein Schwert in die Scheide«). Gesagt, getan. Aus der Sohle eines alten Stiefels fertigt Giacomo eine Scheide, die er mit Sand abreibt, um ihr ein antikes Aussehen zu verleihen. Er vervollständigt die Posse durch einen höchst gelehrten Brief, schließt einen Vertrag mit dem Besitzer des Schwerts und fährt dann mit dessen Sohn zu dem Bauern, der Herr des verborgenen Schatzes ist. Mit der Hilfe Genovevas, einer jungfräulichen Tochter des Hauses, bereitet er alle Gegenstände und Gewänder vor, die für das Vorhaben erforderlich sind. Er weiß, daß seine Beschwörungen wirkungslos sind und daß kein Gnom aus der Erde hervortreten und den erhofften Schatz zutage fördern wird. Und dennoch spielt er die Rolle des Magiers, in die er »völlig vernarrt« ist. In der vorherbestimmten Nacht entledigt er sich aller weltlichen Kleidung, streift den großen, von Genovevas unschuldigen Händen genähten Umhang über, löst seine langen Haare, setzt die siebenzackige Krone auf, nimmt den »magischen Zirkel«, auf den er mit schwarzer Farbe schauerliche Zeichen und Figuren gemalt hat, hält in der einen Hand die denkwürdige Reliquie und in der anderen ein Zepter aus Olivenholz, umrundet dreimal den Kreis, den er auf dem Boden ausgelegt hat und springt dann hinein.

Am Horizont steigt daraufhin eine große und schwarze Wolke auf, Donner grollt, ein Blitz jagt den andern, ein stürmischer Wind erhebt sich, gefolgt von einem heftigen Wolkenbruch. Giacomo spürt, daß ihn das Grauen übermannt. Weit davon entfernt, ein Magier zu sein, ist er jetzt nur noch ein vor Entsetzen zitternder »rechter Feigling«.

Mein Plan, den ich für hieb- und stichfest gehalten hatte, hatte sich in nichts aufgelöst. Ich begriff, daß ein rächender Gott diesen Augenblick abgewartet hatte, um mich für alle meine Schandtaten zu bestrafen und meiner Ungläubigkeit durch den Tod ein Ende zu setzen. Vollends überzeugt war ich von der Nutzlosigkeit meiner Reue, weil ich vollkommen erstarrt war.

Bald legt sich der Sturm, und auf dem klaren Himmel erscheint ein Mond, der schöner ist als je zuvor. Der falsche Magier nimmt den Kreis auf und kehrt in sein Zimmer zurück, wo er eine so schöne Genoveva entdeckt, daß ihn die Furcht überkommt. Er zittert trotz der Hitze und schläft in einem jämmerlichen Zustand ein. Als er am Morgen erwacht, ist er der Komödie »überdrüssig«. Alles gerät durcheinander. Da wollte er nun den Magier spielen, und die Magie spielt statt dessen mit ihm. Er glaubte nicht an seine Posse und ist nun in seiner eigenen Inszenierung gefangen. Die Jungfräulichkeit Genovevas erscheint ihm heilig, er fühlt sich schuldig, weil es ihn nach ihr verlangt hat. Ist er überhaupt noch ein Mann?

Sie erschien mir keinem anderen Geschlecht mehr anzugehören als ich selbst, da ich das meine nicht mehr von dem ihren unterscheiden konnte. Ich war in diesem Augenblick von der abergläubischen Idee besessen, daß die Unschuld jenes Mädchens einem besonderen Schutz unterstehe und daß der Tod mich ereilen werde, wenn ich mich an ihr vergriffe.

Wahrscheinlich war er der Vergänglichkeit seines Traumes von der Allmacht und der Intensität seiner Angst nie so nah, angesichts einer Situation, die ihn überfordert und die er nicht wahrhaben will: Es gibt eine höhere Macht, ein Gesetz, das seinen Begierden Grenzen setzt. Nach der Entfesselung der Naturgewalten befürchtet er, die Häscher der Inquisition auf den Fersen zu haben. Er beendet die Maskerade, ermutigt Genoveva zu heiraten und schenkt ihr goldene Armbänder, um sie für ihre Enttäuschung zu entschädigen. Andere Herausforderungen und Abenteuer warten auf ihn. Er gibt nicht auf.

Die meisten Menschen verlieren im Lauf der Zeit die Illusionen ihrer Kindheit. Das Kind aus Venedig hingegen bewahrt sich die Träume von der eigenen Grandiosität auch dann noch, als es älter wird. Casanova läßt nichts aus. Entsetzliche Angst im Gewitter, ein Aufenthalt im Gefängnis, eine Geschlechtskrankheit, ein gewaltiger Spielverlust, der ihn mittellos macht – all dies sind Wege, um die Spuren seiner Schuldgefühle zu verwischen. Casanova setzt sich gern über Autoritäten, Regeln und Grenzen hinweg, er mokiert sich über die Vertreter von Recht und Ordnung, er prangert die Heuchelei der Mächtigen an und erklärt sich zum alleinigen Herrn über sich selbst, zugleich aber straft er sich immer wieder selbst, erlebt Enttäuschungen, Schicksalsschläge und Krankheiten. Dies ist seine

Art, mit seiner ganzen Persönlichkeit zu bezahlen: Er hat keine Angst davor, Angst zu haben – um sich dann wieder mit um so mehr Elan in neue Abenteuer zu stürzen, mit der entwaffnenden Zuversicht des Kindes, das einst von der Großmutter bedingungslos geliebt wurde.

Nach der Zeit mit Senator Bragadin erreicht die Beziehung Giacomos zu den okkulten Wissenschaften mit der Marquise d'Urfé ihren Höhepunkt. Wie sollte man einer Dame widerstehen, die zwar nicht mehr jung, aber schön und reich und »mit den Größten in Frankreich im Bunde« ist und die einen für den »mächtigsten unter den Menschen« hält?

Ihrer Meinung nach verfügte ich nicht nur über den Stein der Weisen, sondern verkehrte auch mit den Elementargeistern. Demzufolge hielt sie mich für mächtig genug, die ganze Welt aus den Angeln zu heben und über Frankreichs Glück oder Unglück zu bestimmen, schreibt er spürbar selbstgefällig.

Giacomo Casanova ist über dreißig. Seine Flucht aus den Bleikammern und die Protektion durch den Abbé de Bernis verleihen ihm eine Sicherheit und ein Vermögen wie nie zuvor. Paris ist der Mittelpunkt der Welt, und der Schauspielersohn fühlt sich in dieser Stadt wie auf der schönsten Theaterszene. Die Marquise d'Urfé ist eine großartige Partnerin. Etwa sechs Jahre lang erleben sie eine Art *folie à deux*, eine alchimistische Idylle. Sie glaubt daran, er nicht, doch er kann nicht auf die Allmacht verzichten, die sie ihm zuschreibt.

Sie kennt sich in allen abstrakten Wissenschaften aus, besitzt eine herausragende Bibliothek und ein Laboratorium, das der besten Alchimisten würdig wäre, und beeindruckt damit den Venezianer. Dieser scheint sich in der Materie ebenso gut auszukennen und imponiert damit der Marquise. Aus einer Laune heraus behauptet er, ein Genius habe ihm geholfen, ein verschlüsseltes Manuskript zu entziffern, das sie ihm zu lesen gegeben hat. *Dieses falsche Bekenntnis schlug Madame d'Urfé in meinen Bann. Ich erhob mich an diesem Tag zum Gebieter über ihre Seele, und ich habe meine Macht mißbraucht*, gesteht er. Von ihren Hirngespinsten verführt, meint sie, *er könne ihre Seele in den Körper eines männlichen Kindes übergehen lassen, das aus der philosophischen Verbindung eines Unsterblichen mit einer Sterblichen oder eines Sterblichen mit einem weiblichen Wesen von göttlicher Natur entsprungen sei*. Er spielt mit und dehnt das Spiel möglichst lange aus. Er nimmt ihr ihre Illusionen nicht, sondern durchstreift mit ihr die Geheimnisse des okkulten Wissens, der Herrschaft über Zeit und Zeugung. Was für ein wunderbarer Streifzug, auf dem er wieder einmal hofft, die Grenzen der menschlichen Existenz zu überwinden, indem er seine eigenen Trugbilder mit denen einer Frau verschmilzt, die über allen und allem steht. Madame d'Urfé ist eine unvergleichliche Gönnerin, und Giacomo liebt das fürstliche Leben.

Nach mehreren mißlungenen Versuchen entschließt er sich, die alchimistische Wiedergeburt der Marquise selbst herbeizuführen. Er muß die dafür erforderlichen Zeichen der Lust vortäuschen, denn der Charme der alternden Dame ruft sie, trotz der Gegenwart einer anderen anregenderen und sehr schönen Partnerin, nicht mehr hervor.

Undine liebkoste mich auf die aufreizendste Weise und erhielt so aufrecht, was der alte Körper, den ich berühren mußte, zum Erschlaffen gebracht hätte ... So entschloß ich mich, sie ein zweites Mal durch eine von Krämpfen begleitete Agonie zu täuschen, die in völliger Reglosigkeit, der zwangsläufigen Folge einer Erregung endete, die Seramis [die Marquise], *wie sie mir später sagte, beispiellos fand.*

Als die Marquise ihn fragt, ob die Operation gelungen sei, antwortet Giacomo ein wenig zögernd, *das Verbum der Sonne sei in ihrer Seele, und sie werde Anfang Februar sich selbst in einem männlichen Körper gebären*. Sie schlägt ihm vor, sie zu heiraten, um der Vormund ihres Sohnes, das heißt ihrer selbst, zu sein, weil sie befürchtet, das Kind könnte sonst als Bastard gelten.

Ihre Überlegungen waren durchaus sinnvoll; da sie aber von einer unsinnigen Voraussetzung ausgingen, konnte sie mir nur Mitleid einflößen.

»Paralis« oder »Paralisée Galtinarde« alias Casanova hat keine Lust mehr zu der Posse, um so weniger, als ihn einer seiner Komplizen bei Madame d'Urfé enttarnen will. Diese ist durchaus zufrieden mit dem Dienst, den ihr ihr Genius erwiesen hat, und denkt nur noch an ihre erstaunliche Schwangerschaft. Sie freut sich über das, was die Pariser Ärzte bei der Niederkunft als »ganz außergewöhnlich für ihr Alter« bezeichnen.

Doch Giacomo ist seiner Rolle als Magier überdrüssig. Wahrscheinlich hat er schon drei Jahre zuvor, bei der süßen Esther in Amsterdam, den Gefallen an solchen okkulten Spielereien verloren. Dort verführt er das junge Mädchen und seinen Vater, einen reichen holländischen Kaufmann, mit magischen Quadraten und kabbalistischen Pyramiden, mit überraschenden Vorhersagen und Glück verheißenden Orakeln. Esther schmeichelt sich, in der Kabbala ebenso bewandert zu werden wie er. Sie bittet ihn um Bücher, um sich dem Studium der okkulten Wissenschaften zu widmen. Sie will die Unwissenden durch ihre Kenntnisse in Erstaunen setzen. Giacomo reagiert auf ihre Bitte ziemlich ungehalten, denn er will sie nicht täuschen. Zu ihren spekulativen Vergnügungen gesellen sich leidenschaftlichere Spiele. Sie sprechen von Heirat. Esthers Vater will dem italienischen Gast die Hand seiner Tochter geben und ihn an seinen Geschäften beteiligen. Schon in Konstantinopel, Giacomo war erst neunzehn Jahre alt, hatte ein ehrenwerter und weiser Mann ihn zum Sohn und Schwiegersohn haben wollen und ihm ein Vermögen geboten, doch

Giacomo hatte sich nicht dazu entschließen können. Auch mit dreiunddreißig Jahren kann er nicht auf seine Freiheit verzichten. Ihm graut vor allem Endgültigen. Er will sich alle Möglichkeiten offenhalten.

Bevor er Esther verläßt, deren Intelligenz und Esprit er bewundert, versucht er, ihr die Augen öffnen, was die okkulte Macht seiner kabbalistischen Pyramide angeht. Sie aber will sich weiter dem Studium der »trügerischen Wissenschaft« widmen, denn als gewiefte Frau ist ihr klar: *... keine Wissenschaft kann sich ohne Scharlatanerie durchsetzen. ... Lieben wir einander, mein teurer Freund, bis in den Tod. Dazu bedarf es keiner Heirat.*

Er kehrt, von einer »großen Last« – der Verpflichtung, ihr etwas vorzumachen – befreit, in die Herberge zurück. Casanova liebt die Frauen, die von ihm nur das erwarten, was er ihnen geben kann: die Fülle des Augenblicks.

Erstes Liebesquartett

Die erste Liebesszene ereignet sich in Venedig, wahrscheinlich im Herbst 1742, im Viertel San Samuele, im dritten Stock eines Bürgerhauses. Es ist Nacht.

Wir waren zu viert. Seit drei Stunden unterhielten wir uns schon, und ich war der Held des Stückes, erinnert er sich vergnügt.

Giacomo ist siebzehn Jahre alt, noch unberührt und verliebt in Angela, die Tochter des Pfarrers Tosello. Mit zwei Schwestern, Nanetta und Martina, sitzt sie am Stickrahmen. Sie arrangieren eine nächtliche Zusammenkunft. Der junge Abate versucht mit aller Macht, Angela zu überzeugen, doch das junge Mädchen ist taub für seine Schmeicheleien. Ariost kennt sie nicht, und der gesunde Menschenverstand liegt ihr näher als die Dichtkunst. Sie »spuckt« von Zeit zu Zeit ein Sprichwort aus, »wie die Römer mit dem Katapult schossen«. Der abgewiesene Liebhaber schlägt vor, Blindekuh zu spielen, doch nur Nanetta und Martina lassen sich fangen. Fünf Stunden später ist er immer noch keinen Schritt weiter. Im Morgengrauen entdeckt er die Tränen auf Angelas Wangen und zürnt sich, weil er sie verflucht hat. Anschließend verläßt er Venedig und begibt sich für zwei Monate nach Padua, wo er zum Doktor des römischen und des kanonischen Rechts promoviert wird. Bei der Rückkehr geht er das Risiko einer weiteren Nacht mit den drei jungen Frauen ein. Mit Wein aus Zypern und einer geräucherten Zunge versehen, steigt er in die Kammer hinauf. Doch trotz ihrer Zusicherung erscheint Angela nicht. Nur die beiden Schwestern kommen zu dem Rendezvous. *Sie macht sich über mich lustig und frohlockt*, beklagt sich Giacomo und beschließt, auf die Treulose zu verzichten.

Nanetta und Martina haben Brot und Parmesan mitgebracht, und so improvisieren die drei ein fröhliches Festmahl, umarmen und küssen sich und erklären sich zu Bruder und Schwester. Ihre unschuldigen Küsse entzünden bald ein Feuer, das sie alle überrascht. Martina verrät ihm, daß Angela, wenn sie bei ihnen schläft, sie mit Küssen bedeckt und ihren teuersten Abate nennt, und daß Angela ihrerseits Nanetta den Mann ersetzt. Der junge Giacomo nimmt den Platz der Abwesenden ein und legt sich zwischen die beiden Schwestern ins Bett. Begünstigt durch einen nicht nur vorgetäuschten Schlaf erlebt er seinen ersten Orgasmus, wobei er zunächst nicht weiß, ob er Nanetta oder Martina berührt.

Ganz allmählich zog ich sie aus, ganz allmählich streckte sie sich, und ganz allmählich nahm sie durch stetige, sehr langsame, aber wunderbar natürliche Bewegungen eine Stellung ein, die mir nicht angenehmer hätte sein können, wollte sie sich nicht verraten. Ich machte mich ans Werk, doch um es zu vollenden, mußte sie in einer Weise mittun, die zeigte, daß sie nicht unbeteiligt war, und die Natur zwang sie schließlich, sich zu entscheiden.

Giacomo wendet sich anschließend der Schwester zu, die ebenfalls so tut, als schliefe sie:

Noch indem sie mir eine ganz natürliche Bewegung vortäuschte, ohne die es mir nicht möglich gewesen wäre, mein Werk zu krönen, verhalf sie mir zum Triumph. Doch im Augenblick des Höhepunkts hatte sie nicht mehr die Kraft, ihre Täuschung aufrechtzuerhalten. Sie enttarnte sich, als sie mich ganz fest in die Arme schloß und ihren Mund auf den meinen preßte.

Die drei Beteiligten sind entzückt von ihrer Erfahrung und schwören sich ewige Freundschaft. Sie lachen, bespritzen sich mit Wasser und verspeisen sodann mit großem Appetit den Rest der geräucherten Zunge, um danach ihre munteren Spiele bis zum Morgen fortzusetzen. Zwei Tage später stecken ihm die beiden Schwestern ein Päckchen zu, das den Abdruck eines Schlüssels enthält. Sie fordern ihn auf, sich den Schlüssel nachmachen zu lassen und ihn zu benutzen, um die Nächte mit ihnen zu verbringen.

Giacomos Beziehung zu den beiden »Engeln« überdauert viele Monate, ja nahezu vier Jahre. Sie endet – vorläufig –, als der junge Abate Venedig verlassen muß, um auf Geheiß seiner Mutter zum Bischof von Martorano nach Süditalien zu reisen.

Diese Liebe, die meine erste war, hat mich fast nichts über die Welt gelehrt, denn sie war vollkommen glücklich, nie durch irgendeinen Kummer getrübt oder durch das geringste Eigeninteresse geschmälert.

Die Grundlinien für Casanovas Liebesleben sind mit dieser ersten sexuellen Erfahrung entworfen. Sie zeigen bereits alle Bedürfnisse, die er später immer wieder zu befriedigen sucht: Er strebt nach Leichtigkeit, Sorglosigkeit und wechselseitiger Befriedigung; Tragik und Leid sollen ausgeschlossen bleiben; Verkleidungen und die Verwischung der Identitäts- und Geschlechtergrenzen sind ihm hochwillkommen. Die Frauen, zwei Schwestern oder Freundinnen, sind gleichermaßen Komplizinnen. Sie vergnügen sich gern mit homosexuellen Spielen oder teilen sich, ganz natürlich und ohne perverse Grenzüberschreitungen, denselben Liebhaber. Mehrere Partnerinnen beim selben Liebesabenteuer und die daraus entstehende Vielfalt der Liebesbeziehungen begünstigt die Verwischung der Identitäten und der sexuellen Beziehungsformen, nach der es Giacomo so dringend verlangt, um sich vor einer bedrohlichen Kastrations- und Verlustangst zu schützen und um diesseits einer allzu gefahrvollen Andersheit zu bleiben.

Im Lauf seiner verschiedenen Abenteuer nimmt dieser Traum von der sexuellen Unbestimmtheit und der fehlenden Eindeutigkeit und Differenzierung oft überraschende und immer wieder neue Formen an. Einige sind fast zu schön, um wahr zu sein, so sehr scheint die Wirklichkeit eins zu sein mit seinen Phantasmen. Wie etwa die Begegnung mit dem falschen Kastraten im Jahr 1744, als er neunzehn Jahre alt ist. Bellino-Teresa, ein Wesen von unbestimmbarem Geschlecht, fasziniert ihn so sehr, daß er meint, darüber den Verstand zu verlieren. Dabei handelt es sich weder um eine Frau, die sich als Mann verkleidet, noch um ein Mädchen, das im Bett die Rolle eines Knaben übernimmt: Was Giacomo so verrückt macht, ist die tiefe Ambivalenz, in die Bellino ihn stürzt, indem er sich als *castrato* bezeichnet und sich weigert, ihn bei sich zu empfangen.

Ihr seid in mich verliebt, ob ich ein Mädchen oder ein Knabe bin, erklärt ihm der Zwitter [...] *Wie könnt Ihr nur als aufgeklärter Mensch Euch einbilden und Euch schmeicheln, daß Ihr mich nicht mehr lieben würdet, wenn ich mich als Mann erwiese? [...] Schließlich würdet Ihr Euch noch einreden, Ihr könntet mich in eine Frau verwandeln, oder Ihr würdet Euch vorstellen, selbst eine zu sein, und würdet dann von mir verlangen, daß ich Euch auch als solche behandle.*

Wenig später und vollkommen unerwartet verreist Bellino mit seinem Verehrer. Sie steigen in einem Postgasthof ab und teilen das Bett. Kaum haben sie sich niedergelegt, wendet sich der falsche Kastrat voller Verlangen seinem Gefährten zu und erweist sich als leidenschaftlich verliebte Frau. Angiola Calori – das ist ihr richtiger Name – erzählt daraufhin ihre seltsame Geschichte. Der zwanzig Jahre ältere Felice Salimbeni, einer der schönsten Kastraten ihrer Zeit, hatte ihre schöne Stimme entdeckt und ihr eine musikalische Ausbildung gegeben. Als sie Waise wurde, gab er sie bei einem Musiklehrer in Pension. Nach dem Tod des jungen Kastraten Bellino, der bei demselben Musiklehrer wohnte, schlug er dem jungen Mädchen vor, an Bellinos Stelle zu dessen Mutter zurückzukehren und ihn, Salimbeni, später in Dresden wiederzutreffen, wo sie nicht als Mädchen, sondern als Kastrat auftreten sollte, und wo sie dann zusammenleben konnten, ohne Aufsehen zu erregen. Angiola stimmte den Plänen ihres Wohltäters zu und lernte, eine kleine Vorrichtung zu gebrauchen, die ihr Geschlecht verändern sollte, wenn man sie einmal überprüfen würde.

Casanova interessiert sich für die seltsame Vorrichtung an »Teresa« (dies ist der Name, den er ihr in seinen Memoiren gibt, um die Identität einer Sängerin zu verschleiern, die sehr berühmt wurde). Sie willigt ein, und er ist berauscht vom eigenen Verlangen nach dieser androgynen Frau, die so sehr seinen geheimsten Phantasmen entspricht.

Es handelt sich um eine Art kleinen, länglichen Schlauch, so groß wie ein Daumen, weiß, und aus sehr weicher Tierhaut gefertigt. [...] Diese Vorrichtung ist in der Mitte einer sehr feinen, durchsichtigen und ovalen, fünf oder sechs Zoll langen und zwei Zoll breiten Haut befestigt. Klebt man diese Haut mit Tragantgummi an die Stelle, an der das Geschlecht erkennbar ist, so verdeckt sie das weibliche.

Der Venezianer ist zutiefst berührt von ihrer Erzählung, ihrer Schönheit, ihrem Talent, der Arglosigkeit ihrer Seele, ihren Gefühlen und ihrer außergewöhnlichen Rolle, in der sie im Leben wie auf der Bühne eine falsche Person darstellt – mit dem falschen Geschlecht und einem falschen Namen. Er will ihr Schicksal teilen, oder aber, daß sie das seine teilt, und so bittet er um ihre Hand. Ein (gerade rechtzeitig?) verlorener Paß vereitelt diesen Plan.

Sechzehn Jahre später begegnet der Reisende ihr wieder. Sie ist *prima virtuosa* an der Oper von Florenz. Sie stellt ihm einen Ehemann vor, in den sie angeblich verliebt ist, und einen falschen »Bruder« – Cesarino, von dem sie sagt, er sei die Frucht ihrer früheren Liebe. Casanova ist stolz auf diesen Sohn, zu dem er sich nicht offiziell als Vater bekennen kann, der ihm aber zum Verwechseln ähnlich sieht. Er hört ihm zu, wie er neapolitanische Lieder singt und sich dazu am Cembalo mit der gebotenen Lebhaftigkeit begleitet. Teresa, die nicht mehr ihre geschlechtliche Ambiguität ausspielt, sondern in einer konventionellen Beziehung lebt, blickt vom einen zum andern, umarmt ihren Gatten und ruft aus, nur die Liebe könne einen Menschen glücklich machen.

So verbrachte ich diesen Tag, einen der glücklichsten meines Lebens, schließt Casanova, für den das höchste Glück darin liegt, daß die Identitäten sich verwischen, die Geschlechter durcheinandergeraten, die Abstammung Rätsel birgt und Familien ihre Geheimnisse bewahren – und darin, daß die Freude des Wiedersehens bestätigt, daß die Liebe eine Art von Beständigkeit und Treue kennt, die weder Zeit noch Trennung zerstören können.

So begegnet Casanova zeit seines Lebens immer wieder Frauen, die sich zu seinem Double, seiner Komplizin machen. Wie er selbst wollen auch sie die Unterschiede verwischen, auf die sich die Gesellschaft stützt. Kraftvoll und doch leichthin nehmen sie sich heraus, nach ihren eigenen Gesetzen zu leben. Jenseits von Vorurteilen, Scham und Aberglauben, die den Verstand trüben, erweisen sie sich in ihrem Alltag als frei zu denken und zu handeln, als frei zu lieben.

Gärten der Liebe

Im Zeichen der Schlange

Im Frühjahr 1744 reist eine schöne, neunundzwanzigjährige Römerin in Begleitung ihres Mannes, eines Advokaten aus Neapel, und ihrer Schwester Angelica, von Neapel nach Rom. Ein junger, melancholischer Abate steigt zu ihnen in die Kutsche. Er trocknet seine Tränen, blickt durch das Fenster hinaus auf die *Strada di Toledo*, auf der seine Freunde in der Entfernung immer kleiner werden, und schweigt bis zum Abend. In Capua, wo die Reisenden Station machen, erklärt der Advokat:

– *Ich habe also die Ehre, mit dem Herrn Abate zu nächtigen.*

– *Ich überlasse es Euch, mein Herr, auch anders zu verfügen.*

Donna Lucrezia, seine Gemahlin, lächelt, als sie diese schlagfertige Antwort hört. Das Eis ist gebrochen. Sie setzen die Reise unter dem angenehmsten Geplänkel fort. Man unterhält sich über dies und das, so zum Beispiel über die Frage, ob ein Bart eine Ausscheidung oder ein Haarschmuck sei.

– *Aber habe ich überhaupt einen Bart?* fragt Giacomo.

– *Ich glaube schon*, antwortet die Gemahlin des Advokaten.

– *Dann werde ich mich also in Rom zum ersten Mal rasieren lassen*, beschließt der junge Abate überrascht.

Donna Lucrezia ist zwei Jahre älter als er. Sie interessiert sich für den jungen, gutaussehenden Mann, dem noch die Vorzüge der Jugend vergönnt sind, der ebenso rasch von den Tränen zum Lachen wie von der Fröhlichkeit zum Weinen wechselt, der ein paar wertvolle Schmuckstücke und Tabakdosen besitzt, sich als großzügig erweist, die Kunst der Konversation beherrscht und einer Tändelei nicht abgeneigt ist. Sie bestärkt ihn in seiner wachsenden Zuneigung, gewährt ihm einen Kuß als Pfand und berührt in der Kutsche wie unabsichtlich seine Knie.

Dank des Entgegenkommens der Gastwirte, die ohne weiteres ein gemeinsames Zimmer und zuweilen sogar ein gemeinsames Bett für Reisende vorsehen, deren Gemeinsamkeiten sich darin erschöpfen, daß sie mit derselben Kutsche fahren, plant der Abate Casanova, beim nächsten Halt neben die schöne Ehefrau in das Bett der beiden Schwestern zu schlüpfen. Aber leider knarrt das Bett, in dem er neben dem schlafenden Ehemann liegt, so stark, daß er schon auf seinen Besuch im Nachbarbett verzichten will. Doch plötzlich hallen mitten in der Nacht Gewehrschüsse, Personen eilen treppauf und treppab, jemand schlägt Alarm, eine Trommel dröhnt, Rufe und Schreie sind zu hören, ein Scharmützel zwischen deutschen und spanischen Truppen richtet ein großes Durcheinander an. Der Advokat erwacht und geht ein Licht holen. Der junge Mann nutzt die Situation, sich der Gunst seiner Schönen zu versichern, doch da er das Objekt seiner Begierde allzu heftig in die Arme schließen will, gibt das Bett unter ihnen nach und bricht zusammen. Er zieht sich zurück, als der Ehemann wiederkommt, der schallend lacht über die beiden Schwestern, die in dem zusammengebrochenen Bett vergraben sind.

Am andern Morgen erreichen sie Rom, wo die Mutter der beiden jungen Frauen im Viertel der Minerva lebt. Der Abate wird eingeladen, die Cour zu machen und sich als Freund des Hauses zu betrachten. Er erhält eine Anstellung im Dienst des Kardinals Acquaviva, die ihm hilft, sich rasch in den Kreisen der römischen Geistlichen einzuführen, die ihm wendig, schmeichlerisch und zutiefst heuchlerisch erscheinen, weil sie ihren Gesichtsausdruck kontrollieren und es vermeiden, sich durch einen wechselnden Ausdruck der Stimme zu verraten, und weil sie artige Reden führen und politisch geschickt taktieren. Zwischen zwei Französischstunden, die man ihm dringend nahegelegt hat, entflieht er, um der Familie Donna Lucrezias harmlose Besuche abzustatten.

Während eines Ausflugs in der römischen Campagna, zur Villa Ludovisi in Frascati, nimmt die diskrete Schwiegermutter den Arm ihres Schwiegersohns, während Angelica mit ihrem Verlobten spazierengeht, und so arrangiert Lucrezia ein glückliches »Vis-à-vis« mit ihrem jungen Liebhaber. Als sie auf einem Rasen des Parks zueinander finden, sorgt sich Giacomo, daß sie entdeckt werden könnten. *Sei ohne Sorge. Unsere Genien wachen über uns*, beruhigt ihn die furchtlose Römerin. *Hatte ich dir nicht gesagt, daß unsere Genien über uns wachen?* fragt sie plötzlich. *Ah! Wie genau sie uns beobachtet. Sie will uns beruhigen. Sieh dir diesen kleinen Dämon an. Es gibt in der Natur nichts Geheimnisvolleres. Bewundere ihn. Das ist sicherlich dein Genius, oder meiner ... Siehst du nicht die schöne Schlange mit ihrer flammenden Schuppenhaut und ihrem erhobenen Kopf, wie sie uns anzubeten scheint?*

Giacomo sieht sich um und entdeckt zu seinem Mißfallen eine ellenlange, in allen Farben schillernde Schlange. Lucrezia beobachtet das Tier ohne eine Spur von Furcht und erklärt, als sie es fliehen sieht, das Tier wolle sie davor warnen, daß Nichteingeweihte auf dem Weg zu ihnen seien. Sie bringen ihre Kleider in Ordnung und wandeln weiter, während der Advokat und Donna Cecilia aus der nächsten Allee heraustreten. Der junge Mann erkundigt sich bei der Mutter, ob Lucrezia sich vor Schlangen fürchte. *Trotz all ihrer Klugheit fürchtet sie den Donner so sehr, daß sie in Ohnmacht fällt, und sie läuft schreiend davon, wenn sie eine Schlange sieht*, antwortet diese.

Giacomo meint, ein Wunder der Liebe erlebt zu haben. Er staunt über so viel Entschlossenheit. Zum ersten Mal ist er in eine verheiratete Frau verliebt, die auf seine Leidenschaft nicht nur reagiert, sondern ihr zuvorkommt, sie fördert, sie inszeniert. Die magische Allmacht der Begierde und die Verhöhnung der etablierten Ordnung sind zwar Casanovas innerste Triebfeder, doch er bemüht sich stets, den Schein der gesellschaftlichen Angepaßtheit zu wahren. Er stellt gern unter Beweis, wie zartfühlend seine Empfindungen, wie rein seine Absichten und wie unschuldig sein Verhalten sind. Seine Subversion gleicht einer Farce der *commedia dell'arte*: Er setzt das Einverständnis der von ihm Verhöhnten voraus. Casanova bleibt, was immer auch geschieht, ein »unbedeutender« Mann. Er will sich selbst und anderen weismachen, er sei nur ein Werkzeug in den Händen anderer, ein Schauspieler ohne eigene Verantwortung, der sich damit begnügt, das Stichwort zu geben – das allerdings voller Anmut und Brillanz, denn er liebt den Applaus.

In Lucrezia findet er seine Meisterin. An jenem paradiesischen Morgen befriedigt sie alle seine Begierden und geht noch weit über das hinaus, was er sich vorzustellen vermag. Nun erlebt er wirklich die Wollust am hellichten Tag, zwischen Blumen und Springbrunnen, mit einer entzückenden Frau, die nichts von ihm fordert als das Vergnügen des Augenblicks. Sechsundzwanzig Jahre wird es dauern, bis das Stück in drei Akten zum Abschluß und zur Auflösung gelangt. Doch weiß Lucrezia schon, wie der junge Mann, mit dem sie ihren Ehemann betrügt, auf ihre Erwartungen reagieren wird? Mit dem stillschweigenden Einverständnis ihrer Schwester, die das *zusammengebrochene Bett nicht vergessen* kann, ihres Mannes, der *gewisse Scherze für belanglos hält*, und ihrer Mutter, die *vielleicht etwas ahnt, aber weiß, daß dies nicht ihre Angelegenheiten sind*, setzt die schöne Römerin ihr Liebesabenteuer fort. Zehn Jahre ist sie schon verheiratet, und immer noch ohne Kinder, warum sollte sie da nicht in aller Unschuld versuchen, ihrem verständnisvollen Ehemann einen Erben zu schenken?

Nach einem köstlichen und delikaten Essen, in dessen Verlauf der Advokat seine Gemahlin ermutigt, dem Abate Casanova im Tausch gegen eine Tabakdose einen Ring zu geben (zeigt er damit, daß er mit einem anderen Tauschhandel einverstanden ist, der geheim bleiben muß?), begibt sich die vergnügte Gesellschaft in die prachtvollen Gärten der Villa Aldobrandini. Lucrezia zieht Giacomo in eine Art Kammer im Grünen, in der sie geschützt vor den Blicken der anderen ihrer Leidenschaft frönen können. Dort fühlen sie sich so unschuldig wie Adam und Eva vor dem Sündenfall, gefeit gegen jede Schuld. *Und kommt auch der Papst mit seinem Heiligen Kollegium, so rühren wir uns doch nicht von der Stelle. Seine Heiligkeit wird uns seinen Segen erteilen*, flüstern sich die beiden Liebenden zu.

Wir gelangten, erinnert sich der Greis von Dux, *nach einigen Umwegen auf eine ziemlich lange, laubbedeckte Allee, in deren Mitte sich eine Art Kammer mit Rasensitzen in den verschiedensten Formen befand. Einer überraschte uns besonders. Er hatte die Form eines Bettes, das außer dem gewöhnlichen Kopfkissen etwa eine Elle weiter unten ein zweites, etwa ein Viertel so hohes hatte, das parallel zum großen quer über das Bett lag. Wir betrachteten es lachend. Das Bett sprach für sich selbst. Wir schickten uns an, es zunächst auf seine Eignung zu prüfen. Dem Bett gegenüber genossen wir die Aussicht auf eine weite und einsame Ebene, auf der selbst ein Hase sich nicht hätte nähern können, ohne daß wir ihn entdeckt hätten. Hinter dem Bett war die Allee unzugänglich, und wir gewahrten ihre beiden Enden rechts und links in gleichem Abstand. Selbst im Laufschritt hätte niemand in weniger als einer Viertelstunde durch die Allee zu uns gelangen können. Hier, im Garten von Dux, habe ich einen ähnlich angelegten Platz gesehen; doch der deutsche Gärtner hat nicht an das Bett gedacht.*

Eine letzte Landpartie führt Donna Lucrezia und Giacomo nach Tivoli. Nachdem die Gesellschaft sämtliche Sehenswürdigkeiten des Ortes besichtigt hat, verbringt man die Nacht im Haus von Francesco, dem Verlobten Angelicas. Die beiden Schwestern nehmen ein Zimmer, das zur Orangerie hin liegt und an die Kammer des jungen Abate stößt. Der Advokat schläft im selben Zimmer wie der Bruder seiner Gemahlin, und Donna Cecilia teilt ein Zimmer mit ihrer jüngsten Tochter. Mit dieser Aufteilung sind alle zufrieden. Als Lucrezia die Fackeln und ihre Nachtlampe gelöscht hat, stößt Giacomo die Verbindungstür auf und wirft sich in die offenen Arme seiner Schönen, die zu ihrer Schwester sagt: *Das ist mein Engel. Sei still und schlafe.* Die beiden lieben sich und schlafen dann bis zum Heraufziehen der Morgendämmerung. Beim Aufwachen nehmen sie ihre »Kämpfe« wieder auf.

– Gib auf deine Schwester acht, sie könnte sich umdrehen und uns sehen.

– Nein, meine Schwester ist reizend; sie liebt mich ... Dreh dich um, Angelica, umarme deine Schwester, die von Venus besessen ist, und sieh, was dich erwartet, wenn dich die Liebe zu ihrer Sklavin macht.

Lucrezia, erinnert sich der Memoirenschreiber, *bat mich sodann, sie zu umarmen, glitt über mich hinweg und genoß es, ihre Schwester in meinen Armen zu sehen, sehnsüchtig und offensichtlich, ohne mir den geringsten Widerstand entgegensetzen zu wollen. [...] Sie trocknete mir die Schweißtropfen, die auf meine Stirn traten. Endlich erstarb Angelica zum dritten Mal so zart, daß es mir die Seele entriß.*

Als Donna Lucrezia und ihr Gemahl sich auf die Rückkehr nach Neapel vorbereiten, schlägt sie Giacomo vor, ihre Schwester als Maitresse zu behalten. Nahezu entrüstet lehnt er das Angebot ab und erwidert sehr ernst:

Ich muß mich hüten, den Ehefrieden zu stören.

Ende des ersten Aktes. Fortsetzung in siebzehn Jahren.

Casanova wiederholt das Urteil des Paris: Vor die Wahl zwischen den drei Grazien gestellt, entscheidet er sich für Aphrodite, die Göttin der Schönheit und der Liebe. Nachdem er es mit einem Leben als Geistlicher und dann mit einer militärischen Laufbahn versucht hat, entscheidet er sich nun für das Liebesleben. Von seinem einundzwanzigsten Lebensjahr an ist er der Schützling des venezianischen Senators Matteo Bragadin und kann sich daher so frei bewegen und ist finanziell so ungebunden wie der Sohn einer angesehenen Familie. Da die Inquisitoren Wind bekommen von den kabbalistischen Praktiken, die die beiden Männer verbinden, verläßt Giacomo vorsichtshalber Venedig zu Beginn des Jahres 1749. Er reist nach Norditalien, Padua, Verona, Mailand, Mantua, Bologna und Cesena, wo er sich den Sommer über aufhält. Mit einem *Gefühl der Leere im Herzen* und ungeduldig, sich *Teresa und Donna Lucrezia gegenüber zu sehen*, schickt er sich an, seine Herberge zu verlassen, um nach Neapel zu reisen. Doch die Wechselfälle der Reise führen ihn auf einen anderen Weg.

Giacomo erwacht bei Tagesanbruch durch den Radau im Zimmer nebenan und stellt fest, daß eine Gruppe von Sbirren die Tür seiner Nachbarn aufgebrochen hat. Es gilt zu überprüfen, ob der Bewohner, ein ungarischer Offizier, der nur lateinisch spricht, tatsächlich der Ehemann der Person ist, die ihn begleitet. Die Bogenschützen drohen ihm eine Gefängnisstrafe oder eine Geldstrafe von einigen Zechinen an. Als Giacomo erkennt, daß seine Nachbarn die Opfer eines abscheulichen Komplotts sind, nimmt er die Sache in die Hand und schlägt viel Lärm beim Bischof, damit den fremden Reisenden Genugtuung widerfahre. Als Belohnung erhofft er sich herauszufinden, wer sich im Bett des Offiziers verborgen hält. Ist es ein Mann oder eine als Knabe verkleidete Frau? Der ungarische

Offizier verrät ihm lediglich die Nationalität des Reisegefährten: Franzose. Giacomo bittet die beiden, gemeinsam mit ihm zu frühstücken, woraufhin unter der Bettdecke ein lachendes, frisches und verführerisches Gesicht mit zerzausten Haaren hervorlugt. Wenig später entdeckt er die Dame in einer eleganten »Phantasieuniform«. Ihre Schönheit macht ihn »sogleich zu ihrem Sklaven«. Er offeriert dem Paar seine Begleitung bis nach Parma.

Die Französin läßt dem Venezianer keine Ruhe. Was macht sie mit einem sechzigjährigen Offizier, der ihre Sprache nicht versteht, der weder ihr Vater noch ihr Ehemann ist, und in den sie auch nicht verliebt zu sein scheint? Sie verhält sich wie eine Abenteurerin, ist verwegen und kühn, zeigt aber zuviel Esprit, hat zu gute Manieren und zuviel Zartgefühl, um nicht eine exzellente Erziehung genossen zu haben. Wer also ist dieses Mädchen, fragt sich Giacomo, in dem sich Noblesse und der Anschein großer Libertinage verbinden? Und warum will sie nach ihrer Ankunft in Parma allein und unabhängig sein, obwohl sie weder Geld noch andere Mittel zur Verfügung hat?

Der junge Mann will wissen, was ihn in dieser Stadt erwartet: Soll er die junge Frau vergessen, oder kann er darauf hoffen, daß er hier ihr Herz erobert? Mit ungeschicktem Nachdruck fordert der bis über beide Ohren Verliebte eine beispiellose Antwort ein:

– *Wenn Ihr mir sagt, ich soll Euch nach Parma begleiten, müßt Ihr mir versprechen, Madame, daß Ihr mich glücklich macht, indem Ihr mir Euer Herz schenkt; nichts Geringeres als das. Ich will Euer einziger Geliebter sein, unter der Bedingung allerdings, daß, wenn Ihr wollt, Ihr mich dieser Gunst erst teilhaftig werden laßt, wenn ich sie durch meine Dienste und Gefälligkeiten und durch alles, was ich mit einer Ergebenheit ohnegleichen für Euch tun werde, verdient habe.*

– *Gestattet mir zu lachen, ich bitte darum, denn nie im Leben wäre ich auf die Idee gekommen, daß eine Liebeserklärung so stürmisch sein kann. Begreift Ihr, was es heißt, wenn man einer Frau in einer Liebeserklärung, die doch ganz zart sein soll, abverlangt: Madame, entweder oder, entscheidet Euch unverzüglich?*

– Die Worte »entscheidet Euch« können Euch nicht hart erscheinen: Im Gegenteil, sie zollen Euch Respekt und machen Euch zur Herrin über Euer Schicksal und meines.

Die junge Französin bleibt angesichts der heftigen Begierde, die sie in dem jungen Mann weckt, nicht lange gleichgültig. Sie ahnt wohl bereits, was seinen Charme so unwiderstehlich macht – sein mitreißender Schwung, seine Großzügigkeit, sein Faible für die Improvisation, seine Offenheit, sein Bedürfnis, geliebt, und seine Furcht, genasführt zu werden –, aber auch, was seine Gesellschaft nur eine Zeitlang angenehm macht: seine Impulsivität, seine Launen, seine maßlosen Ausgaben. Henriette weiß über ihren Geliebten bald Bescheid, sie macht sich keine Illusionen, weder über seinen gesellschaftlichen Stand noch über seine finanziellen Verhältnisse noch über seine Leichtfertigkeit. Dennoch will sie sich einige Monate, für die Zeit eines Liebesromans, mit ihm zusammentun. Sie zögert nicht mit der Antwort: *Ja, kommt nach Parma.*

In der Geburtsstadt seines Vaters beschließt Giacomo, sich mit dem Vatersnamen seiner Mutter, »Farussi«, zu nennen. Er befürchtet, von den zahlreichen umherstreifenden Spionen erkannt zu werden, da Parma unter die Herrschaft des Infanten Philipp von Spanien und seiner Gemahlin Louise-Elisabeth, der ältesten Tochter Ludwigs XV., gekommen ist. Die Französin, die sich von Giacomo Henriette nennen läßt, trägt sich im Register als *Anne d'Arci* ein und hält ihren Liebhaber weiterhin im unklaren über ihre wahre Identität.

Für Giacomo sind alle Elemente seines Liebesszenarios vereint: eine als Mann verkleidete Frau, ein falscher Name, eine hervorragende Erziehung, Klugheit und Schönheit, eine starke

Persönlichkeit und der Wille zur Unabhängigkeit, die Gewißheit einer heftigen, aber vorübergehenden Leidenschaft. Er erklärt sich für frei, was Henriette nicht von sich sagen kann, denn sie weiß, daß ihre provenzalische Familie nach ihr sucht. Die Gründe ihrer »Flucht« nach Italien verrät sie nicht. Sie ist es, die über ihn verfügt, und sie bestimmt die Regeln des Liebesspiels. Ort, Dauer, Anfang und Ende des Abenteuers liegen in ihren Händen. Da ihrer Verbindung von vornherein ein unvorhersehbares und plötzliches Ende beschieden sein wird, das nicht von ihrem Willen abhängt, genießen sie das Glück.

Sie verlassen einander nicht einen Augenblick. Henriette lernt Italienisch, und Giacomo mietet eine Loge in der Oper und führt sie jeden Abend dorthin aus. Sie gehen verliebt zu Bett und wachen noch verliebter auf.

Wer glaubt, eine Frau genüge nicht, um einen Mann alle vierundzwanzig Stunden des Tages gleich glücklich zu machen, hat nie eine Henriette gekannt.

Bei einem Konzert in einem Privathaus spielt man eine Symphonie und einige Duos und dann ein Cellokonzert. Henriette, ruhig und bescheiden, fordert das Orchester auf, das Konzert noch einmal zu beginnen, nimmt das Cello zwischen die Knie und beginnt zu spielen. Ihr erstaunter Liebhaber hält das zunächst für einen Scherz, doch als er sieht, wie sie den ersten Bogenstrich tut, ist er so bewegt, daß er meint, vor Herzklopfen tot umzufallen. Die Zuhörer spenden frenetischen Beifall. Casanova zieht sich zurück, um, geschützt vor den Blicken der anderen, im Garten zu weinen.

Wer ist diese Henriette? Wer ist dieser Schatz, in dessen Besitz ich gelangt bin? Es schien mir unmöglich, daß ich der glückliche Sterbliche war, der sie besaß.

Fata viam inveniunt: Das Schicksal bestimmt unsere Wege. Dieser Satz Vergils, für den Giacomo eine Vorliebe hat, ist einer der Wahlsprüche der Familie d'Albertas, der die rätselhafte Henriette wahrscheinlich angehört. Er paßt besonders gut auf ihre Idylle, deren Dauer von einem leidigen Zufall abhängt. Einige Wochen des Glücks sind ihnen noch beschieden, dann beginnt der letzte Akt.

Während eines Spaziergangs in den Gärten der herzoglichen Residenz von Parma wird Henriette vom Mitglied einer erlauchten Familie aus der Provence erkannt. Brieflich nimmt ihre Familie Kontakt auf. Giacomo weiß nicht, worum es geht, doch er errät, daß ihre Beziehung zu Ende geht. Er macht sich die bittersten Vorwürfe. Warum sind sie so lange in Parma geblieben? Welche Verblendung seinerseits! Die kluge Henriette erklärt lediglich: *Bereiten wir uns darauf vor, über allen Ereignissen zu stehen.*

Um ihre Traurigkeit zu vertreiben, verbringen sie vierzehn Tage in Mailand, wo sie sich nur miteinander beschäftigen. Giacomo schenkt seiner Gefährtin zwei Winterkleider und einen Luchspelz. Nach Parma zurückgekehrt, erfahren sie, daß ihre Trennung nun unausweichlich ist. Giacomo begleitet Henriette bis nach Genf, eine Reise, die mit Trägersänften und Schlitten fünf Tage dauert. Sie nehmen Quartier im Hotel *A la Balance*. Anderntags reist sie bei Tagesanbruch weiter, mit einer Gesellschaftsdame an ihrer Seite, einem Lakai auf dem Kutschbock und einem zweiten, der ihnen vorausreitet.

Casanova schaut der Frau nach, die sich für immer einen besonderen Platz in seinem Herzen erobert hat. In ihr verbanden sich Würde und Kühnheit, Leidenschaft und Klugheit, Ruhe und Glück. Sie verstand es, das Beste in ihm zu wecken, und forderte nie etwas, das er ihr nicht hätte geben können. Sie beeinträchtigte ihn nie und zwang ihn zu nichts. Sie lebte ihr Abenteuer, als sei sie reine Fiktion, außerhalb von Zeit und Raum, ein Kunstwerk.

Giacomo sieht der Kutsche nach und steht, als sie längst schon seinen Blicken entschwunden ist, immer noch träumend da. Am folgenden Tag erreicht ihn ein Brief seiner Geliebten, der nur ein Wort enthält: *Adieu*. Er verbringt einen der traurigsten Tage seines Lebens. An einer Fensterscheibe des Zimmers entdeckt er die Worte, die Henriette mit der Spitze des kleinen Diamanten eingeritzt hat, den er ihr schenkte: *Du wirst auch Henriette vergessen*. Was wollte sie ihm damit sagen? Daß die Wunde vernarben würde?

Als der Weise von Dux diese Episode niederschreibt, vertraut er dem Papier die folgenden Worte an:

Nein. Ich habe sie nicht vergessen. Und es ist stets Balsam für meine Seele, wenn ich mich an sie erinnere. Wenn ich bedenke, daß jetzt im Greisenalter meine lebendige Erinnerung mein ganzes Glück ist, dann stelle ich fest, daß mein langes Leben wohl eher glücklich als unglücklich war. Ich danke Gott, der Ursache aller Ursachen und jenseits aller menschlichen Erkenntnis Herr über alle Dinge ist, und schätze mich glücklich.

Zwei Tage nach Henriettes Abreise kehrt Giacomo wieder nach Italien zurück. Trotz der schlechten Jahreszeit überquert er in drei Tagen auf dem Rücken eines Maultiers den San Bernardino. Der Schmerz macht ihn unempfindlich gegen alle Widrigkeiten. Er spürt weder Hunger noch Durst noch die Kälte, die diesen Teil der Alpen mit Frost überzieht. Eine Art Verzweiflung, die »nicht ohne Süße ist«, hat von ihm Besitz ergriffen. Er mietet sich absichtlich in einem schlechten Gasthof ein. In Parma erhält er aus der Hand des provenzalischen Edelmanns einen langen und würdevollen Brief Henriettes mit dem folgenden Wortlaut:

Nun mußte ich, mein einziger Geliebter, Dich doch verlassen. Vermehre deinen Schmerz nicht, indem Du an den meinen denkst. Nehmen wir lieber an, wir hätten einen schönen Traum geträumt, und beklagen wir nicht unser Schicksal, denn noch nie ist ein schöner Traum so lang gewesen. Wir wollen uns preisen, einander über drei Monate hinweg so vollkommen glücklich ge-

macht zu haben; nur wenige Sterbliche können das von sich behaupten. Vergessen wir einander also nie, und erinnern wir uns immer wieder an unsere Liebe, um sie in unseren Seelen neu erblühen zu lassen, die, obzwar voneinander getrennt, sich daran um so mehr erfreuen werden. Erkundige Dich nicht nach mir, und wenn Du durch Zufall erfahren solltest, wer ich bin, dann tue so, als wüßtest Du es nicht. Wisse, mein teurer Freund, daß ich meine Angelegenheiten so geregelt habe, daß ich für den Rest meines Lebens glücklich sein werde, soweit das ohne Dich möglich ist. Ich weiß nicht, wer Du bist; aber ich weiß, daß Dich niemand auf der Welt besser kennt als ich. Ich werde mein Leben lang keinen Geliebten mehr haben, doch ich wünsche nicht, daß Du es mir gleichtust. Dir wünsche ich, daß Du wieder liebst und daß Du sogar eine neue Henriette findest. Adieu.

Nachdem der bestürzte Liebhaber diesen Brief gelesen hat, geht er zu Bett und ißt nichts mehr. Zwei Tage lang bleibt er ermattet liegen. Er denkt nicht daran zu sterben, will aber auch nicht wirklich leben. Seine Niedergeschlagenheit hindert ihn, einen klaren Gedanken zu fassen. Ein Nachbar, den er zufällig kennengelernt hat, sorgt sich um ihn und überredet ihn, eine Fleischbrühe zu trinken und das Fasten zu brechen. Einige Tage darauf geht er ins Theater, wo er die Bekanntschaft einer äußerst koketten Schauspielerin macht, die ihm als Gegenwert für einige Zechinen eine üble Syphilis hinterläßt. *Ich wurde also zu Recht dafür bestraft, daß ich mich so elend vergessen hatte, nachdem ich zuvor einer Henriette angehört hatte*, notiert er bekümmert, weil er wieder einmal auf die »große Kur« zurückgreifen muß. Es ist nicht das erste Mal, daß er sich eine Geschlechtskrankheit holt, während er Liebeskummer hat. Er hat selbst festgestellt, daß er sich oft in seinem Leben so verhielt, daß er krank werden mußte, um dann mühsam wieder gesund zu werden. Eine sechswöchige Quecksilberbehandlung bringt ihn wieder ins Lot, doch in dieser Zeit zieht er sich eine andere Krankheit zu. Aus lauter Verzweiflung über den Verlust seiner göttlichen Henriette wird Giacomo unter dem Einfluß seines Nachbarn zum Frömmler. Wohl nie war er mit einer Frau so glücklich, und nie wieder erlebt er einen solchen Verlust.

Die freisinnige Nonne

Welche Neigung, welche Grille, welche Laune bewog Marina Maria Morosini, Nonne im Kloster S. Maria degli Angeli, einem Unbekannten zu schreiben und ein Rendezvous zu erbitten? Die Nonne, die ihr Inkognito wahrt, überläßt Giacomo die Wahl des Ortes, an dem sie einander kennenlernen können: im Sprechzimmer ihres Klosters in Murano, in einem *casino* – einem im allgemeinen ziemlich luxuriösen kleinen Haus, in dem der Lust gefrönt wird – oder zu einem Souper in Venedig? Sie bittet ihn, seine Antwort anderntags der Frau zu übergeben, die ihm auch ihren Brief überbracht hat und die er eine Stunde vor Mittag in der bei der Rialto-Brücke gelegenen Kirche San Canciano, am ersten Altar rechter Hand, antreffen wird.

Der Brief ist weiß und mit aventurinfarbenem, schillerndem spanischem Wachs verschlossen. Das Siegel zeigt eine Schlinge. Eine Botin läßt den Brief vor Giacomo Casanovas Füßen fallen. Er hebt ihn auf, erbricht das Siegel und liest:

Eine Nonne, die Euch seit zweieinhalb Monaten an allen Feiertagen in ihrer Kirche sieht, wünscht, Euch kennenzulernen.

Bedenkt, so schließt sie, *hielte ich Euch nicht für wohlmeinend und ehrenhaft, ich hätte mich nie zu einem Schritt entschlossen, der Euch zu einem abfälligen Urteil über meine Person veranlassen könnte*.

Giacomo ist erstaunt über den Ton der Einladung. Sie scheint ihm von einer Verrückten zu stammen, und dennoch erkennt er in dem Brief eine Würde, die ihn zwingt, die Absenderin zu achten. Sie scheint ihm in Liebesdingen zu vertraut, als daß sie eine unerfahrene Anfängerin sein könnte. Vor allem aber staunt er über die große Freiheit der »gottgeweihten Jungfrauen, die ihre Klausur so unschwer verlassen konnten«. Seine Neugier siegt über die Angst vor einer Falle, und so akzeptiert er die ungewöhnliche Einladung. Sicher schmeichelt es ihm auch, daß die Nonne vermutet, er verstehe Französisch. Er enthüllt seine eigene Identität nicht, erklärt ihr aber, er sei »Venezianer und frei in jeder Bedeutung des Wortes«.

Kennt die Nonne schon den Namen des gutaussehenden Unbekannten, der in ihrer Kirche die Messe besucht, ohne jemals einen Blick auf die Nonnen hinter dem Sprechgitter zu werfen? Weiß sie, daß er der Adoptivsohn Senator Bragadins ist und der »Verlobte« einer anderen Nonne, Catterina Capretta, die wiederum ihr Schützling ist? Was hat ihr Interesse an diesem großgewachsenen und dunkelhäutigen achtundzwanzigjährigen Mann geweckt?

Die am 11. September 1731 geborene Marina Maria Morosini ist im Herbst 1753 zweiundzwanzig Jahre alt. Sie entstammt einer der großen Patrizierfamilien Venedigs, ist schön, reich, geistvoll, sehr gebildet und vor allem ein unabhängiger Geist, und so begreift niemand recht, warum sie zur Braut Christi wurde. Was sie nicht daran hindert – eine unter venezianischen Nonnen durchaus übliche, aber dennoch skandalöse Praxis – einen mächtigen und vermögenden Geliebten zu haben, der dank einiger Beziehungen und einer ziemlichen Menge Goldes sie regelmäßig die Klostermauern überwinden läßt, um in der profanen Welt zu nächtigen. Giacomo vermutet, daß sie unter dem Schutz einer hohen Persönlichkeit steht, über deren Identität er sich den Kopf zerbricht.

So viel Kühnheit in ihrem Alter überraschte mich, und ich konnte nicht fassen, daß sie so viel Freiheit genoß. Ein Landhaus in Murano! Sie konnte nach Venedig gehen, wann immer sie beliebte zu gehen! Ich kam zu dem Schluß, daß sie einen festen Geliebten haben mußte, der Gefallen daran fand, sie glücklich zu machen. Diese Überlegung dämpfte meine Selbstgefälligkeit.

Das Liebesabenteuer beginnt mit einem Mißverständnis. Giacomo, der sich für vom Schicksal begünstigt hielt, fühlt sich gedemütigt, entwürdigt, geringgeschätzt. Es braucht Zeit und einige Briefe, bis sich das Gewitter verzogen hat.

Wer hätte gedacht, daß Ihr die Angelegenheit mit jener unerhörten Heftigkeit aufnehmen würdet, die mir Ihr Brief vor Augen führte? fragt M. M. überrascht. Sie ist gekränkt, daß dieser Mann sie für ein schamloses Ungeheuer halten könnte, wie man es ihrer Meinung nach unter Frauen ihrer »Herkunft und Bildung« unmöglich finden kann. Und genau dies ist Giacomos wunder Punkt. Er kann nicht auf seine vornehme Herkunft verweisen, er ist der Sohn eines Schauspielerehepaares, der Enkel eines Seilers aus der Lagune. Er ist nur ein »unbedeutender« Mann, ohne adlige Vorfahren, selbst wenn er die ganzen fürstlichen Stammbäume Europas in- und auswendig hersagen kann. Einige unangenehme Erfahrungen in der Vergangenheit lassen ihn befürchten, daß die adlige Nonne nur mit ihm spielt, daß sie ihn zum Gespött macht, daß sich hinter der Maske des Engels eine teuflische Fratze verbirgt. Casanova kann nicht glauben, wie ihm geschieht. Vorfreude und Ungeduld hindern ihn in den Tagen vor dem ersten Rendezvous am Essen und Schlafen.

Außer der Herkunft, der Schönheit und der Klugheit M. M.s, die ihre wirklichen Vorzüge ausmachten, trug meine Voreingenommenheit dazu bei, daß ich das Ausmaß meines Glücks nicht fassen konnte. Sie war doch eine Vestalin. Ich würde von einer verbotenen Frucht kosten. Ich würde die Rechte eines allmächtigen Gatten verletzen, indem ich mich in seinem göttlichen Serail der schönsten seiner Sultaninnen bemächtigen würde.

Wie jedes Mal, wenn ihn die Liebe übermannt und er das Objekt seiner Leidenschaft idealisiert, befürchtet er, daß im letzten Augenblick noch ein Hindernis auftauchen könnte, daß sich seinem Verlangen, das immer gleichbedeutend ist mit einem Vergehen, urplötzlich ein väterliches Veto entgegenstellen könnte. Noch als sie sich ihm schenkt, wird ihm schwindlig. Er wirft sich auf das Sofa, hält den Kopf zwischen den Händen und ruft aus:

– Ich habe jedes Vertrauen verloren; du wirst mir nie gehören; noch in dieser Nacht wird ein verhängnisvoller Zwischenfall dich mir entreißen; vielleicht ein Wunder deines himmlischen Bräutigams, der eifersüchtig ist auf einen Sterblichen. Ich bin am Boden zerstört. In einer Viertelstunde schon werde ich nicht mehr sein.

– Bist du närrisch? Wenn du willst, gehöre ich dir jetzt gleich, erwidert in aller Seelenruhe die Nonne.

Wen schließt die schöne Sultanin in ihre Arme? Was erscheint ihr an diesem sechs Jahre älteren Mann begehrenswert? Sein Auftreten, seine überdurchschnittliche Körpergröße, sein Ruf? Aber kennt sie ihn denn? Sie war vermutlich umsichtig und klug genug, sich über ihn zu erkundigen, bevor sie sich in ein kompromittierendes Abenteuer stürzte, oder aber ihr Geliebter, ein ausländischer Gesandter, hatte sich seinerseits diskret umgehört. Der Memoirenschreiber besteht darauf, daß sie beiderseits ihre Namen nicht kannten, doch als guter Autor weiß er auch, daß diese Ungewißheit das Liebesabenteuer noch geheimnisvoller erscheinen läßt.

Das erste Rendezvous findet in einem *casino* von Murano statt, das dem Gönner von M. M. gehört. Das erlesene Souper wird in Porzellan aus Sèvres serviert. Damit die Speisen warm bleiben, stehen sie in silbernen Untersätzen, die mit kochendem Wasser gefüllt sind. Sie trinken nur Burgunder und Champagner. Giacomo bewundert das Wissen, das Geschick und die Anmut seiner Gastgeberin. Er entdeckt unter den Anhängern ihrer Uhr einen kleinen Flakon aus Bergkristall, der identisch ist mit dem Flakon, den er selbst an seiner Uhr trägt. Beide enthalten eine seltene Rosenessenz, die vom König von Frankreich stammt. Giacomo errät die Nationalität des unbekannten Geliebten. Er entdeckt im Raffinement der Lebensart, der Liebeskunst und der Denkungsart der göttlichen M.M. das Abbild der französischen Freigeisterei, wie er sie bei seinem Aufenthalt in Paris vom Sommer 1750 bis zum Herbst 1752 kennengelernt hat.

Für ihre erste Liebesnacht mietet Casanova im Viertel San Marco das luxuriöseste *casino*, das man sich denken kann. Es hat zuvor dem englischen Gesandten gehört und umfaßt fünf Räume, die exquisit möbliert sind: Spiegel, Kronleuchter, ein prachtvoller Kamin, eine ausgearbeitete Holztäfelung, die mit Goldstaub belegt und mit Blumen und Arabesken bemalt ist, ein Boudoir mit Badewanne und einem »englischen Örtchen« – *water-closets* –, ein Schlafzimmer mit zwei verborgenen Türen, kleine Kacheln aus chinesischem Porzellan, die mit erotischen Motiven verziert sind, es fehlt an nichts. Um sicherzugehen, daß alles vollkommen ist, bestellt Casanova am Tag zuvor bei seinem Koch ein Souper für zwei Personen, bestehend aus acht Gängen, das er allein kosten und dann in Gegenwart des Küchenchefs beurteilen wird. Wildbret, Stör, Trüffel und Austern, die in sächsischem Porzellan serviert werden, munden ihm vortrefflich. Er bemängelt nur, daß der Koch vergessen habe, auf einem Teller hartgekochte Eier und Sardellen sowie verschiedene Essigsorten zur Zubereitung des Salats bereitzustellen. Er verlangt außerdem bittere Orangen und Rum für den Punsch sowie alle Sorten frisches Obst, die aufzutreiben sind, und Gefrorenes zum Dessert. Außerdem soll das *casino* hell erleuchtet sein.

Am anderen Abend sieht er nach Einbruch der Dunkelheit aus einer Gondel einen maskierten Mann aussteigen. Er erschrickt, doch der Mann kommt auf ihn zu und reicht ihm die Hand: Es ist sein »Engel«, als Mann verkleidet. Sie lacht über sein Staunen, nimmt seinen Arm, und sie überqueren schweigend den Markusplatz, um zu dem von ihm gemieteten *casino* zu gelangen. M.M. sieht sich entzückt in den von Kerzen erleuchteten Spiegeln unendlich vervielfältigt und aus hundert verschiedenen Blickwinkeln. Dieses ungewohnte Schauspiel macht sie »in sich selbst verliebt«. Während sie sich betrachtet, bewundert Giacomo ihre Eleganz, ihre prächtige Aufmachung und ihren Schmuck, und lobt ihren Gönner. Sie verrät ihm, daß dieser darauf bestand, sie selbst nach Venedig zu bringen, und daß er ihr wünschte, sie möge sich vergnügen, weil er davon überzeugt sei, daß derjenige, den sie glücklich machen werde, es auch verdiene.

Das ist unfaßbar, liebe Freundin. Ein Liebhaber dieses Schlages ist einzigartig, und ich werde niemals eines Glückes würdig sein, das mich jetzt schon blendet.

Ist M.M. in diesem Liebesabenteuer unschuldig oder Mitwisserin? Weiß sie, was ihr französischer Liebhaber vorhat, als sie Giacomo zum Rendezvous bittet? Die Nonne ist es, die das Spiel eröffnet. Es ist ihr Verlangen, ihr Befehl. Vielleicht ist es auch eine Falle. Kennt sie schon die Fortsetzung des Stücks? Ist sie selbst vielleicht nur die Ausführende eines Plans, den sie nicht kennt, oder entsteht die Geschichte erst aus dem Handeln der Personen? Ist Casanova ein Spielzeug der Nonne, die von ihrem Gönner manipuliert wird? Das nächste Rendezvous findet im *casino* von Murano statt. Der Geliebte ist in einem geheimen Kabinett verborgen und genießt es, die Liebesspiele der Nonne und des ehemaligen Abate zu beobachten.

Wenig später erfährt Giacomo durch einen Brief, daß C.C. von M.M. in die Geheimnisse der Sappho und der großen Metaphysik eingeweiht wurde. Eines Nachts kommt Catterina Capretta anstelle von M.M. in das *casino*. Giacomo ist verblüfft. Er hat nicht damit gerechnet, an diesem Ort seine zärtliche Verlobte aus dem Garten auf der Zuecca wiederzutreffen, die von ihrem Vater bis zum heiratsfähigen Alter ins Kloster gesteckt wurde. Er unternimmt nichts und verbringt die Nacht mit ihr im Gespräch. Er glaubt sich von M. M. getäuscht. Einem Austausch von Briefen folgt die Versöhnung. Die Nonne verrät ihm, daß ihr »fester Geliebter« der französische Gesandte in Venedig ist, der wünscht, daß Giacomo sie beide zu einem Souper in seinem *casino* einlädt. Er empfängt sie wie ein »Privatmann, dem ein König und seine Maitresse die höchste Ehre erweisen«. Casanova ahnt, daß er der Geprellte ist und daß man ihm C. C., seine zärtliche Geliebte, »ausspannen« wird. Er hat keinen Einfluß auf das Stück, in dem er spielt. Am vorgesehenen Abend begibt er sich zum *casino*, der Franzose hat sich entschuldigen lassen. Giacomo verbringt die Nacht zwischen seinen beiden Schönen.

Wir waren alle drei trunken von Wollust und aufgeschobener Begierde und durch die andauernde Erregung in einem solchen Taumel, daß wir uns auf alles stürzten, was die Natur uns an Sichtbarem und Tastbarem gegeben hatte. Wir verschlangen begierig alles, was wir sahen, und waren in allen Trios, die wir ausführten, vom selben Geschlecht.

Die Verwirrung der Geschlechter – doch welches ist ihr gemeinsames Geschlecht? – ist in dieser libertinistischen Quadrille auf ihrem Höhepunkt angelangt. Doch Giacomo ist verärgert. Er weiß, daß er beim nächsten Mal bereit sein muß, seine beiden Geliebten dem Gesandten zu überlassen. Das Schäferstündchen geht seinem Ende zu. Er kann, wie einst mit Martina und Nanetta, bei einer seiner Geliebten die Rolle der Frau und bei der anderen die Rolle des Mannes übernehmen und umgekehrt, doch er ist nicht bereit, das auch bei dem Gesandten zu tun. Vielleicht will der Franzose das auch gar nicht.

Die beiden Nonnen verbringen eine Nacht voller Sinnenfreude mit dem Franzosen. M. M. berichtet Giacomo davon in allen Einzelheiten, sobald sie wieder zu zweit sind. Doch er findet keinen Gefallen daran, weil er nicht so frei und entspannt sein kann wie seine freizügige Freundin. Er stellt fest, daß sie immer noch gleich schön, fröhlich, liebenswürdig und verliebt, daß sie immer noch ganz dieselbe ist. Wenn Casanova verliebt ist, hat er keine Lust auf Orgien.

Der Vorhang fällt. In M. M. hat Casanova seine Meisterin in der Kunst der Sinnenfreuden gefunden. Sie hat ihn alle Raffinements der Literatur, der Gaumenfreuden, des Bettes, des Luxus, der sexuellen Grenzüberschreitungen und der Philosophie entdecken lassen. Sie hat ihn gelehrt, daß es das größte Glück ist, in Frieden zu leben und zu sterben. Daran wird er sich im Alter erinnern.

Liebesbriefe an den venezianischen Geliebten

Maria Magdalena Balletti ist am 4. April 1740 als Tochter eines Schauspielerpaares geboren. Ihre Mutter Silvia, die Lieblingsschauspielerin von Marivaux, wird von Casanova höchst schmeichelhaft porträtiert. Manon ist zwölf Jahre alt, als Giacomo sich von 1750 an zum ersten Mal in Paris aufhält, und siebzehn bei seinem zweiten Aufenthalt in Paris. Er ist ein Freund ihres Bruders und wird von ihren Eltern nahezu täglich in der Rue du Petit-Lion-Saint-Sauveur, in der Nähe der italienischen Komödie, wie ein Sohn des Hauses empfangen. Das junge Mädchen ist mit einem Musiker verlobt, löst diese Verbindung aber bald und hat nur noch Augen für den fünfzehn Jahre älteren Venezianer.

Silvias Tochter liebte mich und wußte, daß auch ich sie liebte, obwohl ich mich nie erklärt hatte, doch sie hütete sich, es mich wissen zu lassen. Sie wollte mich nicht dazu ermutigen, Gunstbeweise von ihr zu fordern, denn da sie nicht sicher war, mir widerstehen zu können, befürchtete sie, mich nachher zu verlieren.

Drei Monate lang lebt Manon eine bewegende und keusche Leidenschaft für den brillanten, humorvollen und höchst unbeständigen Mann, dem sie alles verzeihen würde, wenn er nur eine Verbindung mit ihr einginge. Doch Giacomo fühlt sich immer noch nicht in der Lage, für die Liebe einer einzigen Frau auf seine Freiheit zu verzichten.

Die Freundschaft und die Wertschätzung, die mich mit ihrer Familie verbanden, hinderten mich daran, auch nur im entferntesten an eine Verführung zu denken. Da meine Verliebtheit aber jeden Tag zunahm, und ich nicht daran dachte, sie zur Frau zu nehmen, wußte ich nicht recht, welches Ziel ich verfolgte.

Abends schreibt das junge Mädchen Briefe, die es vor seinen Eltern verbirgt. Die Briefe sind zärtlich, lebhaft, ungeduldig, voller Zweifel, argloser Liebe und romantischer Hoffnung. Wie dieser Brief vom April 1757:

Ich will getreulich auf Euren letzten Brief antworten. Anfangs sprecht Ihr mit maßlosen Worten von Eurer Liebe; ich halte sie für aufrichtig, sie schmeichelt mir, und ich wünsche nichts anderes, als daß sie immer dauern wird. Wird sie das? Ich weiß wohl, daß Euch mein Zweifel empört, aber hängt es nicht von Euch ab, mein lieber Freund, ob Ihr mich nicht mehr liebt oder aber immer liebt? [...]

Möge die zärtliche Freundschaft, die wir füreinander empfinden, gedeihen! Sie kann unser Glück oder Unglück sein, was für eine harte Alternative! Es ist cosi mißlich, zu lieben! Doch nun gute Nacht, mein lieber Freund, ich sterbe vor Müdigkeit [...] Im Traum sage ich Euch, daß ich Euch liebe!

Und am selben Montag um Mitternacht (Mitte Mai 1757):

Ich habe unendlich viel Vergnügen daran, mich mit Euch wie auch immer zu unterhalten, und das wird immer so bleiben. [...] Ich würde fast alles für Euch tun, das fühle ich: und Ihr, mein lieber Freund, würdet Ihr auch alles für mich tun? Ja, das glaube ich, Ihr liebt mich, und Ihr sollt gewiß sein, daß ich Euch ebenso lie-

be; das würde sich erst ändern, wenn ich mich von Eurer Treulosigkeit überzeugen müßte (was, wie ich hoffe, nie eintreffen wird), und dennoch, ich glaube, ich könnte nie aufhören, Euch zu lieben. Adieu, gute Nacht, mein lieber, mein liebster Freund.

Sonntagabend um Mitternacht (Ende August 1757):

Ich empfinde die zärtliche Freundschaft für Euch, mein lieber Casanova, stärker denn je; die gegenwärtige Situation macht es mir nur um so deutlicher. Euer Fernsein schmerzt mich so sehr, daß ich es nicht beschreiben kann; meine Niedergeschlagenheit nimmt mir die Kraft dazu [...]

1. September (1757):

Sagt mir auch, oh mein lieber Casanova, ob Ihr mich immer noch liebt, ob Ihr so oft an mich denkt wie ich an Euch. Ach! Ich glaube, das ist kaum möglich, denn Ihr geht mir keinen Augenblick aus dem Sinn; es verlangt mich unablässig nach Euch [...] Wie lang erscheint mir die Zeit! Wie trist und fade erscheinen mir die Abende! Welch ein Unterschied zu jenen, die ich mit Euch verbrachte, oh mein lieber Casanova! Sie erschienen mir stets zu kurz, und die jetzigen wollen kein Ende nehmen. Wann kommt Ihr zurück?

Bei seiner Rückkehr aus Dünkirchen, wohin er in geheimer Mission gereist war, bringt Casanova der Familie Balletti prachtvolle Geschenke mit:

Man feierte mich wie einen Sohn des Hauses, und ich meinerseits überzeugte die ganze Familie davon, daß ich als ein solcher gelten wollte. Mir schien, ich verdankte ihrem Einfluß und ihrer überdauernden Freundschaft mein ganzes Glück. Es gelang mir, die Mutter, den Vater, die Tochter und die beiden Söhne zur Annahme der Geschenke zu bewegen, die ich ihnen zugedacht hatte. Das kostbarste, das ich in der Tasche hatte, reichte ich der Mutter, die es sogleich an ihre Tochter weitergab. Es waren Ohrringe, die mich sechstausend Gulden gekostet hatten. [...] Mario, der gern rauchte, schenkte ich eine goldene Pfeife, und meinem

Freund eine schöne Tabaksdose [...] Doch war ich vermögend genug, um so großartige Geschenke machen zu können? Nein, und das wußte ich auch. Ich machte sie nur deshalb, weil ich fürchtete, es nicht zu werden. Wäre ich dessen sicher gewesen, hätte ich noch gewartet.

Casanova will ein Vermögen machen. Er beteiligt sich an der Gründung der ersten Lotterie, unterstützt von dem einflußreichen Abbé – und bald auch Kardinal – de Bernis, dem Komplizen seiner venezianischen Nächte mit der wunderbaren Nonne von Murano. Er macht die Bekanntschaft der Marquise d'Urfé und Madame du Rumains. Am 16. September 1758 stirbt Silvia. Giacomo reist für mehrere Monate nach Holland. Manon wird die Zeit lang.

Ich war entzückt, Euch so zärtlich, und betrübt, Euch so fern zu wissen, hocherfreut über die Hoffnungen, die Ihr mir macht, und verzweifelt über deren Ungewißheit [...] Ich habe noch keine Nachricht über meine Rente, aber was das Kloster anbetrifft, bin ich gewiß, daß ich noch vor Eurer Rückkehr dort sein werde, und das verdrießt mich sehr.

Am 14. Oktober 1758:

Wenn Ihr behauptet, ich kenne meine Macht über Euch, täuscht Ihr Euch sehr, denn so etwas habe ich nie gedacht. [...] Doch sapperlot (wenn es stimmt, daß Ihr mich liebt), Ihr wärt recht enttäuscht, wenn ich auch schmollen würde.

Als Casanova nach Paris zurückgekehrt ist, gründet er eine Manufaktur für Seidendrucke. Er stellt zwanzig junge Mädchen ein, um die Stoffe einzufärben.

Doch Manon Balletti zitterte, als sie sah, daß ich Besitzer dieses Serails geworden war. Sie schmollte ernsthaft mit mir, obwohl sie wußte, daß alle die Mädchen abends zum Essen und Schlafen nach Hause gingen.

Manon betrübt ihn mit ihren »gerechten Vorwürfen«. Sie kann sich nicht vorstellen, warum er ihre Heirat aufschieben sollte, wenn er sie wirklich liebt. Er hat in Petite-Pologne, hinter dem Schlagbaum der Madeleine, ein kleines »Lustschlößchen« namens Cracovie-en-Bel-Air gemietet. Das Haus hat zwei Gärten, drei Hauptwohnungen, einen Stall für zwanzig Pferde, mehrere Bäder, einen guten Weinkeller und eine große Küche mit der erforderlichen Ausstattung: So fürstlich hat der Venezianer noch nie residiert. Doch bald häufen sich die Schwierigkeiten, und er zieht es vor, Paris zu verlassen, um in Holland sein Glück zu machen. Manon schlägt er vor, sich in seinem Haus zu erholen; eine Weile bleibt sie auch, doch dann geht sie wieder, gekränkt durch die bösartigen Gerüchte, die über sie in Umlauf sind.

An Herrn Casanova, in der Douleerstraat am Rondeel in Amsterdam, zum letzten Mal aus Petite-Pologne am 23. Oktober 1759:

Ich bin, mein lieber Freund, so voll Zorn, Entrüstung und Sorge, daß es sich nicht beschreiben läßt – (aber nicht Euch gegenüber, seid unbesorgt). Ich komme aus Paris, wo ich zu meinem Leidwesen von Gerüchten erfuhr, die besagen, daß ich mich hier bei Euch aufhalte und Ihr Euch hier versteckt. Ist dies nicht eine schamlose, schreckliche und ganz üble Verleumdung? Was für ein entsetzliches Scheusal kann eine solche Lüge in die Welt gesetzt haben? Glaubt mir, mein lieber Freund, ich sterbe vor Kummer, von allen Seiten überfällt er mich, und ich kann ihm nicht mehr standhalten, ich erliege ihm mit gebrochenem Herzen, man will mir meine Ehre rauben! […] Oh! Mein lieber Casanova, rächt mich, rächt Euch an diesen ruchlosen Verleumdern so, daß Ihr mich trotz deren eifersüchtiger Bosheit heiraten könnt. Und tröstet mich, denn ich sterbe, wenn Ihr mir keine Hoffnung gebt. […]

Es ist erst der 16. Dezember 1759, und die Zeit vergeht so langsam!

Aber mein lieber Casanova, habe ich Euch nicht zur Genüge bewiesen, daß meine Gefühle unwandelbar sind? Warum also haltet Ihr mich plötzlich für verändert? Warum nehmt Ihr zu Unrecht an, die Verleumdung könne die unendliche Liebe, die ich für Euch empfinde, abkühlen? Oh, mein lieber Giacometto, es ist nicht ganz recht von Euch, Euch so grundlos dem Schmerz zu überlassen. [...]

Aber, mein lieber Casanova, mein lieber Giacomo, mein Geliebter, mein Gatte, mein Freund – wie es Euch beliebt –, glaubt mir doch endlich, daß ich Euch von ganzem Herzen liebe, daß Ihr mein ganzes Glück seid, daß ich nur für Euch leben will! [...] daß ich den Augenblick unserer Vereinigung mit einer Ungeduld erwarte, die nur in meiner Liebe ihresgleichen hat, daß mein Leben erst mit dem Augenblick beginnt, in dem ich das Glück habe, Euch mein Ja-Wort zu geben, daß ich dieses Leben nur deshalb beklage, weil es mich von dem trennt, was ich mehr liebe als das Leben selbst! [...] Ihr seid meine erste wahre Leidenschaft.

Am 7. Februar 1760 schickt Manon einen ihrer letzten Briefe an Giacomo:

Mein lieber Gatte

[...] Ihr denkt doch immer daran, daß ich Euch liebe, nicht wahr? Vergeßt das nie, lieber Freund. Adieu, ich umarme Euch von ganzem Herzen und denke unablässig an Euch, selbst wenn ich meine Rollen studiere. 3 baci per Giacomo.

Der Brief, mit dem ihre Beziehung endet, ist nicht aufgefunden worden. Am 29. Juli 1760 heiratet Manon Balletti den fünfunddreißig Jahre älteren François-Jacques Blondel, königlicher Architekt und Mitglied der Akademie der Architektur. Sie haben zwei Kinder. 1761 lehnt Casanova eine Einladung zum Essen bei dem Maler Vanloo ab, um sie nicht wiedersehen zu müssen. Sein Leben lang bewahrt er die Briefe dieser zärtlichen, keuschen und ungestümen »Verlobten« auf. Vierzig davon wurden auf dem Schloß in Dux gefunden. Sie schenkte ihm ihr Herz, er wagte nicht, es zu nehmen.

Gute Nacht, gute Nacht, ich werde jetzt schlafen, an nichts anderes als an Euch denken, Euch liebkosen, Euch die zärtlichsten Namen geben, mir vorstellen, um meiner Liebe zu schmeicheln, daß Ihr sie hört und daß sie Euch gefallen. Adieu, mein einziger Freund, ich umarme Euch von ganzem Herzen.

Theatercoup im chinesischen Kabinett

Giacomo Casanova ist glücklich, nach achtzehnjähriger Abwesenheit wieder nach Neapel zurückzukehren. Er stattet dem Herzog von Matalone den Besuch ab, den er ihm in Paris versprochen hat. Dieser nimmt ihn mit in die Oper, wo am 12. Januar 1761 anläßlich des Geburtstags des Königs eine Galavorstellung gegeben wird. Der Herzog stellt ihn allen seinen Freunden vor und seiner offiziellen Maitresse Leonilda, die seine höchste Bewunderung erregt. Sie ist schön, voller Grazie und Klugheit, und spricht nicht nur mit dem Mund, sondern auch mit den Händen, den Ellbogen, den Schultern und oft sogar mit dem Kinn, was ihn erstaunt und bezaubert. Zwei Tage später lädt der Herzog seine Maitresse, die er liebt »wie ein Vater seine Tochter«, und seinen venezianischen Freund zu einem Souper in ein Zimmer, das mit erotischen Chinoiserien geschmückt ist. Dort spielen sie zu dritt »eine köstliche kleine Partie, die dazu geeignet war, die stets kindliche Liebe anzuspornen, deren Verspieltheit und Lachen der wahre Nektar ist, der sie unsterblich macht«. Casanova erklärt dem Herzog, er werde Leonilda nicht mehr besuchen, es sei denn, er trete sie ihm ab. Er erklärt sich bereit, sie zu heiraten und ihr ein Leibgedinge von fünftausend Dukaten zu überschreiben.

Die Liebe, die sie in mir geweckt hatte, duldete keinen Rivalen, keinen Aufschub und nicht den Anflug einer zukünftigen Wandelbarkeit.

Der Ehevertrag wird vorbereitet. Man schickt nach der Mutter des jungen Mädchens, die eine Tagesreise entfernt auf einem Landgut in der Nähe von Neapel lebt. Der sehr verliebte Casanova begibt sich zum Souper zu Leonilda. Dort sieht er den Herzog zwischen Mutter und Tochter. Sie wenden sich um, und die Mutter stößt einen Schrei aus und läßt sich auf das Sofa fallen.

– Donna Lucrezia!

– Laßt uns ein wenig verschnaufen, mein lieber Freund. Setzt Euch hier neben mich. Ihr also werdet meine Tochter heiraten.

Ich setze mich, ich höre ihre Worte; alle meine Haare sträuben sich, und ich verfalle in das trübseligste Stillschweigen. […]

– Leonilda ist Eure Tochter, ich bin sicher; ich habe sie nie als etwas anderes gesehen, selbst mein Gatte wußte es, und er war darüber keineswegs böse, sondern vergötterte sie. Ich werde Euch ihren Taufschein zeigen, und wenn Ihr gesehen habt, an welchem Tag sie geboren ist, könnt Ihr selbst zurückrechnen. Mein Gatte in Rom hat mich nie angerührt, und meine Tochter ist nicht vor der Zeit geboren. […] Diese Heirat, mein lieber Freund, jagt mir einen Schauer ein. Ihr begreift wohl, daß ich mich ihr nicht widersetzen werde, weil ich den Grund nicht auszusprechen wage. Was denkt Ihr darüber? Habt Ihr noch den Mut, sie zu ehelichen? Ihr zögert. Solltet Ihr die Ehe schon vor der Trauung vollzogen haben?

– Nein, liebste Freundin.

Lucrezia hat sich ihre ruhige Bestimmtheit, die auch früher schon ihr Wesen kennzeichnete, bewahrt. Sie öffnet sich der Liebe immer noch ohne Vorurteile, ohne Gewissensbisse oder falsche Scham. Und wenn der Inzest in den Augen der Gesellschaft ein Verbrechen ist, akzeptiert sie dieses Gesetz zwar aus Gründen der Konvention, doch sie behält sich vor, selbst die Grenzen zu definieren. Nachdem sie von ihrer Tochter verlangt hat, Giacomo als ihren Vater anzuerkennen, sieht sie anschließend keinerlei Verstoß gegen die guten Sitten darin, daß sie beide in ihrem Bett empfängt.

Es genügte ihr zu sehen, daß sie im Mittelpunkt stand, schreibt Casanova, *und daß ich nur an ihr das Feuer löschte, von dem sie mich entflammt sah.*

Leonilda betrachtet neugierig die Szene, die ihre Eltern spielen: *Das also hast du getan, vor achtzehn Jahren, als du mich gezeugt hast?* fragt die ungestüme Freidenkerin.

Doch gerade in dem Augenblick, in dem Lucrezia zum Liebestod gelangt wäre, meine ich, mich zurückziehen zu müssen, um sie zu schonen. Von Mitleid ergriffen hilft Leonilda mit einer Hand ihrer Mutter beim Aushauchen ihrer kleinen Seele, und mit der anderen legt sie ein weißes Taschentuch unter ihren sich verströmenden Vater.

Am andern Morgen beschreibt die »unschuldige« Leonilda dem Herzog von Matalone das nächtliche Treiben. Ein solches Trio scheint ihn nicht zu stören, im Gegenteil, der Inzest, ewiges Thema der griechischen Tragödien, bringt ihn eher zum Lachen. Nachdem Giacomo den ganzen Adel Neapels kennengelernt hat, verläßt er seine Tochter, nicht ohne ihr zu versprechen, daß er zurückkehrt, wenn sie verheiratet ist. Er hält sein Wort.

Ende des zweiten Aktes.

Ein Unfall auf der Strecke

Eine Meile jenseits der Kreuzung, an der der Weg von Bouc auf die Straße zwischen Aix und Marseille stößt, reißt die Verankerung der Deichsel seiner Kutsche, und Casanova erkundigt sich bei den Bewohnern des nächstgelegenen Hauses nach einem Stellmacher. Drei Damen in Begleitung von zwei vornehmen Herren empfangen sie und bieten ihm und seiner Gefährtin, der jungen Marcolina, die er als seine Nichte vorstellt, ihre Gastfreundschaft an. Da der provenzalische Wind an diesem Tag besonders heftig bläst, haben die Damen ihre Kapuzen weit nach vorn gezogen, so daß der Reisende ihre Gesichter nicht erkennen kann. Eine der Damen verrenkt sich den Knöchel, begibt sich zu Bett und empfängt die Gäste in ihrem Zimmer.

Sie lag in einem großen Bett ganz hinten in einem Alkoven, den die purpurroten Taftvorhänge noch dunkler machten. Sie war ohne Kapuze, doch es war nicht möglich, sie so deutlich zu sehen, daß man hätte sagen können, ob sie häßlich oder schön, jung oder schon in einem gewissen Alter war.

Nach dem Abendessen setzt sich Marcolina *ohne Umstände*, wie Casanova notiert, an das Bett der Comtesse. Er ist verärgert, weil er von der immer zärtlicheren Szene ausgeschlossen ist, die sich zwischen den beiden neuen Freundinnen abspielt. Ihr Lachen und ihre Umarmungen lassen es ihm geboten erscheinen, sich zurückzuziehen. Er wünscht seiner Gastgeberin eine gute Nacht und warnt sie, er könne nicht für das Geschlecht der Person garantieren, die sie in ihr Bett lasse. Sie erwidert, sie könne »ohnehin nur gewinnen«. Als der Wagen am andern Morgen repariert ist, verabschieden sich die beiden Reisenden. Die Comtesse hat sich Giacomo immer noch nicht gezeigt, und bekümmert macht er Marcolina Vorwürfe:

– Du bist seltsam. Du betrügst mich mit einer Frau und läßt mich allein schlafen. Du bist schändlich und treulos und ziehst mir eine Frau vor.

– Es war eine Laune. Bedenke aber, daß ich ihr diese Gefälligkeit schuldete, denn sie erklärte als erste, sie sei in mich verliebt.

Sie fahren weiter Richtung Avignon, wo sie gegen Abend ankommen. Sie steigen im Gasthaus Saint-Omer ab, und dort entledigt sich Marcolina eines Auftrags der Comtesse, indem sie ihrem Gefährten einen Brief von ihr überreicht.

Mein Herz schlug heftig, erinnert sich Casanova. *Ich öffne den Brief und lese auf Italienisch die Adresse: An den ehrenwer-*

testen Mann, den ich auf der ganzen Welt kennengelernt habe. Ich falte den Brief auseinander und lese am unteren Rand: Henriette. Das war alles. Sie hatte das Blatt leer gelassen. Bei diesem Anblick erstarrten mein Körper und meine Seele. Io non morii, e non rimaso vivo [»Ich konnte nicht sterben, aber auch nicht leben«, Ariosto]. *Henriette! Das war ihr Stil, ihre lakonische Kürze. [...] Henriette, die ich so sehr geliebt habe und die ich, wie mir schien, immer noch mit dem gleichen Feuer liebte. Du hast mich gesehen und wolltest nicht, daß ich dich sehe? Vielleicht hast du geglaubt, dein Zauber habe die Kraft verloren, mit der er meine Seele vor sechzehn Jahren fesselte, und wolltest mich nicht sehen lassen, daß ich nur eine Sterbliche geliebt habe? Oh grausame Henriette, ungerechte Henriette! Du hast mich gesehen und wolltest nicht wissen, ob ich dich noch immer liebe. Ich habe dich nicht gesehen und konnte nicht aus deinem schönen Mund erfahren, ob du glücklich bist. Nur diese eine Frage hätte ich dir gestellt. Ich hätte dich nicht gefragt, ob du mich noch liebst, denn ich bin unwürdig, weil ich andere Frauen lieben konnte, nachdem ich in dir alles geliebt hatte, was die Natur an Vollkommenheit hervorbringt. Anbetungswürdige und hochherzige Henriette! [...] Laß mich in dem Glauben, daß du glücklich bist. Mein teure, meine edle, meine göttliche Henriette!*

Überdauernde Treue

Casanova will den Karneval des Jahres 1769 in Aix-en-Provence verbringen und logiert im Gasthaus Saint-Jacques, wenige Schritte vom Cours Mirabeau. Schon am nächsten Tag besucht er auf dem Land den Marquis d'Argens im Schloß von Eguilles. Man stellt ihm den ganzen Adel der Provence vor. Man führt in einem kleinen Theater Komödien auf, man ißt gut, man geht trotz der kalten Jahreszeit spazieren. Als er einige Zeit später in einer offenen Kutsche bei einem sehr starken Nordwind und ohne Mantel nach Aix zurückfährt, kommt er starr vor Kälte an. Schon als er zu Bett geht, spürt er ein Stechen an der rechten Seite; wenige Stunden später bricht eine Rippenfellentzündung aus. Er hustet heftig und spuckt Blut. Die Krankheit verschlimmert sich, und nach sechs oder sieben Tagen scheint er im Sterben zu liegen. Am zehnten Tag verbürgt sich der alte Arzt, der ihn versorgt, wieder für sein Leben. Eine Woche darauf ist er außer Gefahr. Während der ganzen Zeit seiner schweren Krankheit und Rekonvaleszenz pflegt ihn Tag und Nacht eine Frau, die er nicht kennt. Niemand kann ihm sagen, wer sie ist oder wer sie beauftragt hat.

Als Casanova sich nach seiner Genesung vom Marquis d'Argens verabschiedet, unterhalten sie sich über Literatur. Der Marquis bestärkt ihn darin, nie seine Memoiren zu schreiben. Casanova versichert ihm, eine solche Torheit werde er nicht begehen. Auf dem Weg nach Marseille hält er vor dem Portal eines Schlosses, in dem er meint, seine adlige provenzalische Freundin wiederzufinden. Sie ist nicht da, doch zu seiner Überraschung entdeckt er die Dienerin, die ihn so aufopferungsvoll gepflegt hat. Der Schutzengel, der über ihn gewacht hat, ohne erkannt werden zu wollen, war also Henriette! Casanova ist entzückt über diese mehr als zwanzigjährige Treue und beschließt daraufhin, Henriette in ihrem Haus in Aix nicht zu belästigen. Er schreibt ihr einen Brief und reist nach Marseille, wo er ihre postlagernde Antwort erwartet. Wenig später erhält er einen recht langen Brief, in dem sie ihn auffordert, nicht gleich wieder nach Aix zurückzukehren:

Doch wenn Ihr in einiger Zeit wieder hierher zurückkehrt, könnten wir uns treffen, wenn auch nicht als alte Bekannte. Ich bin glücklich bei dem Gedanken, daß ich vielleicht dazu beigetragen habe, Euer Leben zu verlängern, indem ich Euch eine Frau zur Seite stellte, deren gutes Herz und Treue ich kannte. […] Wenn

Ihr einen Briefwechsel mit mir führen wollt, werde ich mein möglichstes tun, ihn zu pflegen. Ich bin sehr begierig zu erfahren, was Ihr seit Eurer Flucht aus den Bleikammern erlebt habt. Nachdem Ihr mir nun einen so überzeugenden Beweis Eurer Diskretion geliefert habt, verspreche ich Euch, daß ich die ganze Geschichte berichten werde, die zu unserer Begegnung in Cesena geführt hat, sowie die ganze Geschichte meiner Rückkehr in meine Heimat. [...] Adieu.

Als er diesen Brief liest, wird ihm bewußt, wie klug seine ehemalige Geliebte ist. Er vermutet, daß bei ihr wie bei ihm das sinnliche Verlangen nachgelassen hat. Wenn er sie wiedergesehen hätte, hätte er vielleicht Dinge erkennen lassen, die besser verborgen bleiben. Und zudem, was hätte er in Aix tun wollen? Er könnte ihr nur zur Last fallen, und vor dieser Vorstellung graut ihm. Die früheren Liebenden beschließen also, ihre Beziehung durch einen Briefwechsel fortzusetzen. Sie teilen ihr Leben, indem sie es einander erzählen. So bewahren sie sich die Vollkommenheit des Glücks, das sie einst erlebten.

Der Greis von Dux bleibt treu und diskret bis zum Ende. Er nimmt sich vor, Henriettes Briefe seinen Erinnerungen beizufügen, wenn seine adlige Freundin vor ihm sterben sollte. Er weiß, daß sie alt und glücklich ist, und will keinen Schatten auf jene Frau fallen lassen, die seine größte Liebe war und ist.

Paradies auf Erden

Im Jahre 1770 trifft der fünfundvierzigjährige Casanova in Salerno zum dritten Mal die gleichaltrige Donna Lucrezia. Er fragt nach ihrer Tochter und erfährt, daß diese ihn mit ihrem Gatten, dem Marchese della C., einem ehrwürdigen Greis, erwartet, der ihn kennenzulernen wünscht. Die beiden Männer sind hoch erfreut, erkennen einander als freigeistige Brüder und unterhalten sich lange. Als der Nachmittag zu Ende geht, bittet der Marchese Lucrezia, ihrem Gast den Garten zu zeigen:

Er enthielt alles, was man sich nur wünschen kann, von den lieblichsten Blumen, deren köstlicher Duft die Luft erfüllte, über Springbrunnen, bis hin zu ganz mit Muscheln überzogenen Gartenhäuschen, in denen höchst bequeme, mit Daunenkissen versehene Ruhelager standen. Ein großes, mehr als zehn Klafter tiefes Becken enthielt zwanzig verschiedene Arten von Fischen in allen Farben, die zappelnd umherschwammen und die, da sie nur das Auge erfreuten und keine Gefräßigkeit von Feinschmeckern zu fürchten hatten, die sie gefangen hätten, um sie zu verspeisen, furchtlos spielend bis in die Hände schwammen, die sich ihnen auf der Oberfläche ihres Elementes näherten. Die schattenspendenden Alleen dieses schönen Paradieses waren von Weinstökken überwachsen, an denen fast ebenso viele dicke Trauben hingen wie Blätter, und rechts und links bildeten Obstbäume die Säulenhalle, die sie stützten.

Auf ihrem Spaziergang an diesem zauberhaften Ort berichtet Lucrezia ihm vom Glück ihrer Tochter und von den Vorzügen des Marchese, der, abgesehen von der Gicht, sich einer vollkommenen Gesundheit erfreut, aber zu seinem einzigen Leidwesen keine Nachkommen hat.

– Aber ist unsere Tochter wirklich glücklich? fragt der Venezianer.

– Sehr glücklich, auch wenn sie in ihrem Gatten, der sie anbetet, nicht den Liebhaber findet, den sie in ihrem Alter nötig hätte.

– Dieser Mann scheint mir nicht eifersüchtig sein zu können.

– Das ist er auch nicht, und ich bin sicher, wenn sie unter den Adligen dieser Stadt einen Mann fände, der ihr gefiele, würde ihn der Marchese mit Freundschaftsbeweisen überhäufen, und er wäre sicher nicht verärgert, wenn sie schwanger würde.

– Ist er ganz sicher, daß er nicht der Vater sein könnte, wenn sie schwanger würde?

– *Nicht ganz*, antwortet Lucrezia, *denn wenn er sich wohl fühlt, schläft er mit ihr, und er könnte sich schmeicheln, wie mir meine Tochter sagt, etwas vollbracht zu haben, das er in Wahrheit doch nicht vollbracht hat.*

Casanova hört wohl, was ihm seine frühere römische Geliebte mit kaum verhüllten Worten souffliert. Er bewundert ihre Eleganz und ihre freie Denkungsart. Er ist bereit, ihren Erwartungen zu entsprechen. Nichts tut er lieber, als sich in das Verlangen des anderen einzufühlen und dessen Erwartungen mehr als nur zu erfüllen. Sie plaudern noch über dies und das, als die junge Marchesa in der Allee erscheint, gefolgt von einem Pagen, der ihre Schleppe trägt.

Wir setzten uns in eine Grotte, wo wir, sobald wir allein waren, uns dem Vergnügen hingaben, uns zärtlich Tochter und Papa zu nennen, was uns Freiheiten gestattete, die zwar noch unvollkommen, aber doch schon unerlaubt waren.

Donna Lucrezia ermahnt sie, sittsam zu sein, und entfernt sich zur anderen Seite des Gartens. Ihre Ermahnung und ihr Fortgehen bewirken gerade das Gegenteil.

In unserem festen Vorsatz, den vorgeblichen Frevel nicht zu begehen, kamen wir uns so nahe, daß eine nahezu unwillkürliche Bewegung uns zwang, ihn so vollständig zu begehen, wie wir es kaum anders hätten tun können, wenn wir vorsätzlich und von der ganzen Freiheit der Vernunft geleitet gehandelt hätten.

Am Abend unterhalten sie sich vergnügt bei einem Diner zu viert. Ein ebenfalls anwesender Geistlicher versteht kein Französisch, so daß sie heiter und frei plaudern können. Als sie einander eine gute Nacht wünschen, verspricht der Marchese, seine junge Frau zu besuchen, und bedankt sich bei seinem venezianischen Gast dafür, daß er ihn um zehn Jahre verjüngt habe. Casanova entfernt sich und wünscht ihnen »einen hübschen Knaben in neun Monaten«.

In den folgenden zwei Wochen huldigt Casanova Leonilda

mehrmals, nachts in ihrem Zimmer und tagsüber in einem Gartenhäuschen. Er verläßt die adlige Familie, nach einem Gespräch, in dem sie sich in der zartfühlendsten Weise ihrer Hochachtung versichern. Sechs Monate später, er weilt gerade in Rom, erfährt er, daß die Marchesa schwanger ist. Sie wünscht, daß er dem Marchese dazu gratuliert.

Als Casanova diese Episode aus seinem Leben zu Papier bringt – wahrscheinlich im Jahr 1792 –, kommentiert er das Ereignis mit Worten, die sich von seiner Darstellung der inzestuösen Szenen deutlich abheben:

Ob die Natur oder die Erziehung der Grund war, diese Nachricht ließ mich schaudern.

Wo sind die Leichtfertigkeit und die heitere stillschweigende Übereinkunft geblieben, von denen er zuvor berichtet hat? Er scheint die moralische Grenzüberschreitung tilgen, seinen »doppelten Frevel« auslöschen zu wollen, um die gesellschaftliche Notwendigkeit eines Verhaltens aufzuzeigen, das doch allgemein geächtet ist. Wieder einmal zeigt uns der Schriftsteller, ebenso wie in seinen ganzen Memoiren, daß sein Held über den von Menschen geschaffenen Gesetzen steht. Er verhöhnt nicht nur die Verpflichtung, sich dem Verbot sexueller Beziehungen zwischen Vater und Tochter zu unterwerfen, sondern wird auch noch dazu beglückwünscht, anstatt bestraft zu werden.

Hat der alte und weise Marchese dem Venezianer denn nicht kurz vor seiner Abreise in Gegenwart von Ehefrau und Schwiegermutter fünftausend Dukaten überreicht (die Casanova einst Leonilda als Mitgift gegeben hatte, als er sie heiraten wollte, und die er ihr als Geschenk überließ, nachdem Lucrezia ihre Verwandtschaft aufgedeckt hatte)? Doch nur, um ihm zu danken. Wofür, wenn nicht dafür, daß er ihm ermöglicht hat, den Adel seines Namens an seine Nachkommenschaft weiterzugeben? Wenn Gott – an den ein starker Geist ohnehin kaum glaubt –, das Alter oder die körperliche Verfassung einem die Zeugungsfähigkeit nehmen, warum sollte man dann nicht das Eingreifen eines Bruders im Geiste tolerieren – oder sogar fördern?

Trotz seines Schauderns scheint Casanova Vergnügen an der Übertretung der Gesetze zu haben, und sein Vergnügen wird noch gesteigert, weil er der Zustimmung durch die Autorität gewiß ist. Auch hier wieder zeigt sich die übliche Konstellation: Er will seine Allmacht bestätigen und die Vatergestalt zu seinem besten Komplizen machen.

Eine letzte Pirouette: Anläßlich der Krönung Kaiser Leopolds in Prag, am 6. September 1791, läßt sich Casanova beim Prinzen Rosenberg dem jungen, zwanzigjährigen Marchese della C. vorstellen. Der Vater – und Großvater – des jungen Mannes schätzt dessen gewandte Konversation und lobt an ihm eine Weisheit, wie sie nur wenige Männer mit sechzig Jahren erreichen. Am meisten aber entzückt ihn an dem jungen Mann »die Ähnlichkeit mit dem verstorbenen Marchese, dem Gatten seiner Mutter« und die Freude, die diese Ähnlichkeit ihm bereitet haben muß! Der Schein ist gewahrt. Das Leben kann weitergehen, als ob nichts wäre. Der anonyme Erzeuger erhält sogar eine Einladung zur Hochzeit des jungen Marchese!

Casanova wollte nie einem Kind seinen Namen geben. Er kann nur in der Komödie, in der gesellschaftlichen Farce ein Vater sein, ein Vater, den diese Vorstellung amüsiert, der weiß, daß er fruchtbar ist, aber keine Verantwortung hat, ein Vater, der gänzlich unbedeutend ist.

Ich lachte innerlich darüber, daß ich überall in Europa Söhnen von mir begegnete.

Der Vater von Söhnen und Töchtern, die seinen Namen nicht tragen, hält sich für den Sohn eines Vaters, der seinerseits ihm seinen Namen nicht gegeben hat. Immer schon hat Giacomo sich vorgestellt, er sei ein Sohn Zanettas und ihres adligen

Geliebten, des venezianischen Patriziers Michele Grimani, des Gönners seiner Familie seit dem Tod Gaetano Casanovas, des Gatten seiner Mutter. Wollte man nicht jeden Verdacht aus der Welt schaffen, als man den Abate Alvise Grimani, den Bruder Micheles, zu seinem Vormund machte?

Ist der temperamentvolle Venezianer ein Sohn der *commedia dell'arte* oder das außereheliche Kind eines Patriziers der Serenissima Repubblica? Ist sein Erzeuger ein Tänzer und Schauspieler aus Parma oder Michele Grimani, Mitglied einer der vornehmsten venezianischen Familien?

Ist seine Geburt von einem Geheimnis umgeben? Neigt er deshalb stets dazu, seine Herkunft zu verschleiern und zu zeigen, daß der Unterschied zwischen dem Legitimen und dem Illegitimen oft nur eine Frage der Benennung ist? Ist der – nur in der Vorstellung existente, oder aber fast oder ganz in die Tat umgesetzte – Inzest nicht die absoluteste und provozierendste Art, um diese Ungewißheit der Abstammung, dieses extreme Durcheinander der Generationen, diese Zufälligkeit der gesellschaftlichen Rollen zum Ausdruck zu bringen?

Mutter und Tochter in ein und derselben Liebesbeziehung zu verbinden, heißt die Unumkehrbarkeit aufheben. Der Inzest ist auch eine der letzten Karten Casanovas in seinem Spiel gegen die Zeit. Und es ist sicher kein Zufall, daß die verbotene Szene sich an einem wunderschönen und abgelegenen Zufluchtsort abspielt.

Der Garten ist ein Bild für das Paradies. Straflosigkeit und Verfehlung, Sündenfall und vorangehendes Glück verbinden sich am selben Ort. Unschuld und Verfehlung, Zivilisation und Natur geben sich ein Stelldichein. Der Garten ist eine Metapher für einen Augenblick, in dem die Zeit ausgesetzt und angehalten ist, für eine unendliche und vollkommene Gegenwart, eine kosmische Harmonie, in der sich alle Differenzierungen aufheben, in der das Los des Menschen plötzlich als reines gedankliches Konstrukt, als spielerische Phantasie erscheint, die allein vom Verlangen bestimmt ist. An der Grenze zwischen Traum und Wirklichkeit entwirft der Garten die Umrisse einer Utopie.

Die Welt als Bühne

Casanova durchmißt ganz Europa. Sein Leben ist eine Reise. Ob in Rom, Paris, Sankt Petersburg, Madrid, Konstantinopel, in Wien oder Amsterdam, er fühlt sich überall zu Hause, wie ein Schauspieler auf der Bühne. Er gehört in jenes grenzenlose weite Land, in dem man überall Französisch spricht und denkt: in das Europa der Konversation und der Galanterie.

Wenn er reist, zieht er von Ort zu Ort; Landschaften existieren für ihn nicht. Die Reise als solche ist uninteressant. Was zählt, ist anzukommen. Es gilt, die Entfernung möglichst bequem zu überwinden. Der Komfort der Transportmittel, die Beschaffenheit der Gasthäuser tragen zu einer angenehmen Reise bei. Casanova verteilt freizügig Zechinen, Scudi, Dukaten, Taler und Piaster.

Wer angenehm reisen will, darf keine Ausgaben scheuen: Denn nur dann wird der Reisende von allen Menschen geachtet, erhält er überall Zutritt und zieht er aus seiner Reise Gewinn, erklärt er fröhlichen Herzens.

Zufällige Begegnungen ändern zuweilen seine Pläne. Er verweilt länger an einem Ort oder weicht von seinem Reiseweg ab, um sich einer unerwarteten Sommerfrische anzuschließen, zu der ihn eine angenehme Gesellschaft nötigt. Er paßt sich den Umständen an. Vor seinem Gasthaus hält ein Wagen, dem vier gutgekleidete Damen entsteigen. Die dritte, Marie-Anne-Louise Roll, eine junge Baroneß im Amazonenkostüm, hat schwarze, wie ins Gesicht gemalte Augen unter kühn geschwungenen Brauen, eine lilienweiße Haut und ein gewisses Etwas, das den Venezianer in ihren Bann schlägt. Er ist gerade dabei, sich zu einem Leben als Mönch im Kloster Einsiedeln zu bekehren, verzichtet nun aber unvermittelt auf dieses Vorhaben, um der schönen Unbekannten zu folgen und ihr den Hof zu machen.

Erwehrt Euch, Ihr Sterblichen, einer solchen Begegnung, wenn Ihr die Kraft dazu habt. Beharrt, Ihr Eiferer, wenn Ihr könnt, auf Eurem närrischen Vorhaben, Euch in einem Kloster zu begraben, nachdem ihr gesehen habt, was meine Augen an diesem 23. April [1760] *erblickten.*

Reisen heißt für Casanova, den Ereignissen zuvorzukommen, immer wieder sein Glück zu versuchen, seine Verführungskünste, seine Begabungen, seine Listen unter Beweis zu stellen. Und wenn er Kredit und Charme an einem Ort erschöpft hat, zieht er weiter. Er schlägt eine neue Seite auf, er schafft aufs neue eine jungfräuliche Situation ohne Makel und Vertun. Abzureisen ist damit ein Synonym für das Vergessen, das Abschließen mit der Vergangenheit, für den Versuch, dem Zusammenhang von Wort und Tat zu entfliehen. Die Reise verhindert Kontinuität. Casanova bewegt sich im Raum, um der Zeit zu entfliehen. Sein Parcours durch das Europa der Fürstenhöfe und Städte ist keine Rundreise, sondern er kehrt immer wieder zum Anfang zurück. Die Kulissen ändern sich, das Drehbuch bleibt sich gleich. An jedem neuen Ort erhofft er einen neuen Anfang, zuweilen sogar eine Wiedergeburt. So ist er nach dem Verdruß in Spanien erleichtert, wieder französischen Boden unter den Füßen zu haben:

Ich atmete auf, als ich mich nach so viel Unglück, das mich in Spanien ereilt hatte, wieder in Frankreich befand; mir schien, ich sei neu geboren, und ich fühlte mich tatsächlich verjüngt.

Reisen heißt, sich körperlich zu erproben, angesichts der Anstrengungen der Reise, der Krankheiten und Unfälle seinen Mann zu stehen. Reisen heißt auch, über sein Leben nachzudenken. Die Bedeutung der Reise verändert sich im Lauf seines

Lebens. Während seiner Lehrjahre sind sie eine Initiation in die Welt; in der Zeit, in der er sich als Schützling von Senator Bragadin so ungezwungen bewegen kann wie ein Sohn aus adliger Familie, verheißen sie die Freuden neuer Entdeckungen; und nach seiner Flucht aus den Bleikammern werden sie zum Synonym für Exil. Flucht und Erfolg, Vertreibung und Applaus folgen mit einer Geschwindigkeit aufeinander, die ihn nur vorübergehend zu berühren scheint. Doch als er älter wird, macht sich das Glück rar, seine Reisen verkommen zu fruchtloser Geschäftigkeit, zu einer lächerlichen und anrührenden Suche nach Beschäftigung, nach einer Unterkunft, einer Atempause. Es fällt ihm immer schwerer, Freiheit und Leichtlebigkeit zu bewahren, sich unentwegt der Vergangenheit zu entledigen. Nach den Enttäuschungen in Berlin, Sankt Petersburg und Warschau, wo die Vorsehung ihn weder mit Friedrich dem Großen noch mit Katharina der Großen oder auch nur mit dem König von Polen zusammengeführt hat, gesteht er seine Niedergeschlagenheit ein, den Wunsch, auch unerfüllte Hoffnungen hinnehmen zu können, das Bedürfnis nach einem Waffenstillstand. Wir sind im Jahre 1767:

Müde und der Vergnügungen, Mißgeschicke und Kümmernisse, der Intrigen und Kränkungen überdrüssig, die ich in drei Hauptstädten erlebt hatte, schickte ich mich an, vier Monate in einer freien Stadt wie Augsburg zu verbringen, in der der Fremde dieselben Vorrechte genießt wie die Domherren.

Auch während seiner letzten dreizehn Lebensjahre im Exil von Schloß Dux, das ihm oft bitter wird, versucht er immer wieder zu entkommen: nach Dresden, nach Prag, nach Leipzig. Er muß einfach reisen, ganz so, als wolle er durch dauernde Bewegung für jetzt und immer verhindern, daß die Zeit vergeht.

Giacomo unternimmt seine erste Reise mit achtzehn Jahren zu Fuß. Auf der Reise lernt er einen schelmischen Rekollektenmönch kennen, der ihn bis nach Rom begleitet. Der dreißigjährige Pater Stefano ist rothaarig, hat eine Konstitution wie ein Bauer und verspricht ihm, er werde ihn auf der ganzen Reise mithilfe der Anhänger seines Ordens versorgen, wenn er seinen schweren Mantel trage. Der junge Abate stimmt dem Vorschlag zu.

Sein Mantel war tatsächlich so schwer wie die Last eines Maultiers. Er hatte zwölf prall gefüllte Taschen, und dazu noch die große hintere Tasche, die er batticulo nannte und die allein schon doppelt so viel enthielt wie alle anderen zusammen: Brot, Wein, gekochtes, frisches und gepökeltes Fleisch, Hühnchen, Eier, Käse, Schinken, Würste; genug jedenfalls, um uns vierzehn Tage lang zu sättigen.

Giacomo sieht in seinem Weggefährten bald einen lästigen Störer, Dieb, Dummkopf, Lügner und ehrlosen Betrüger und hängt ihn ab. Er setzt die Reise allein fort, verliert seine Börse, zieht sich eine üble Verstauchung am Knöchel zu, wird fast von einem betrunkenen und homosexuellen Sbirren vergewaltigt, bei dem er nächtigt, und bedauert schließlich, den Mönch unterwegs verlassen zu haben. Der taucht plötzlich wieder auf und lacht unbändig. Er hat fünf Tage für den Weg gebraucht, den der junge Mann um den Preis all der Widrigkeiten, die er erlebt hat, in einem Tag zurückgelegt hat. Im Austausch gegen das Versprechen, daß Giacomo ihm die Protektion des Gesandten von Venedig verschaffen wird, begleicht Stefano die Schulden seines Weggefährten und macht sich mit ihm auf den Weg. Einige Saufgelage und Stockschläge, diesmal, um den Nachstellungen einiger Frauen zu entkommen, stehen am Abschluß der Reise. Der Abate Casanova ist erleichtert, daß er in

Rom angelangt ist. Trotz seiner Armut sieht er nicht wie ein Bettler aus; und er ist entschlossen, sich seinen Weggefährten vom Hals zu halten. Von nun an will er, wenn schon nicht als Sohn einer vornehmen Familie, so doch als stolzer und gebildeter junger Mann auftreten.

Mit zunehmendem Alter und Vermögen reist Casanova auf schnellere und weniger anstrengende Art. Bei seinen Reisen zu Wasser und zu Lande benutzt er eine Vielzahl verschiedener Transportmittel. In seinen Memoiren erwähnt er die Schaluppe, die Fregatte, die Tartane und sogar eine Barke auf einem von Segeln angetriebenen Schlitten. Er reist in der Kalesche, in der Sänfte, im Fiaker, in der Droschke, der Berline, dem Schlitten, dem Eilwagen und der Kutsche. Mal steigt er in eine Postkutsche, und dann wieder, wenn seine Börse schön gefüllt ist, nimmt er einen viersitzigen Wagen mit sechs Pferden und fährt mit großem Gepränge in seinem Zielort ein. Wenn er Geld hat, gestattet er sich einen eigenen Wagen, das Privileg einiger weniger. So durchquert er Frankreich, von Lyon bis in die Hauptstadt.

Ich hatte einen sogenannten Einsitzer mit drei Spiegeln gekauft; er war zweirädrig mit Gabeldeichsel und Amadis-Federn, innen mit karmesinrotem Samt ausgeschlagen und fast neu. Er kostete mich vierzig Louis. Ich schickte zwei große Koffer mit dem Eilwagen nach Paris und behielt in meinem Mantelsack nur das Nötigste. Anderntags wollte ich in Schlafrock und Nachtmütze abreisen, da ich beschlossen hatte, meinen Einsitzer erst nach achtundfünfzig Poststationen auf der schönsten Straße ganz Europas zu verlassen.

Oft schläft er lieber in seinem Wagen als in einem der schlechten Betten, die in den Gasthäusern an seiner Reiseroute bereitstehen. Am 19. August 1765 veröffentlicht die Gazette von Sankt Petersburg, wie üblich, wenn ein Fremder das Land verläßt, eine Notiz über die Abreise des »Chevalier Jakob

Casanova Farussi«. Vierzehn Tage später unterschreibt Vizekanzler Golizyn den Paß von »Graf Giacomo Kasanow von Farussi«. Dieser nimmt den armenischen Kaufmann Rafael Iwanoff in seine Dienste, der die orientalische Kochkunst beherrscht, und steigt mit der französischen Schauspielerin Valville in seinen »Schlafwagen«, um nach Königsberg zu reisen. Sie vergessen nicht, einen reichlichen Vorrat an Speisen und guten Weinen mitzunehmen.

Ich hatte meinen Schlafwagen mit einer guten Matratze und Decken ausgestattet und schlief darin mit der Valville, die diese Art zu reisen ebenso angenehm wie possierlich fand, denn eigentlich lagen wir im Bett.

Da der Regen die Straßen aufgeweicht hat, benötigen sie acht Tage bis nach Riga, und dann noch einmal vier bis Königsberg. Dort trennen sie sich, da die Schauspielerin in Berlin erwartet wird und der Abenteurer nach Warschau weiterreisen will. Casanova überläßt ihr seinen armenischen Koch, verkauft seinen Schlafwagen und setzt allein und bescheidener die Reise zum polnischen Königshof fort. Er mietet einen Platz in einem viersitzigen Wagen und langweilt sich sechs Tage lang ausnehmend in der Gesellschaft dreier Polen, die nur deutsch sprechen.

Praktische Hinweise auf die Kunst des Reisens sind in der *Geschichte meines Lebens* recht häufig. Wenn er die Transportmittel erwähnt, gibt er oft auch den Preis an, beschreibt Ausstattung und Geschwindigkeit, weist auf Leistung oder Trägheit hin.

Bei den sandigen Wegen brauchte ich drei Tage, um achtzehn kleine deutsche Meilen zurückzulegen.

Er klagt auch über die Wege in Alt-Kastilien, über die er nach Madrid reist:

Steile Anstiege, unebene, steinige Abhänge, nirgends war auch nur im geringsten zu erkennen, daß hier Wagen fuhren.

In England würdigt er die Sauberkeit und die Schönheit der Landschaft und der breiten Straßen:

Ich bewunderte die Schönheit der Wagen, die die Post jedem zur Verfügung stellt, der ohne eigenen Wagen reist; die Angemessenheit der Fahrpreise, die bequeme Zahlungsweise, die Geschwindigkeit, mit der man immer im Trab und nie jemals im Galopp dahinfährt, und die Anlage der Städte, die ich auf meiner Fahrt von Dover nach London durchquerte.

Auch von Unfällen bleibt er nicht verschont. So wird einmal um Mitternacht mitten auf der großen Straße von Neapel nach Rom, kurz nach Francolise und vier Meilen von Sant'Agata, sein Wagen umgeworfen. Die Herberge von Sant'Agata ist ein ungastlicher Ort – auch Winckelmann und Goethe werden das erfahren. Casanovas Diener, der vorausgeritten war, kehrt um und warnt ihn, die beiden Kutscher seien geflüchtet, vermutlich, um Straßenräuber herbeizuholen. Der Diener reitet erneut los, um ein paar stämmige Bauern zu suchen, die in der Lage sind, den Wagen wieder auf die Räder zu stellen. Währenddessen steigt Casanova durch die Tür, die sich über ihm befindet, spannt die vier Pferde aus, bindet sie im Halbkreis um die Räder und die Deichsel und stellt sich mit seinen fünf Feuerwaffen hinter sie. Er ist stolz, den Unfall, anders als sein Reisegefährte, unbeschadet überstanden zu haben.

Ich war schon daran gewöhnt, mit dem Wagen umzustürzen, und hatte mir nicht wehgetan. Entscheidend ist die Haltung, die man einnimmt. Don Ciccio hatte sich den Arm vielleicht deshalb gebrochen, weil er ihn hinausgehängt hatte.

Die Dunkelheit und ein scharfer Nordwind machen die Lage noch unangenehmer. Beim leisesten Geräusch fährt er hoch: »Wer da?« und droht jedem den Tod an, der es wagt, sich zu nähern. Zwei Stunden später erscheint endlich eine Schar Bauern, mit Gewehren und Laternen ausgerüstet. Sie stellen den Wagen wieder auf die Räder und spannen die Pferde an. Bei

Tagesanbruch erreichen sie die nächste Poststation. Casanova macht einen Heidenlärm und verlangt nach einem Notar, der ein Protokoll aufsetzen soll. Er beschuldigt die Kutscher, den Wagen absichtlich umgeworfen zu haben, und fordert Schadenersatz. Ein Stellmacher untersucht die gebrochene Achse und rät den Reisenden zu bleiben, bis er eine neue Achse angefertigt hat. Sie nehmen die Einladung des Marchese Galiani an, eines Bruders des Abate, den Casanova in Paris kennengelernt hat. Anderntags macht er sich wieder auf die Reise. Er hat bis nach Rom nur noch fünfzehn Streckenabschnitte von jeweils etwa zwei Stunden vor sich. Der Karneval erwartet ihn.

Unterkunft und Verpflegung

Leipziger Lerchen, Fisch aus dem Murten-See, Meerbarben aus Marseille, Pastete vom Rebhuhn und der Truthenne, gefüllt mit Trüffeln, in Angoulême, Ratafia, ein Branntwein mit Fruchtsaft und Zucker in Grenoble, weiße Trüffel aus dem Piemont, Steinpilze aus ligurischen Kastanienwäldchen, ein guter Wein aus der Mancha, Olivenöl aus Lucca und Pestessig, Eingemachtes und Gänseleber von einer jüdischen Familie ... Der Reisende erkundet mit Vergnügen die gastronomischen Spezialitäten seiner Gastgeber. In London versucht er, sich an das Bier zu gewöhnen, dessen Bitterkeit ihm dann doch unerträglich scheint. Er wundert sich, daß die Engländer so viel Hammelfleisch und so wenig Brot essen, und da sie meist weder Suppe noch Dessert nehmen, erscheint es ihm, als habe ihre Mahlzeit weder Anfang noch Ende. Als er eine junge Italienerin in der Gegend von Paris aufs Land führt, läßt er sie die Matelote – ein Fischgericht –, Boeuf à la mode, ein Omelett und auf dem Rost gebratene Tauben kosten. Beim Marquis d'Argens ergötzt er sich an einer Farce aus Kalbsbrät, Kalbsbries, Pilzen,

Artischockenböden und Stopfleber. Seine Augen und sein Gaumen lassen nichts über die französische Küche kommen.

Casanova steigt nur in den besten Hotels ab, es sei denn, er will sein Inkognito wahren, dann begnügt er sich mit einem namenlosen schlechten Quartier und gibt sich niemandem zu erkennen. In Aix-en-Provence hält er sich in der Auberge Saint-Jacques auf, einem hochehrwürdigen Haus in der Nähe des Cours Mirabeau. In Ancona nimmt ihn die Osteria del Garofano, das Gasthaus zur Nelke, auf, in der gelegentlich ein Fürst inkognito absteigt. Auf den Spuren Casanovas lernt man die zauberhaftesten und renommiertesten Häuser des XVIII. Jahrhunderts kennen: das Cheval-Blanc in Montpellier, das A la Balance in Genf, das Al Pellegrino in Bologna, das Albergo Santa Marta in Genua, das Tre Re in Mailand, das Schwert in Zürich, die Auberge Saint-Omer in Avignon ... In Dresden logiert er im Hotel Stadt Rom, gegenüber dem Hotel von Sachsen, in dem seine Mutter Zanetta Casanova und sein Bruder Giovanni Battista, der Direktor der Malerakademie, wohnen.

Wenn er eine Zeitlang in einer Stadt bleiben will, mietet er im allgemeinen einige Zimmer oder eine Wohnung in einem Privathaus. In Sankt Petersburg beispielsweise wohnt er, wenige Schritte vom Winterpalast entfernt, in der eleganten Straße Millionaja bei dem Kaufmann Toulier, der ihm zwei Zimmer zur Verfügung stellt, möbliert mit zwei Betten, vier Stühlen, zwei kleinen Tischen und prachtvollen und ungeheuer großen Öfen. Nachdem er mit dem Hausherrn Vereinbarungen über Heizung und Kost geschlossen hat, vervollständigt er das Mobiliar durch den Kauf einer Kommode und eines großen Tisches, auf dem er schreiben und Papiere und Bücher ablegen kann.

In Spa zieht Casanova in der Fontaine-d'Or in die Rue de l'Assemblé Nummer 45. In Rom verbringt er während seines Aufenthalts im Jahre 1770 sechs Monate in einer schönen

Wohnung, die an der Piazza di Spagna Nummer 32 gelegen ist. In Paris sind seine Unterkünfte beredte Zeugen seiner finanziellen Lage und seiner gesellschaftlichen Beziehungen: Anfangs ein bescheidenes Kämmerchen wenige Schritte neben der Italienischen Komödie, und als er Millionär ist und in einer Karosse fährt, ein kleines fürstliches »Lustschlößchen«, in dem er prachtvolle Einladungen ausrichtet. Dort läßt er in einem dunklen Raum Hühnchen züchten, deren Fleisch schneeweiß und deren Geschmack exquisit sein soll. In der Rue du Bac wohnt er in einer von Madame d'Urfé für ihn angemieteten ebenso stilvollen wie eleganten Wohnung, an den Wänden prachtvolle alte Gobelins, auf denen sämtliche Stufen des alchimistischen Magisteriums dargestellt sind.

Im schweizerischen Solothurn mietet er im Frühjahr 1760 – in der Hoffnung, das Liebesabenteuer mit der jungen Baronin von Roll fortsetzen zu können – ein geräumiges und schönes Landhaus mit einem Ballsaal, einem mit ausgesuchten Kupferstichen geschmückten Kabinett, zahlreichen Schlafzimmern, einem großen Garten, einem schönen Gemüsegarten, Wasserspielen und einem sehr bequemen Haupttrakt, in dem er Bäder nehmen kann, die von einem Apotheker vorbereitet werden. Möglicherweise handelte es sich um Schloß Rienberg, das nicht weit von der Sommerresidenz der französischen Gesandten gelegen ist.

Als der Chevalier de Seingalt – anders hat er sich in London nie genannt – am 14. Juni 1763 in die englische Hauptstadt kommt, um sich dort mehrere Monate lang aufzuhalten, mietet er ein dreistöckiges Haus in der Pall Mall, im elegantesten Viertel der Stadt. Porzellan, Spiegel, Klingeln, Wäsche, Silberzeug, es fehlt an nichts. Zu seiner Bedienung nimmt er neben Clairmont, seinem persönlichen Kammerdiener, eine englische Gouvernante und einen Inder namens Jarbe, der Französisch spricht. Ein englischer Koch zieht ebenfalls ein, mit seiner gesamten Familie. Der Chevalier ist außerordentlich zufrieden, denn der Inder bereitet ihm nicht nur die Gerichte seiner Landsleute zu, sondern auch die exquisitesten Poularden und Ragouts auf französische Art. Auf diese Weise also bestens möbliert, bedient und genährt, überbringt der Chevalier einige Empfehlungsschreiben und besucht die Theater und Tavernen, um sich mit den englischen Sitten und Gebräuchen vertraut zu machen.

Sehenswürdigkeiten

Obwohl Casanova keinen Reiseführer zitiert, kennt er sicherlich einige Schilderungen, Fremdenführer oder Darstellungen von paradiesischen Fleckchen und Wundern der Natur in Europa. Wenn er sie nicht schon früher gelesen hat, muß er einige davon in seiner Bibliothek in Schloß Dux konsultiert haben. Einer der bekanntesten Reiseführer, *Le Nouveau Voyage d'Italie* von François-Maximilien Misson, der fast alle Regionen Westeuropas beschreibt, scheint einige seiner Kommentare beeinflußt zu haben. In Amsterdam beispielsweise unterstreicht er die Sauberkeit und den Reichtum der Stadt, das Schauspiel an der Börse, an der die Millionäre aussehen wie Bauernlümmel, die Schlittschuhläufer auf der zugefrorenen Amstel und die *speel houses*, Tavernen, in denen man tanzt und Musik hört. In der Schweiz rühmt er eine lateinische Inschrift an einer historischen Kapelle mit denselben Worten wie ein zeitgenössischer Fremdenführer, während er weder Seen noch Berge wahrzunehmen scheint. Viel mehr staunt er über die Trennung von Männern und Frauen im Konzert oder über den Brauch des *Kiltgangs*, wenn die Dorfburschen nächtens ihre Angebeteten mit Kiltliedern betören.

In Spanien beschreibt er den Geschmack des Tabaks und den Stierkampf, ein Schauspiel, das ihm grausam und traurig erscheint. Ihm fällt aber auch auf, mit welcher Frömmigkeit die Statuen und Bilder der heiligen Jungfrau verehrt werden, ein Kontrast zur Libertinage der Frauen. Er bewundert die spanische Sprache, die er klangvoll, energisch und majestätisch, aber aufgrund ihrer gutturalen Laute weniger musikalisch als das Italienische findet. Er interessiert sich für die antiken Ruinen von Sagunt, die Überreste des Amphitheaters und den neu entdeckten, mit Mosaiksteinen gepflasterten Weg. Er besichtigt Valencia mit seinen fünf großen Brücken über den Guadalaviar, seinen zwölf Stadttoren, seinen Kirchen und seiner prachtvollen gotischen Seidenbörse. Er preist das angenehme Klima, beklagt jedoch, daß die Straßen noch nicht gepflastert sind.

Arme Spanier! ruft er aus. *Die Schönheit, die Fruchtbarkeit und der Reichtum ihres Landes sind schuld an ihrer Trägheit, und die Minen von Peru und Potosi sind schuld an ihrer Armut, ihrem Stolz und all ihren Vorurteilen.*

Casanova hat nicht viel Sinn für touristische Schönheiten. Landschaften, historische Monumente und antike Ruinen können ihn nie lange begeistern.

Ich habe gesehen, daß alles, was es auf der Welt Berühmtes und Schönes gibt, wenn wir uns an die Darstellungen der Schriftsteller und Künstler halten, aus der Nähe betrachtet und untersucht, an Reiz verliert.

Seine geographischen Beschreibungen sind oft lapidar. Über Konstantinopel schreibt er: *Aus einer Meile Entfernung betrachtet, bietet die Stadt einen erstaunlichen Anblick. Nirgendwo auf der Welt gibt es ein schöneres Schauspiel.* Und als er während der Sonnenwende in Sankt Petersburg ankommt, begnügt er sich mit der Bemerkung, dies sei ein Augenblick gewesen, »in dem die ersten Sonnenstrahlen den Horizont vergoldeten«. Erstaunt über die hellen Nächte fügt er hinzu, er habe gesehen, wie die Sonne hinter einer unendlich weiten Ebene um »neun Uhr und vierundzwanzig Minuten« aufging, und die längste Nacht in diesem Landstrich dauere »achtzehn und dreiviertel Stunden«. Mehr erfahren wir nicht. Er schreibt lieber über den Brauch der russischen Herrschaften, Domestiken zu verprügeln, um sich so ihrer Anhänglichkeit zu vergewissern, und über die Gewohnheit der Zaren, sich unentwegt einer despotischen Sprache zu bedienen. Über Moskau sagt er in einem einzigen Satz:

Im Verlauf von acht Tagen habe ich alles gesehen: Fabriken, Kirchen, alte Monumente, naturgeschichtliche und andere Sammlungen, Bibliotheken, die mich nicht interessierten, die berühmte Glocke [die Anna Iwanowna war die größte Glocke der Welt], *und ich habe festgestellt, daß ihre Glocken fest aufgehängt sind und nicht schwingend wie die unsrigen.*

Zwar gefällt er sich darin, an den Orten, durch die er reist, »alles genau gesehen zu haben, was es zu sehen gibt«, doch am meisten interessieren ihn Sitten und Lebensart.

Als er sich zum ersten Mal in Dresden, Prag und Wien aufhält, berichtet er nichts über die Städte selbst. Die Persönlichkeit ihrer Herrscher interessiert ihn mehr. An Friedrich August II., König von Polen und Kurfürst von Sachsen, erstaunt ihn dessen Verschwendungssucht; der Hof ist glanzvoll, die Künste florieren, es fehlt nur die Galanterie. Wien erscheint ihm schön und luxuriös, aber ein heikles Pflaster für alle, die sich der Anbetung der Venus widmen, denn Maßlosigkeit und Ausschweifungen werden von Kaiserin Maria Theresia unerbittlich geahndet.

Schändliche Spione, die man Keuschheitskommissare nannte, waren die unerbittlichen Peiniger aller schönen Mädchen; die Kaiserin besaß alle Tugenden, nicht aber die der Nachsicht, wenn es sich um die unerlaubte Liebe zwischen einem Mann und einer Frau handelte.

Bei seinem ersten Aufenthalt in Paris im Jahr 1750 sind es wie immer die Tisch- und Bettsitten, die sein Interesse erregen.

Er skizziert lieber das Porträt der Fürsten und Schauspieler, jener, die von sich reden machen, als Orte zu beschreiben. Nur der Spaziergang im Palais-Royal entlockt ihm ein paar Zeilen: ein schöner Garten, strohgeflochtene Stühle, die man für einen Sou mieten kann, Stände, an denen man Flugschriften, Riechwässer, Zahnstocher und allerlei Tand erwerben kann. Seine Aufmerksamkeit richtet sich rasch auf einige Gaffer. Er sieht Männer und Frauen, die nach oben starren und eine Sonnenuhr beobachten, um ihre Uhren auf den Mittag einzustellen. Als er ein wenig später ganz in der Nähe eine lange Menschenschlange vor einem Geschäft stehen sieht, wundert er sich, daß alle nur noch den Tabak aus dem Laden »Zur Zibetkatze« kaufen wollen, seitdem die Herzogin von Chartres ihn in Mode gebracht hat. Rasch begreift er, daß Mode und Neuheiten die einzigen Götter sind, denen die Pariser huldigen. Und da man »in Rom wie die Römer leben muß«, ist Casanova bemüht, sich anzupassen.

Er versteht sich auf seinen Reisen als Moralist und Literat. Überall, wo er hinkommt, macht er sich Notizen. Er gefällt sich darin, die Eigenheiten der Völker und Landsmannschaften festzuhalten, die er kennenlernt. Er versucht, in jedem Landstrich das Lebensgefühl der Epoche einzufangen, nicht anders die überdauernden Eigentümlichkeiten.

Die Insel, die man England nennt, hat ganz andere Farben als der Kontinent [...] Das Wasser der Themse hat einen anderen Geschmack als alle anderen Flüsse der Welt. Das Hornvieh, die Fische, überhaupt alles, was man ißt, schmeckt anders als das, was wir essen. Die Pferde unterscheiden sich bis hin zu ihrer Gestalt, und die Menschen haben einen der ganzen Nation eigentümlichen Charakter, der sie glauben läßt, sie seien allen anderen überlegen. Doch diese eingebildete Überlegenheit kennt man auch von allen anderen Nationen; jede hält sich für die vornehmste. Und sie haben alle recht.

In London lernt Casanova bald, sich anstelle des Goldes des Papiergelds zu bedienen und stets zwei Börsen mit sich zu führen, eine kleine für eventuelle Diebe und eine zweite mit dem Geld, das er benötigt. Er entdeckt, daß das niedere Volk, »demokratische Tölpel«, in der Lage ist, ein ganzes Theater auseinanderzunehmen, weil es sich getäuscht fühlt, wenn ein anderes Stück als das angekündigte gespielt wird, und daß eine adlige Dame, die sich eines Abends in der Dunkelheit ihrer Kalesche seine Avancen durchaus gefallen läßt, im Tageslicht des Salons geruht, ihn einfach nicht mehr zu erkennen.

– *Ich habe Euch meinen Namen gesagt, Madame. Erinnert Ihr Euch nicht an mich?*

– *Ich erinnere mich sehr gut; doch solche Narreteien begründen noch keine Bekanntschaft,* erwidert kühl die englische Dame.

Überrascht ist er auch, daß, wenn er in der City nach dem Namen eines Mannes fragt, man ihm antwortet, der Betreffende sei zwanzigtausend Pfund oder hunderttausend Pfund wert.

– *Aber ich frage Euch nach dem Namen*, erwidert der Venezianer.

– *Der Name hat keine Bedeutung. Was ist schon ein Name? Verlangt von mir tausend Pfund und unterschreibt die Quittung in meiner Gegenwart mit dem Namen Attila, das genügt mir. Ihr werdet mir das Geld nicht als Seingalt, sondern als Mister Attila zurückerstatten, und wir werden darüber lachen.*

Sei es beim Hahnenkampf oder im Club der Wettliebhaber, Casanova will alle »entzückenden Eigentümlichkeiten« der stolzen englischen Nation ergründen. Er verbringt einige Stunden im British Museum und weiß bald, was zum guten Ton gehört, wo man spazierengeht, wo man diniert, wann im Theater applaudiert wird und wo man tanzt. Er ist dabei, als auf dem Kopf von Lady Grafton die Geburtsstunde einer neuen Modefrisur schlägt, die zunächst als närrisch, unsinnig und verabscheuenswürdig gilt, weil sie häßlich mache, doch keine sechs Monate darauf trägt man sie auch jenseits des Kanals und in ganz Europa.

Was den Augenschein anbetrifft, notiert der Memoirenschreiber, *sollte man sich nicht auf sein erstes Urteil verlassen. Häufig ist es falsch.*

Einige Tage im Leben eines Reisenden

Abzureisen bedeutet auch, den Konsequenzen seiner Fehler und Unbesonnenheiten aus dem Weg zu gehen. Immer derselbe unbedeutende Mann zu bleiben. Dort und Hier gleichen sich. Casanova bewegt sich nicht, er wiederholt sich. Er spielt immer wieder dasselbe Stück mit einigen kleinen Variationen.

Ende 1760 steigt er in Florenz im Hotel des Doktor Vannini ab, einem sehr angesehenen Haus, in dem alle vornehmen Fremden Quartier nehmen. Die Fenster der Räume, die er bezieht, gehen auf das Arnoufer und eine schöne Terrasse hinaus. Anschließend mietet er einen Stadtwagen und einen Lakai, den er ebenso wie den Kutscher in eine blaue und rote Livree, den Farben des Senators Bragadin, kleidet. Anderntags geht er allein und zu Fuß und nur im Überrock aus, um unbeobachtet die Stadt zu erkunden. Abends sieht er im Teatro del Cocomero eine Komödie, hört den Arlecchino Roffi und den alten Pertici.

Tags darauf sucht er den Bankier Sasso Sassi auf, dem er einen Kreditbrief über eine erhebliche Summe vorlegt, und nachdem er allein zu Mittag gegessen hat, kleidet er sich modisch und geht in die Oper in der Via della Pergola. Er nimmt in einer Loge neben dem Orchester Platz, »mehr um die Schauspielerinnen gut zu sehen, als um die Musik besser hören zu können«.

Oper, Theater und Komödie sind die Orte, an denen es besonders einfach ist, auf der Seite der Herrschaften den gesamten Adel einer Stadt kennenzulernen, und auf der Seite der einfachen Leute die schönsten Mädchen zu hofieren. »Ich wußte nicht, wohin ich gehen sollte, und da es mich nach Unterhaltung verlangte, besuchte ich mehrmals die Oper« ist fast schon ein Refrain im Munde des Reisenden. Man kommt zwar wegen des Schauspiels, aber mehr noch, um gesehen zu werden. Casanova liebt es, die Blicke auf sich zu lenken und zu sehen, wie sich das Opernglas einer schönen Frau auf ihn richtet. Seine Spitzen, seine Uhrgehänge, seine Ringe wecken das Interesse seiner Umgebung. Er schmückt sich leidenschaftlich gern und versteht es, seine Kleidung und seinen Schmuck auf das Maß an Aufmerksamkeit abzustimmen, das er erregen will.

Wie überrascht ist er, als er an diesem Abend auf der Bühne seine erste *virtuosa* erkennt! Es ist Teresa-Bellino, seine sonderbarste Eroberung. Angiola Calori ist zu einer der besten Sängerinnen ihrer Zeit geworden. Ihr Blick schweift über die Zuschauer, bleibt an dem Venezianer hängen. Sie erkennt ihn. Als ihre Arie zu Ende ist, gibt sie ihm auf dem Weg in die Kulissen mit dem Fächer zu verstehen, daß sie ihn in ihrem *camerino*, der Künstlergarderobe, erwarte. Sechzehn Jahre nach ihrer letzten Begegnung! Sie haben einander so viele Abenteuer zu erzählen. Sie stellt ihm Cesarino, ihren gemeinsamen Sohn, vor, den sie überall als ihren Bruder ausgibt.

Ihrem jungen Ehemann präsentiert sie den Freund von einst mit den Worten: *Das ist mein Vater, und mehr als mein Vater, denn ihm verdanke ich alles.*

Casanova ist einen Augenblick lang verblüfft und überbietet sie dann sogar: *Ja, Signore, sie ist meine Tochter, meine Schwester, ein Engel ohne Geschlecht, ein lebendiger Schatz, und sie ist Eure Gattin.*

Als er sich entschuldigen will, weil er auf einen ihrer Briefe nicht geantwortet hat, unterbricht sie ihn: *Ich weiß alles. Du warst verliebt in eine Nonne, man hat dich in die Bleikammern gesperrt, und in Wien erfuhr ich von deiner erstaunlichen Flucht.*

Ich hörte, wie es dir später in Paris und in Holland erging; doch nach deiner Abreise aus Paris erhielt ich keinerlei Nachrichten mehr von dir. Doch nun sind wir zusammen … Proben, Diners, sie lassen einander nicht mehr aus den Augen. Die Stimmung ist ausgelassen. Schauspieler und Schauspielerinnen kommen, um der Sängerin die Hand zu küssen und ihr den Hof zu machen. Casanova erkennt den liebenswürdigen alten Abate Gama, der ihn in seiner Jugend in Rom eingeführt hat. Der Greis ist ebenso neugierig wie redegewandt, erzählt von gemeinsamen Bekannten und fordert den Venezianer auf, seine Abenteuer zu schildern. Um seine Freundschaft unter Beweis zu stellen, stellt er ihn dem Marchese Botta-Adorno vor, Gouverneur der Toskana, der ihn seinerseits einlädt und ihn mit Sir Horace Mann, dem englischen Residenten in Florenz, bekanntmacht. Casanova schildert ihn als einen vermögenden, liebenswürdigen und geschmackssicheren Kunstliebhaber. Als er in das Haus des Engländers eingeladen ist, bewundert er alles, Garten, Möbel, Gemälde und die ausgesuchte Bibliothek. Später wird Horace Mann Casanovas Übersetzung der *Ilias* subskribieren.

So öffnen sich ihm von einem Empfehlungsschreiben zum anderen die Türen der Salons. Man betreibt Konversation. Casanova brilliert. Eines Morgens begleitet er Signor Mann in die Uffizien, um die Gemälde in der großen Galerie zu sehen. Zwischen zwei Einladungen zum Essen oder zu einer schaumig aufgeschlagenen heißen Schokolade schließt Casanova sich in seine Räume ein, um Briefe zu schreiben oder Notizen in seine »Kapitularien« zu machen, in die er verschiedene Beobachtungen und Dialoge einträgt, die er im Gedächtnis behalten will. Zur selben Zeit hat er eine Affäre mit einer jungen Tänzerin, die Statistin an der Oper ist.

Als er von einem mysteriösen Abenteurer in einer Affäre um einen gefälschten Wechsel kompromittiert wird, soll er die

Stadt verlassen, wenn er nicht binnen drei Tagen die Summe begleicht. Er weigert sich, weil er sich zu Unrecht beschuldigt fühlt. Seine Freunde unterstützen ihn, doch auch das hilft nichts, er muß gehen. Bis zum letzten Abend berauscht er sich an prunkvollen Banketts und heiterer Gesellschaft. Dann macht er sich auf den Weg, bereit, an einem anderen Ort dasselbe Leben zu führen, als sei nichts geschehen.

Nach einer sechsunddreißigstündigen Reise erreicht er Rom bei Einbruch der Dunkelheit. Er begibt sich zum Zoll, der *dogana di Terra*, auf der Piazza di Pietra. Jeder Fremde muß dort sein Gepäck und seine Bücher überprüfen lassen. Der Reisende hat etwa dreißig Bücher bei sich, die sich alle gegen die Religion und gegen die von ihr geforderten Tugenden richten. Er ist bereit, sie herauszugeben, weil er es eilig hat, ins Bett zu kommen. Der Beamte, der den Auftrag hat, das Gepäck zu durchsuchen, fordert ihn auf, ihm einfach die Anzahl der Bücher zu nennen. Er verspricht ihm, sie am anderen Morgen ins Hotel zu bringen. Casanova ist angenehm überrascht und begibt sich unverzüglich zum Gasthaus Ville de Paris an der Piazza di Spagna, wo er sich eine Mahlzeit bringen läßt, während in den ihm zugedachten Räumen Feuer gemacht wird. Er geht zu Bett, schläft bis Mittag und träumt von der Tochter des Wirts, die er in der Nacht gesehen hat.

Als er erwacht, eröffnet ihm sein Diener Costa, er habe ganz in der Nähe, in der Via della Vittoria Nummer 54, das Haus seines Bruders Giovanni gefunden. Casanovas Bruder wohnt bei seinem Lehrer und Freund, dem Maler Anton Raphael Mengs. Die beiden Brüder haben sich zehn Jahre lang nicht mehr gesehen, sie schildern einander die Abenteuer, die sie erlebt haben, und unternehmen einen Spaziergang durch die Stadt. Giacomo läßt sich von alten Bekannten berichten, und sein Bruder führt ihn in eines der tonangebenden Häuser, zur Gräfin Cherufini, der Maitresse des Kardinals Albani, in dem regelmäßig *conversazioni* stattfinden, Abendgesellschaften, die sehr in Mode sind. Giacomo jedoch ist unzufrieden und ungeduldig, er steht nicht im Mittelpunkt des Interesses, seine Verdienste werden nicht genug gewürdigt. Seine geistreichen Bemerkungen laufen ins Leere. Niemand spielt seine Bälle zurück. Er macht seinen Bruder dafür verantwortlich, von dem er glaubt, er sei nicht bedeutend genug, um ihn in dieser Runde angemessen einzuführen:

Mir wurde klar, daß ich in diesem Haus meinen eigentlichen Wert verlieren würde und daß dies an der Beschaffenheit des Mannes lag, der mich vorgestellt hatte.

Er erträgt nicht, daß man ihn als »Bruder Casanovas« bezeichnet. Daraus entwickelt sich ein recht lebhaftes Gespräch mit einem Abate, und nach einer Weile werden sie Freunde. Bei dem Abate handelt es sich um Winckelmann, der zu dieser Zeit als Bibliothekar für die Antiquitäten-Sammlungen des Kardinals Albani verantwortlich ist. Tags darauf besuchen sie zu dritt den Maler Mengs, der den Plafond der Galerie in der Villa Albani mit seinem *Parnaß* ausmalt. Giacomo Casanova macht Monsignor Cornaro, einem der zwölf päpstlichen Richter der Sacra Romana Rota, seine Aufwartung, »in der Absicht, seiner Heiligkeit vorgestellt und in die große Gesellschaft eingeführt zu werden«.

Zuane Cornaro befürchtet, sich als Venezianer zu kompromittieren, wenn er einen Mann empfiehlt, der aus seiner Heimatstadt entflohen ist, und bittet statt dessen Kardinal Passionei, Casanova dem Heiligen Vater vorzustellen. Der Kardinal fordert ihn auf, ihm die Geschichte seiner Flucht zu schildern.

– Darf ich mich auf den Boden setzen?

– Aber nein, Ihr seid allzu vornehm gekleidet.

Kardinal Passionei klingelt und läßt einen Lakaien einen Hocker ohne Armstützen und Lehne bringen. Das verdrießt Casanova, und er erzählt schlecht. Der Kardinal legt ihm eine von ihm verfaßte Grabrede vor, weil er, wie er erklärt, besser schreibt, als sein Gast erzählt. Dennoch will er ihn anderntags dem Papst vorstellen. Casanova zieht sich zurück, ganz in Gedanken an den eigenartigen Charakter dieses Mannes, der ihm geistreich und vornehm, aber auch eitel und geschwätzig erscheint. Da ihm jedoch an seiner Gönnerschaft liegt und er seine Leidenschaft für Bücher kennt, schickt er ihm ein Exemplar der *Pandectes*, ein seltenes Buch mit alten römischen Rechtsentscheidungen. Tags darauf zur vorgesehenen Stunde macht er Clemens XIII. seine Aufwartung. Der Papst sagt ihm, der Kardinal werde sein Geschenk sicherlich bezahlen wollen. *In diesem Fall*, antwortet Casanova, *werde ich ihm seine Grabrede zurückschicken!* Der Papst lacht und bittet darum, diskret über den Fortgang der Geschichte unterrichtet zu werden.

Als Casanova die Audienz verläßt, trifft er auf einen venezianischen Gondoliere, der *scopatore santissimo*, Reiniger der päpstlichen Räume, geworden ist. Casanova ist glücklich, einen Landsmann gefunden zu haben, und nimmt die Einladung an, mit seiner in einfachen Verhältnissen lebenden Familie *polenta* und Schweinekoteletts zu teilen. Sein Bruder begleitet ihn zu der Einladung, und sein Diener bringt sechs Flaschen Wein aus Orvieto und einen ganzen Schinken. Alle essen mit großem Appetit, man spricht über die Lotterie, die anderntags stattfinden soll. Mariuccia, ein junges Mädchen, das schön ist wie ein Engel, veranlaßt Casanova, auf die siebenundzwanzig zu setzen. Er ist einverstanden. Man verabschiedet sich um Mitternacht mit dem Versprechen, sich am folgenden Abend wiederzusehen. Inzwischen hat der Kardinal das kostbare Buchgeschenk Casanovas zurückgeschickt, doch Casanova hat vom Heiligen Vater die Erlaubnis erhalten, es der vatikanischen Bibliothek zu schenken. Der Papst verspricht ihm ein Zeichen seiner »außerordentlichen Zuneigung«.

Am Abend feiert die Gesellschaft mit dem glücklichen Venezianer, der in der Lotterie gewonnen hat. Unter dem Tisch drückt er Mariuccas Hand, die ebenso antwortet. Heimlich fragt er sie, wo er sie treffen kann. Um acht Uhr in der Kirche Trinità dei Monti, flüstert sie ihm zu. Sie bittet ihn, sie um den Preis ihrer Gunst aus ihrer Armut zu befreien, indem er ihr über ihren Beichtvater vierhundert Scudi verschafft, so daß sie, ausgestattet mit dieser Mitgift, einen hübschen Perückenmacher heiraten kann. Casanova begibt sich sogleich zu dem Beichtvater, um die Heiratsangelegenheit zu regeln, und mietet ein kleines Zimmer, das er mit einem Bett, einem Tisch, vier Stühlen und einem Kohlebecken möblieren läßt. Am Abend speist er mit Mengs und geht dann im Teatro Aliberti in die Oper, doch die Ungeduld, mit der er den folgenden Tag erwartet, hindert ihn, das Schauspiel zu genießen und in der Nacht zu schlafen. Am andern Morgen weiht er das Mädchen, dessen Schönheit ihn geblendet hat, in die Sinnenlust ein. Er verspricht ihr, sie noch vor ihrer Heirat, auf dem Rückweg von seiner zehntägigen Reise nach Neapel, wiederzusehen. Einige Stunden später erreicht ihn das Zeichen der »außerordentlichen Zuneigung« Papst Clemens XIII.: das Ordenskreuz vom Goldenen Sporn, das er sich sogleich mit dem hochroten Band, an dem es befestigt ist, um den Hals legt. Seiner Eitelkeit ist Genüge getan, doch fünf Jahre später redet der russische Großfürst Czartoryski ihm aus, sich damit zur Schau zu stellen: *Einen solchen Kram tragen heutzutage nur noch die Scharlatane.*

Das Welttheater

Ich wollte mich nicht aufdrängen, doch ich wollte eine Rolle spielen.

Diese Worte lassen erkennen, wie tief Casanova in seinem Stolz gekränkt und wie fragwürdig seine gesellschaftliche Anerkennung ist. Das Eingeständnis, daß er eine gute Figur abgeben und von den entscheidenden Persönlichkeiten wahrgenommen werden will, kann nur ein schwacher Abglanz seiner wirklichen Ambitionen sein. Sein Bedürfnis und sein unablässiges Bestreben ist es, sich hervorzutun und für jeden erkennbar einer Welt anzugehören, die nicht von vornherein die seine ist. Hinter der Fassade des Reichtums, der Lebensart und der Redegewandtheit bleibt immer seine bescheidene Herkunft und die Scham darüber, daß er nichts weiter ist als der Sohn eines Schauspielerpaares und der Enkel eines Seilers aus der Lagune von Venedig.

Glänzende Empfehlungsschreiben, brillante Gönner, Goldzechinen in den Depots der angesehensten Bankiers, ein luxuriöser Lebensstil, gebildete Gespräche, die Feder des Schriftstellers, nichts kann über seine heikle Lage hinwegtäuschen: Er ist ein freier, neugieriger, unabhängiger Geist in einem Jahrhundert, in dem allein die Herkunft darüber entscheidet, ob ein Mensch ein Individuum ist. Er erklärt sich zum alleinigen Herrn über sich selbst, doch er ist abhängig von seinem Ansehen in der guten Gesellschaft, und seine Freiheit ist seinem guten oder schlechten Ruf unterworfen. Eine Statistenrolle muß ihn kränken, ihn, der doch so gern die Hauptrolle spielt; doch im Zweifelsfall ist er lieber Statist, als gar nicht im Welttheater mitzuspielen.

Das Gespenst des Kindes aus Venedig, mit dem niemand sprach, und das sich in blutigen Tränen verströmte, läßt Giacomo Casanova nicht los. Indem er lautstark seine Existenz reklamiert, versucht er, deren Zerbrechlichkeit zu beschwören. Gefährdete Kindheit, vergänglicher Reichtum, Furcht vor der Zeit, die zerrinnt, deklassierter Zuschauer des gesellschaftlichen Theaters: Sein Lebenshunger nährt sich aus der Fragilität seiner Existenz. Sein Leben ist ein Wettlauf um die Befriedigung seiner Bedürfnisse, eine Beschwörung, ein hartnäckiger

Widerstand gegen alles, was ihn hindert, es zu genießen. Störrisch versucht er, das Glück zu zwingen. Die ihm eigene Art, in jedem beliebigen Augenblick das Schicksal auf eine Karte zu setzen, schöpft ihre Kraft jenseits der Verzweiflung. Zerstreuung und Leichtfertigkeit sind seine bevorzugten Waffen. Für ihn verfügt nur der Mensch über die Gabe, glücklich zu machen, und dafür tut er, was er kann. Als ihn das Alter einholt, als er sieht, daß der Tod näherrückt und sich anschickt, ihn aus dem großen Welttheater herauszunehmen, greift er nach dem letzten Anker, der Literatur, um das schwindende Glück festzuhalten, bevor es zu spät ist.

Die Versuchung der Ruhe

Sich nicht mehr zu verändern macht ihm angst. Sich irgendwo fest niederzulassen hieße, auf seine Allmacht zu verzichten. Um sich die unermeßliche Weite des Horizonts und alle Möglichkeiten offenzuhalten, versucht er, dem Lauf der Zeit zu entrinnen. Er verweigert sich dem Unumkehrbaren: ein Ort, eine Anstellung, eine Ehefrau, ein Vermögen, gesellschaftliche Anerkennung, Sicherheit. In Rom, Konstantinopel, Amsterdam, Paris oder Neapel wird ihm all das angeboten. Er will es nicht.

Ich konnte mich nicht zum Verzicht auf die schöne Hoffnung entschließen, daß ich eines Tages berühmt werden würde [...], ob in den schönen Künsten oder in der Literatur.

Als ihm in Amsterdam Esthers steinreicher Vater vorschlägt, gemeinsame Sache mit ihm zu machen und ihm seine Tochter zur Frau zu geben, muß Casanova doch einräumen:

Es war nicht die Liebe zu Manon Balletti, sondern eine törichte Eitelkeit und der Wunsch, in Paris eine Rolle zu spielen, die mich dazu bewogen, Holland zu verlassen.

Viele Jahre später gelingt es auch der schönen Lucrezia nicht, ihn an sich zu binden:

Mit dieser reizenden Frau hätte ich glücklich werden können, doch mir graute vor dem Gedanken, mich irgendwo festzusetzen. In Neapel hätte ich mir ein Landgut kaufen können, durch das ich reich geworden wäre, doch hätte ich dann ein vernünftiges Leben führen müssen, wie es meiner Natur so gar nicht entsprach.

Heirat und gelehrte Zurückgezogenheit waren Versuchungen, denen er zeitweilig hätte erliegen können. Das Bedürfnis nach Ruhe, nach einem stillen, ja mönchischen Glück durchzieht sein Leben. Vollkommener Frieden ist das höchste Gut, davon ist er bis zum Tag vor seinem Eintritt in ein Kloster überzeugt.

Ich glaubte, nun wahrlich an dem Ort angekommen zu sein, an dem ich bis zu meiner letzten Stunde glücklich sein konnte, ohne daß das Schicksal noch Macht über mich hätte [...] Mir schien, daß ich zu meinem Glück nur einer Bibliothek bedurfte, schreibt er über seinen kurzen Aufenthalt in Kloster Einsiedeln in der Schweiz im Frühjahr 1760.

Vier Jahre später, er ist neununddreißig, verbringt er acht unvergeßliche Tage in einer der schönsten Bibliotheken Europas, in Wolfenbüttel:

In den acht Tagen, die ich dort war, verließ ich die Bibliothek nur, um in mein Zimmer zu gehen, und mein Zimmer, um in die Bibliothek zurückzukehren. Erst am achten Tage sah ich den Bibliothekar wieder, als ich ihm eine Stunde vor meiner Abfahrt meinen Dank abstattete. Ich lebte dort in vollkommenem Frieden, ohne je an die Vergangenheit noch an die Zukunft zu denken, und über der Arbeit vergaß ich die Gegenwart. Heute weiß ich, daß ich in dieser Welt ein wahrer Weiser hätte sein können, wenn nur ein paar unbedeutende Umstände zusammengekommen wären, denn die Tugend erschien mir stets anziehender als das Laster.

Noch aber ist es zu früh, der Welt zu entsagen. Der Venezianer bleibt auf der Bühne.

Karneval des Unmöglichen

Ein Kostüm überzuziehen, eine Maske zu tragen ist ein Weg, um die Schwerfälligkeiten der Gesellschaft zu überwinden, der Einzigartigkeit des Schicksals zu entkommen. Casanova verweigert sich dem Platz, den ihm die Gesellschaft zuweist, er will ihn selbst bestimmen. Er will sich einen Adel erwerben, der ihm nicht abgestritten werden kann, einen Adel der individuellen Begabung, der Lebensart, der geistreichen Konversation, des schriftstellerischen Talents. Überall wirft er sein Stichwort ein, um zu gefallen, Interesse zu wecken, zum Lachen zu bringen, zu zerstreuen und Lebenslust zu vermitteln. Er ist stets mitten in der Vorstellung. Sein Leben verläuft wie eine Abfolge von Verwicklungen, von Theatercoups und Auflösungen, in denen er zugleich Darsteller und Urheber ist. Innere Verfassung und äußerer Schein sind keine Gegensätze, vielmehr sind sie sich ähnlich, verschmelzen miteinander und verstärken einander gegenseitig. Der Künstler hat nur eine Maxime: Hebt den Vorhang! Möge das Schauspiel beginnen und bis zum Ende gespielt werden! Der Venezianer spielt sein Leben, indem er es erzählt. Vermutlich hat er schon in sehr jungen Jahren beschlossen, sein Leben zu spielen, um es zu erzählen.

Sein Lieblingsrepertoire stammt aus dem Fundus der *commedia dell'arte*, der Komödie der Masken, die seine Mutter im italienischen Theater am Hof von Sachsen spielt. In der improvisierten Komödie hängt der Erfolg nicht vom Handlungsentwurf, sondern vom Spiel der Akteure ab. Sie müssen aus dem Stand erfinden, Handlung und Text miteinander verbinden und sich in das Spiel der anderen integrieren, so daß es aussieht, als sei alles abgesprochen. *Arte*. Die Komödie der Kunst und des Könnens, der spontanen Erkenntnis, der raschen Auffassungsgabe, der mitreißenden Komik und der Einsicht in die menschliche Seele. Casanova achtet und bewundert diese Improvisationskünstler und läßt sich von ihnen anregen, wie etwa von dem hochtalentierten Harlekin, den er wunderbar beschreibt:

Seine witzigen Einfälle, die brillanten, wie Perlen aneinandergereihten Sätze, die Anmut, mit der er sie verdreht, seine rare Gelehrtheit, seine kunstvollen Schnitzer, sind gleichermaßen Bilder, ein Aufblitzen der Phantasie, Andeutungen, geheimnisvolle Schatten und gewissermaßen flüchtige und vergängliche Träume, die er aus der Erinnerung schöpft. Es sind ungehindert sprießende und unverdauliche Keimlinge, die er fortwährend sammelt und dem Publikum überreicht, und sie wären nicht mehr dieselben, wenn er sie durch seine Überlegung ausfeilen, arrangieren und anpassen würde. Sie verlören die Anmut ihrer eleganten Unbildung. Mir scheint, ein solcher Harlekin muß viele Bücher gelesen und tausend unterschiedlichen Menschen zugehört haben, und er muß ein unerschöpfliches Gedächtnis, eine einzigartige Freiheit des Denkens und eine tiefe Kenntnis der menschlichen Seele besitzen.

Wie der Harlekin ist auch Casanova mit allen Wassern gewaschen. Ob er sich das Gewand seines Dieners überstreift, um einer schönen Unbekannten die Stiefelchen ausziehen zu dürfen, ob er in einer einzigen Nacht die Rolle einer Schauspielerin umschreibt, weil sie den Buchstaben *r* nicht aussprechen kann, den Fandango tanzen lernt, um eine Spanierin auf einen Ball zu begleiten: Nichts hält ihn auf, alles gereicht ihm zum Vergnügen. Er ist nie um eine Antwort verlegen, wer sein Gesprächspartner auch sein mag: Voltaire, Friedrich der Große, Katharina die Große, Papst Benedikt XIV. oder Clemens XIII., der Naturforscher Albrecht von Haller, Graf von Bonneval,

Lorenzo da Ponte und vielleicht sogar Mozart. Ob im Gespräch mit einem Prinzen oder einer Soubrette, ihm fällt immer etwas ein. Er unterhält sich über Dichtung, Literatur, Gärten, Kalender, Lotterien, Mineralien, Religion, Musik, wie es beliebt.

Crébillon der Ältere, der ihm von Silvia vorgestellt wird, wird sein Sprachlehrer, als er sich fünfundzwanzigjährig zum ersten Mal in Paris aufhält. Mit seiner üblichen Schlagfertigkeit rezitiert Giacomo sogleich eine Szene aus *Rhadamiste et Zénobie*, die er ins Italienische übersetzt hat. Crébillon ist beeindruckt und ermutigt ihn, seine Französischkenntnisse zu vertiefen.

– Doch wie, Monsieur, soll ich einen Lehrer finden? Ich bin ein unausstehlicher Schüler, stelle dauernd Fragen, bin neugierig, falle lästig, bin unersättlich. Selbst wenn ich einen solchen Lehrer fände, bin ich nicht reich genug, ihn zu bezahlen.

– Schon seit fünfzig Jahren, Monsieur, suche ich einen Schüler, wie Ihr ihn schildert, und ich werde im Gegenteil Euch bezahlen, wenn Ihr bei mir Stunden nehmen wollt.

Casanova macht aus seinem Leben einen nicht endenden Karneval. Wie in seiner inzestuösen Utopie kommt auch im Karneval das Bedürfnis zum Ausdruck, die Zeit aufzuheben und sich seine eigenen Gesetze zu schaffen. In Köln besucht er einen Ball, auf dem alle Gäste als Bauern kostümiert sind. Man feiert eine »Bauernhochzeit«, eine barocke Maskerade, die in Deutschland und Rußland sehr in Mode ist. In Mailand erfindet er selbst eine neue, höchst verwegene Verkleidung, die aus den vornehmsten Adligen falsche Arme macht. Gibt es ein besseres Bild für die verkehrte Gesellschaft als die *pitocchi*, die Luxusarmen? Am letzten Tag des römischen Karnevals begibt er sich als Pulcinella verkleidet zu Pferd auf den Corso, wirft freizügig Zuckerwerk in alle Landauer, in denen er Kinder sieht, und leert seinen Korb über den Töchtern von Momolo aus.

Man kommt maskiert oder unmaskiert, wie man beliebt; man erscheint zu Fuß oder zu Pferd in allen Arten von Verkleidungen; man wirft Konfekt unter das Volk, verteilt Satiren, Schmähschriften und Pamphlete. Alle Hochgestellten in Rom mischen sich unter das niedere Volk, man macht Lärm [...] Bei Einbruch der Nacht strömt das ganze Volk in die Theater, in denen Opern, Komödien, Pantomimen und Seiltänzer zu sehen sind; alle Darsteller müssen richtige Männer oder castrati sein. Man geht auch in die Gasthöfe und Schenken, in denen alle Räume voller Menschen sind, die so viel essen, wie sie nur können, ganz so, als esse man nur in diesen Tagen.

Am 25. Mai 1769 sieht er in Aix-en-Provence anläßlich des Fronleichnamsfestes eine erstaunliche Prozession. Überrascht ist er vor allem über die Maskeraden, Narreteien und Possen:

Der Teufel, der Tod, die Todsünden, alle sehr närrisch gekleidet, prügeln sich miteinander, erzürnt darüber, daß sie an diesem Tag dem Schöpfer huldigen müssen, Rufen und Geschrei, die Pfiffe des Volkes, das diese Gestalten verhöhnt, und der Lärm der Lieder, mit denen das Volk sie feiert, indem es sie verspottet und alle Arten von Schabernack mit ihnen treibt, all dies ist ein viel verrückteres Spektakel als die Saturnalien und alles, was wir aus Büchern über die extremsten Auswüchse des Heidentums wissen.

Wenn er sich im Karneval verkleidet, wählt er mit Vorliebe zwei Masken aus der *commedia dell'arte*: Pedrolino, mit seiner naiven, treuherzigen und zierlichen Anmut, seinem verträumten und linkischen Gebaren, wie es von Watteau verewigt wurde, oder aber Pulcinella, bucklig, mit krummer Vogelnase, in weitem weißem Kittel und weißer Hose, auf dem Kopf eine riesige weiße Narrenkappe, eine beeindruckende Gestalt, deren sinnliche und wunderliche Gefräßigkeit Tiepolo festgehalten hat. Die beiden Figuren scheinen ihn besonders gut vor den Augen jener zu verbergen, die ihn nicht erkennen sollen. So erscheint er auch im Sprechzimmer des Klosters von Murano, ohne daß ihn seine Freundinnen, die Nonnen M.M. und C.C., erkennen würden.

Ich beschloß, mich als Pierrot zu maskieren. Keine Maske eignet sich besser, um jemanden zu verkleiden, sofern er weder bucklig ist noch hinkt. Das weite Gewand des Pierrot, seine langen, bauschigen Ärmel, seine weiten Beinkleider, die bis zu den Fersen reichen, verbergen alles, was an seiner Gestalt so eigentümlich sein könnte, daß jemand, der ihn näher kennt, ihn auch erkennen würde. Eine Mütze, die seinen ganzen Kopf, seine Ohren und seinen Hals bedeckt, verbirgt nicht nur seine Haare, sondern auch die Farbe seiner Haut, und eine Gaze vor den Augen seiner Maske verhindert, daß man sieht, ob sie schwarz oder blau sind.

Dem Charakter seiner Maske entsprechend bewegt Giacomo sich drollig und tanzt mit einer Arlecchina das Menuett, wobei er beständig zu fallen droht, was die ganze Gesellschaft erschreckt und zum Lachen bringt. Danach tanzt er außerordentlich kraftvoll zwölf Furlanen, um sich sodann fallenzulassen und zu tun, als schlafe er. Jeder respektiert den Schlaf des Pierrot. Wenig später jedoch kommt ein Arlecchino auf ihn zu und schlägt ihn, der Impertinenz seiner Maske entsprechend, mit der Harlekinpritsche. Pierrot hat keine Waffe, und so packt er den Arlecchino am Gürtel und trägt ihn im Laufschritt durch das ganze Sprechzimmer, während dieser ihn mit der Hilfe seiner Freundin weiter schlägt. Nun aber kommt ein flegelhafter Pulcinella, der ihm von hinten ein Bein stellt, so daß er fällt. Casanova ist äußerst gereizt und kämpft daraufhin so gut, daß er den Pulcinella niederzwingt. Dessen Gewand öffnet sich, er verliert seinen Buckel und seinen falschen Bauch.

Unter dem Händeklatschen und dem Gelächter aller Nonnen, die vielleicht noch nie ein solches Schauspiel gesehen hatten, nutzte ich den Augenblick, bahnte mir einen Weg durch die Menge und machte mich davon.

In seinem Kostüm aus dünnem, weißem Leinen nimmt der Pierrot eine Gondel zum *ridotto*, um zu spielen, bevor er um zwei Uhr nachts im *casino* von Murano seine schöne Nonne wiedersieht. Er verliert, er gewinnt, er gibt sich närrisch:

Ich gab mich in aller Freiheit meines Körpers und meiner Seele allerlei Narreteien hin, denn ich war sicher, von niemandem erkannt zu werden. Ich genoß den Augenblick und scherte mich nicht um die Zukunft und all jene, die ihre Gedanken an die traurige Aufgabe verschwenden, sie vorauszusehen.

Hat Montesquieu nicht geschrieben, in Venedig sei die Maske keine Verkleidung, sondern ein Inkognito? Ein Inkognito, das die Freiheit bietet, ohne Rücksicht auf die Folgen den Augenblick zu genießen.

Porträtgalerie

Angiola Calori, Anna Binetti, Ancilla, Silvia, Carlino Bertinazzi, Dall'Oglio, Teresa Imer, Antonio Campioni, Giovanna Denis, Casanova kennt fast alle italienischen Tänzer, Schauspieler, Musiker und Sänger seiner Epoche. Er ist wie sie unablässig unterwegs und trifft sie je nachdem, wohin ihn seine Reisen führen und wo sie ihre Verträge haben.

Ich erinnere mich an Carestini und den ehrwürdigen Salimbeni, berühmte castrati, die sich köstlich amüsierten, als einige unschuldige Gemüter sie bedauerten.

Unter den Künstlerporträts, die er skizziert, stammt das anrührendste aus einer Begegnung in Mantua im Jahre 1749. Es schildert die alte Fragoletta, die sein Vater einst liebte, und es beschreibt sie fast als eine Hexe, das Gesicht gezeichnet von den Verheerungen des Alters.

Trotz ihrer Falten legte sie Puder und Rouge auf, und ihre Brauen färbte sie schwarz. Sie enthüllte die Hälfte ihrer welken Brü-

ste, was um so abstoßender aussah, als sie zeigte, was sie einmal gewesen sein mochte, außerdem zwei Reihen offensichtlich falscher Zähne. Ihr Kopfschmuck bestand nur aus einer Perücke, die an Stirn und Schläfen sehr schlecht anlag; und ihre zitternden Hände brachten auch meine zum Zittern, als sie sie mir reichte. Sie roch nach Ambra, wie das ganze Zimmer, und die Schöntuerei, mit der sie mir wohl zu verstehen geben wollte, daß ich ihr gefiel, machte es mir schwer, das Lachen zurückzuhalten. Ihre affektierte Aufmachung folgte einer Mode, die schon mehr als zwanzig Jahre alt sein mochte. Ich sah mit Schaudern die grausigen Spuren des Alters in einem Gesicht, das in der Zeit, in der das Alter seine Schönheit noch nicht verwüstet hatte, viele Liebhaber angelockt haben mochte.

Die italienischen Schauspieler bildeten eine große Familie, und so ist diese erste Maitresse seines Vaters die Großmutter seines besten Freundes, Antonio Balletti (und seiner keuschen Freundin Manon). Als er 1750 mit ihm in Paris ankommt, führt dieser ihn in der Italienischen Komödie ein. Er stellt ihm seinen Vater Giuseppe vor, der nach seiner Rolle als *primo amoroso* Mario genannt wird, seine Tante Elena Riccoboni und seinen Onkel Lodovico Riccoboni, beide Schauspieler und Schriftsteller, und die Schauspielerinnen Camilla und Coralina Veronese, die berühmt sind für ihre Darstellungskunst und ihre Galanterie. Der Arlecchino Carlino erinnert sich, daß er Casanova in Padua begegnet ist, als dieser mit seiner Mutter aus Sankt Petersburg zurückkam. Casanova ist bald mit allen befreundet, vor allem aber mit Silvia, der Mutter seines Freundes Balletti, und anders als seine Stiefmutter, die Fragoletta, porträtiert er sie ausgesprochen schmeichelhaft.

Ich fand sie über alles, was man ihr nachsagt, erhaben. Sie war fünfzig Jahre alt, eine elegante Gestalt, in ihrem Ausdruck wie ihrem ganzen Wesen vornehm, ungezwungen, umgänglich und heiter, sie sprach freundlich und entgegenkommend zu jedermann, sie sprühte vor geistreichen Einfällen, ohne sich das Geringste darauf einzubilden. Ihr Gesicht war ein Rätsel, es war interessant und gefiel allen, und doch konnte man es bei näherem Hinsehen nicht schön finden, auch wenn nie jemand gewagt hat, es häßlich zu nennen. […] Nie hat man eine Schauspielerin gefunden, die in der Lage gewesen wäre, sie zu ersetzen, und man wird auch nie eine finden, denn sie müßte alle Seiten in sich vereinen, die Silvia in der nur allzu schwierigen Schauspielkunst besaß, Lebendigkeit des Mienenspiels, Stimme, Ausdruck, Esprit, Haltung und Kenntnis des menschlichen Herzens. […] Ihr Lebenswandel war ohne Tadel. Sie wollte Freunde haben, niemals Liebhaber. […] Alle fanden einstimmig, daß Silvia sich weit über ihren Stand erhob.

Die italienischen Schauspieler in Paris wollen sich ihrem Landsmann gegenüber als großzügig erweisen und laden ihn zu festlichen Mahlzeiten ein. Man führt ihn in die Oper, wo er die *Venezianischen Feste* von Andreas Campra sieht und die beiden größten Tänzer seiner Zeit kennenlernt, Dupré und die berühmte Camargo. In der Comédie Française, die er wiederholt besucht, applaudiert er den Stücken Molières, unter anderem *Der Menschenfeind* und *Der Geizhals*. Der Lebenswandel der Künstler erscheint ihm in Paris noch freier als anderswo. Als er sich an der Schönheit einer jungen Schauspielerin begeistert und ihre Bekanntschaft machen will, versichert ihm eine alte Schauspielerin, das werde nicht schwer sein, die Eltern würden ihn sicher gern zum Essen einladen und ihn anschließend bei Tisch mit dem jungen Mädchen plaudern lassen. Als der Venezianer sich über soviel Freizügigkeit wundert, antwortet die Matrone:

Ihr seid in Frankreich, Monsieur, wo man den Wert des Lebens kennt und versucht, es zu genießen. Wir lieben die Freuden und schätzen uns glücklich, wenn wir sie bereiten können.

Als er der berühmten Opernsängerin Marie le Fel vorgestellt wird, lernt er ihre drei kleinen Kinder kennen.

– Die Schönheit ihrer Gesichtszüge ist bei allen dreien von unterschiedlicher Art.

Das will ich wohl meinen, antwortet sie. *Der Älteste ist der Sohn des Herzogs von Ancenis, dieser hier ist vom Grafen d'Eguemont, und der Jüngste ist der Sohn von Maisonrouge, der vor kurzem die Romainville geheiratet hat.*

– Ach! Ich bitte vielmals um Verzeihung. Ich nahm an, Ihr seid die Mutter von allen dreien.

– Das bin ich auch, erwidert sie und bricht in schallendes Gelächter aus.

Der Lehrling in Dingen der Galanterie lernt schnell und paßt sich bald den herrschenden Gebräuchen an. Als er sieben Jahre später zum zweiten Mal in Paris weilt, bewegt er sich ganz ungezwungen in der Welt der italienischen Schauspielerinnen, die von hochgestellten Gönnern ausgehalten werden.

Die Foyers der Theater sind der noble Markt, auf dem die Verehrer der Schauspielerinnen ihre Talente nutzen, um ein Liebesabenteuer anzuknüpfen. Ich hatte recht gut gelernt, mir diese angenehme Schule zunutze zu machen. Ich begann damit, daß ich die Freundschaft ihrer festen Liebhaber gewann, und erreichte mein Ziel durch die Kunst, nie den geringsten Dünkel zu zeigen, und vor allem, indem ich nie leichtsinnig, sondern stets unbedeutend erschein. Man mußte stets die Börse zur Hand haben, doch da es sich nur um kleine Beträge handelte, war der Schmerz nicht so groß wie die Lust. Ich war sicher, daß man mich auf die eine oder andere Art entschädigen würde.

So schreitet der Venezianer auf der Bühne der Welt voran, immer bereit, eine Statistenrolle zu übernehmen, wenn er hoffen kann, irgendwann eine Hauptrolle zu bekommen.

Für das Kind Zanettas ist das Theater eine große Familie, ein Abbild des Lebens, ein Ort der Liebesabenteuer und der Zerstreuungen, und zugleich bietet es die Möglichkeit, seine vielfältigen Begabungen zum Leuchten zu bringen. Theaterunternehmer, Librettist, Übersetzer, Bearbeiter der Stücke, Regisseur, Souffleur, Amateurschauspieler, Herausgeber und Chefredakteur einer Theaterzeitschrift, Casanova ist Teil der Theatergeschichte des XVIII. Jahrhunderts.

Als er im Jahre 1745 mit zwanzig Jahren auf Korfu als Militär stationiert ist, wird er zum Theaterunternehmer, um der dortigen Gesellschaft zu gefallen und vor allem der unnahbaren Signora F. eine Gunst zu erweisen, die darüber geklagt hat, daß im nächsten Karneval kein Theater gespielt werde. Er reist also über das Meer nach Otranto, wo er eine Schauspielertruppe zusammenstellt: Pantalone, Pulcinella, Scaramuccia, Verliebte. Am Abend kehrt er zurück, mit zwanzig Schauspielern, ihrem Textbuch und sechs großen Kisten, die sämtliche Kostüme, Bühnenbilder, Requisiten und alles übrige enthalten, das sie für die Aufführung ihrer Possen benötigen. Bei dieser Gelegenheit notiert der zur Bedienung Signora F.s abgestellte Chevalier etwas äußerst Seltenes: *Während des ganzen Karnevals hinderte mich die Beschäftigung mit dem Theater, an die Liebe zu denken.*

Ein Jahr darauf gibt er die militärische Laufbahn auf, weil er nicht schnell genug befördert wird, und beschließt, im Orchester des Theaters von San Samuele Geige zu spielen. Sein erster Lehrer, der Abate Gozzi, hat ihn das Geigenspiel gelehrt. Er verdient einen Scudo am Tag, genug, um sein Auskommen zu haben, doch in seinen Augen wenig ehrenwert.

Ich schämte mich, daß es nach so vielen klangvollen Titeln so weit mit mir gekommen war, doch das behielt ich für mich. Ich fühlte mich gedemütigt, aber nicht erniedrigt. Ich hatte dem Glück nicht entsagt und glaubte immer noch, darauf rechnen zu können. Ich wußte, daß es ungefragt allen Sterblichen hold ist, sofern sie nur jung sind; und ich war jung.

Als Casanova sich 1751 in Paris aufhält, beauftragt ihn der Gesandte des Hofes von Polen und Sachsen, eine französische Oper ins Italienische zu übersetzen. Er wählt den *Zoroaster* mit dem Libretto von Cahusac und der Musik von Rameau. Seine Bearbeitung wird am 7. Februar 1752 im Zwinger, in der großen Oper von Dresden, aufgeführt, eine ehrenvolle Aufgabe für die italienischen Schauspieler am sächsischen Hof. Seine Mutter Zanetta Casanova hat eine der Hauptrollen, die Erinice, und seine Schwester Maria Maddalena stellt im Corps de ballett eine Nymphe dar. Der *Mercure de France* äußert sich lobend über diese Bearbeitung: »Der Geist der Oper wird durchgängig mit kraftvollem oder lieblichem Kolorit wiedergegeben, und der Verfasser Monsieur de Casanova gibt deutlich zu erkennen, daß er fähig ist, eigenständig Werke zu verfassen, die es wert sind, gelesen zu werden.« Dieser jedoch ist nur halbwegs mit seiner Dichtkunst zufrieden, doch er schreibt in seinen Memoiren: *Trotzdem erhielt ich von dem großzügigen Monarchen eine schöne goldene Tabaksdose; und meiner Mutter habe ich eine große Freude gemacht.*

Gemeinsam mit François Prévost d'Exiles schreibt Casanova ein Stück, *Les Thessaliennes, ou Arlequin au Sabbat*, das in der Italienischen Komödie in Paris viermal zur Aufführung gebracht wird. Nach der Premiere am 14. Juli 1752 schreibt Parfaits *Dictionnaire des théâtres* über den Autor, er »besitzt ein ehrenwertes Vermögen, das es ihm gestattet, seiner Vorliebe für die Literatur und das Reisen zu frönen«.

Casanova findet Geschmack daran, für das Theater zu schreiben. Am 22. Februar 1753 wird in Dresden eine Parodie der von ihm ins Italienische übersetzten *Feindlichen Brüder* aufgeführt. Der genaue Titel lautet *La Moluccheide, o sia i femelli rivali. Commedia in tre atti di Giacomo Casanova, Veneziano, da rappresentarsi nel Teatro Regio di Dresda nel Carnavale 1753.*

Das einzige, was ich den Schauspielern zu Gefallen schrieb, war ein tragikomisches Stück, in dem zwei Personen den Arlecchino spielen.

Gemeinsam mit Abbé de Voisenon verfaßt er das erste französische Oratorium *Die Kinder Israel auf dem Berg Horeb*, das am 14. März 1758 uraufgeführt wird.

Ich schrieb es in lyrischen italienischen Versen, und mein Freund, der Abbé [de Voisenon], *schrieb es in französischen Versen, nicht indem er übersetzte, sondern indem er nachdichtete und meine Einfälle durch die seinen verschönerte. Er brachte es beim geistlichen Konzert der Fastenzeit des Jahres 1758 zur Aufführung.*

1761 übersetzt er in Genua für die Schauspielertruppe von Pietro Rossi, die im Theater Sant' Agostino spielt, *Die Schottin*, eine Komödie von Voltaire. Um die Neugier des Publikums zu wecken, kündigt die Truppe das Stück auf Plakaten an: »Wir geben *Die Schottin* von Voltaire, in der Übersetzung eines Unbekannten und ohne Souffleur.«

Als Casanova 1774 in seine Heimat zurückkehrt, widmet er sich zahlreichen literarischen Arbeiten, darunter einer Übersetzung der *Ilias* in drei Bänden. Im Sommer 1780 wird er Impresario und stellt eine Truppe französischer Schauspieler zusammen, unter ihnen eine gewisse Clairmonde. Zur Unterstützung seines Vorhabens veröffentlicht er auf französisch eine von ihm allein redigierte Wochenschrift, *Le Messager de Thalie*, von der er elf Nummern herausgibt, die er kostenlos in den Cafés und an anderen Orten in der Öffentlichkeit verteilt. Zudem erneuert er seine Theatererfahrung durch umfangreiche Werbefeldzüge und die Einführung des Abreißtickets mit Kontrollabschnitten. Am 7. Oktober 1780 findet im Theater Sant'Angelo die erste Aufführung statt. Trotz des breitgefächerten Repertoires, unter anderem *Cinna, Le Glorieux* von Destouches, *Die Überraschung durch die Liebe* von Marivaux, *L'Indiscret* von Voltaire und *Turcaret* von Lesage, hat die Truppe nicht den erhofften Erfolg, und Casanova muß mangels zusätzlicher finanzieller Mittel seine Theater- und Herausgeberaktivitäten aufgeben.

Ohne finanzielle Interessen, nur um des Vergnügens willen, wohl auch das letzte Mal und aus Freundlichkeit einer Nachbarin gegenüber, bearbeitet Casanova eine französische Tragikomödie, *Le Polémoscope ou la Calomnie démasquée par la présence d'esprit*. Das Stück wird im Sommer 1791 vom Amateurtheater der Gräfin von Clary, der Tochter des Fürsten von Ligne, in ihrem wenige Kilometer von Dux gelegenen Schloß Töplitz aufgeführt. Die Handlung entwickelt sich um ein »verlogenes« Opernglas, das nicht nur zeigen kann, was man zu betrachten scheint, sondern auch alles, was rechts und links davon geschieht. Es geht um eine Wette, durch die die Tugend einer Dame in den Schmutz gezogen wird, die durchaus bereit ist zu lügen, um sich von dem Affront reinzuwaschen. Doch die geschmähte Tugend triumphiert kraft ihres überlegenen Geistes über die Schamlosigkeit!

Epilog auf Zehenspitzen

Der Chevalier de Seingalt besucht im Sommer 1764 im kleinen Theater von Charlottenburg, in der Nähe von Berlin, die Aufführung einer italienischen Oper. Auf der Bühne fällt ihm eine Tänzerin besonders auf. Er erkundigt sich nach ihrem Namen und erinnert sich, daß er sie in Venedig kennengelernt hat, als sie beide noch Kinder waren. Damals hieß sie la Pantaloncina.

Die kleine zehnjährige Tänzerin war es, die einst als erste Giacomos Herz berührte. Er war damals selbst erst zwölf oder dreizehn Jahre alt. Seine Mutter hatte ihn vor ihrer Abfahrt an den Hof von Dresden nach Venedig kommen lassen, um sich von ihm zu verabschieden. Eines Abends hatte sie ihn zusammen mit seinem Lehrer, dem Abate Gozzi, in die Komödie geschickt. Die Tochter des Schauspielers, der den Pantalone spielte, tanzte am Ende des Stücks so graziös das Menuett, daß der Knabe von ihr bezaubert war. Er ging zu der Loge der kleinen Giovanna Corrini, um ihr seine Aufwartung zu machen. Der Vater des Mädchens, ein alter Bekannter Zanettas, befahl seiner Tochter, aufzustehen und sich umarmen zu lassen. Das tat sie auch sehr anmutig. Giacomo kam sich linkisch vor, war aber so glücklich, daß er aus den Händen einer anwesenden Juwelenhändlerin einen kleinen Ring nahm, der dem Mädchen gefallen hatte, um ihn ihr zu schenken. Die Pantaloncina umarmte ihn erneut. Giacomo kehrte in seine Loge zurück, doch er fühlte sich erbärmlich. Er wußte, daß er eine doppelte Dummheit begangen hatte, weil einerseits die Zechine, die er für den Ring ausgegeben hatte, nicht ihm gehörte – er schuldete sie Doktor Gozzi –, und weil er sie, wie er später schrieb, »wie ein Narr ausgegeben hatte, ohne mehr dafür zu erhalten als einen Kuß.« Er verbrachte eine sehr unruhige Nacht, weil er nicht wußte, wie er die ausgeliehene Zechine zurückzahlen sollte. Tags darauf wurde die Juwelenhändlerin um die Essenszeit zu Zanetta gerufen, wo sie den freizügigen jungen Liebhaber lobte. So entdeckt, bat der kleine Giacomo seine Mutter um Verzeihung und fügte hinzu, es sei die Liebe gewesen, die ihn zu diesem Fehler verleitet habe, und ein solcher Fehler sei ihm gewiß das erste und letzte Mal unterlaufen. Bei dem Wort Liebe brach die ganze Gesellschaft in schallendes Gelächter aus, und der gekränkte Knabe schwor sich, daß die Liebe ihn nie wieder verwirren würde.

Sechsundzwanzig Jahre später läßt sich Giacomo Casanova zu seiner Landsmännin fahren, die gemeinsam mit ihrem Mann, J.-B. Denis, zu einer der berühmtesten italienischen Tänzerinnen in Deutschland geworden ist. Friedrich der Große ließ sie für sein Schloß Sanssoucis porträtieren, bevor sie Berlin verließ, um sich nach Florenz zurückzuziehen. Casanova erinnert sie an die Begegnung von einst, an die Beziehung zwischen ihren beiden Familien und spricht mit Vergnügen von den Gefühlen, die sie damals in ihm weckte: *Ihr seid die erste, die verliebte Gefühle in meinem Herzen weckte*, gesteht er ihr. Tags darauf wird Casanova der »zärtliche Freund« der Denis, »eine gerechte Entlohnung für meine sechsundzwanzigjährige Beständigkeit«, wie er arglos zu verstehen gibt.

Auch im Theater hält die Zeit inne, und die Liebe bleibt.

Der Körper als Kulisse

»Natur im Gleichgewicht«

Die Wichtigkeit der körperlichen Verfassung Casanovas wird immer wieder deutlich. Sein Körper glüht, fließt über, explodiert. Flüssigkeiten, Stimmungen, Fieberanfälle durchziehen seine Lebenserinnerungen. Das Vokabular der Körperlichkeit buchstabiert in kruder Nacktheit die Leidenschaften seiner Seele. Zorn läßt ihm die Galle überfließen, sein Speichel schmeckt bitter, Wut benebelt seine Sinne, im Gefängnis, in dem er nackt auf einem Stuhl sitzt, dringt Schweiß aus seiner Haut und rinnt rechts und links an ihm herab, in der alchimistischen Paarung mit der Marquise d'Urfé verbinden sich Schweiß, Puder und Pomade ...

Casanova ist ganz Körper. Abwechselnd gesund und krank, vibrierend, exzessiv, unmittelbar. Emotionen, Gefühle, Verlangen inkarnieren sich sofort in Adern und Magen, vergiften sein Blut, verdrehen ihm den Kopf. Gezügelte Empörung läßt ihn am ganzen Körper erbeben, Ärger läßt ihn sichtlich abmagern, heftige Überraschung und tiefe Ohnmachtsgefühle wirken harntreibend. Als er meint, man habe ihn zwangsrekrutiert, erlebt er »einen so starken Orgasmus«, daß er das Gefühl hat, in weniger als einer Stunde suchten alle seine Körperflüssigkeiten »einen Ausgang ..., um sich aus ihrem angestammten Ort zu entleeren«. Als er erfährt, daß Manon Balletti den ihm unbekannten Architekten des Königs François Blondel heiraten wird, der es wagt, »ein Mädchen zu ehelichen, das mir gehörte und das als meine Frau galt«, ist er so empört, daß er ihn umbringen will. Der Zorn raubt ihm den Schlaf.

Der leere Magen benebelte mir den Kopf, und als ich mich wieder gefaßt hatte, erinnert er sich, *ließen mich die Wutanfälle, die mir die Seele zerrissen, wirre Selbstgespräche führen.*

Er ist sich ganz sicher, daß »die Wut den Menschen umbringt, wenn es ihm nicht auf die eine oder andere Art gelingt, sich von ihr zu befreien«. Eine Frau, die ihn haßt, bringt ihn zum Erbrechen, sein Bedürfnis nach Rache raubt ihm ebenso den Schlaf wie die Nachricht von einem unerwarteten Glücksfall. Leidenschaftliche Liebe läßt seine Lippen erblassen, sein letzter Angriff im Liebeskampf ist von Blutungen begleitet. Die freizügige Nonne aus Murano entdeckt entsetzt auf ihren bespritzten Brüsten »seine mit Blutstropfen vermischte Seele«. *Sorge dich nicht, mein Engel, der Dotter vom letzten Ei ist oft rot*, erklärt er ihr ruhig.

Sein Körper glüht. Seine Worte sind Ausdruck der in Körperflüssigkeiten materialisierten Stimmungen, die ihn und seine Gefährtinnen beseelen: Blut, Schweiß, Speichel, Milch, Tränen, Sperma, weibliche Ausscheidungen. Der Körper verflüssigt sich, ergießt sich, ist offen für alle Kreisläufe. Er spricht hemmungslos über alle Säfte und Ausdünstungen. Bettlaken, von einer Fehlgeburt besudelt, die fahle Farbe einer Wunde, die volltönenden Fürze einer Geliebten, die Spritzer seiner »Unkeuschheit«, als er in einer Marseiller Spelunke »englische Überzieher« anprobiert. Casanova notiert sämtliche Bekundungen seiner Körperlichkeit. Keine ist ihm zuwider oder läßt ihn gleichgültig. Er geht der Welt mit stets wachen Sinnen voraus. Wenn der Memoirenschreiber eine Szene rekonstruiert, erinnert er sich an Gerüche, Geschmack, Tastempfindungen, Geräusche und Gesichte. Für ihn gibt es kein anderes Leben als das des Körpers, in dem sich die Vernunft inkarniert, die nicht von ihm geschieden ist. Die Sinnlichkeit ist ein Grundprinzip seiner Existenz, eine Philosophie der Lust.

Wenn er von den Geschlechtsteilen spricht, verliert er sich seltsamerweise oft in gekünstelten oder sogar schwülstigen Andeutungen. Offensichtlich hält er sich an den Rat, den ihm die prüde Signora F. gab, als er noch nicht zwanzig Jahre alt war und ihr seine amourösen Abenteuer schildern sollte: *Sprecht, aber nennt die Dinge auf keinen Fall bei ihrem Namen.*

Im Femininum heißt das Unaussprechliche der Tempel der Venus, das Sanktuarium, die Arena, das Grab, das Schmuckstück oder das köstliche »kleine Etwas«. Der jungen Gräfin Bonafede, die ihn auffordert, eine Zeichnung von Adam zu bewundern, an der sie keinen Muskel weggelassen hat, sagt der junge Casanova, er interessiere sich mehr für ihre Eva.

– Das ist, sagte sie zu mir, eine Gestalt, an der man überhaupt nichts sieht.

– Aber genau dieses Nichts interessiert mich.

Dieses »Nichts«, das seine Neugier weckt, schmückt er mit dem Vokabular der Jagd, der Architektur und des Sakralen. Er macht sich auf, ein tiefschwarzes Vlies zu erobern, bemächtigt sich einer zarten Beute, nähert sich dem Kranzgesims, dem Fries des Altars oder dem Paradies des Tempels, spreizt die Säulen auseinander, verschlingt das Liebeskabinett, bringt das süße Opfer dar … Eine Frau gerät in Verzückung wie eine Taube, überschreitet die Schwelle vom Leben zum Tod, haucht sich aus, versinkt in Wollust. Casanova schreibt dem weiblichen Geschlecht die Fähigkeit zu, doppelt so häufig wie sein eigenes Geschlecht ekstatische Lust genießen zu können. In seiner besten Zeit berichtet er von sagenhaften Zahlen: sieben männliche Durchgänge und vierzehn weibliche Verzückungen.

Sein eigenes Geschlecht bezeichnet er abwechselnd als Blitz, als Streitroß, als Waffe, die tödlich verletzt, ohne das Leben zu nehmen, als Wirkkraft der Menschheit, als – totes oder wieder zum Leben erwecktes – Kerlchen oder als maskierte Gestalt, wenn es einen aus feiner englischer Tierhaut gefertigten Überzieher trägt. Wenn er sich verströmt, verschenkt er Likör, Nektar, die Feuchtigkeit der Wurzel, das Wort. Doch wenn er mehrere Stunden mit einer Schönen verbracht hat, die ihn schmachten läßt, muß er »die Natur wieder ins Gleichgewicht bringen«. Wenn die Hand der Tugend oder der Abstinenz abhilft, spricht er von der »Handreichung« des Anfängers. Hedwig, die schöne Genfer Theologin, kommentiert: *Ohne diese Erleichterung, so habe ich gelesen, würden wir alle schrecklich krank.* Die Körpersäfte müssen stetig fließen und den Körper verlassen, wenn sie ansteigen. Die Liebe schuldet der Liebe ihren Lohn.

Der Kampf zwischen nachlassendem Schamgefühl und erwarteter Wollust verzückt ihn, doch von den fünfunddreißig Stellungen des Aretino, die ihn inspirieren, schildert er keine außer der Kerze. Die Freude am Beiwerk, die Appetithappen vor der Befriedigung des Hungers werden leichtfüßiger und unbekümmerter inszeniert. Mit M. M. in Venedig und später mit zwei jungen römischen Novizinnen, Armellina und Emilia, feiern seine Worte ein einziges Fest der Sinne:

Nachdem wir Punsch bereitet hatten, ergötzten wir uns an Austern, die wir austauschten, wenn wir sie schon im Mund hatten. Sie bot mir auf ihrer Zunge die ihre an, während ich ihr die meine in den Mund gleiten ließ; es gibt zwischen zwei Liebenden kein lasziveres und wollüstigeres Spiel, das auch noch komisch ist. Doch die Komik nimmt ihm nichts von seinem Reiz, denn das Lachen gehört den Glücklichen. Welch köstliche Austernsoße ist der Speichel, den ich aus dem Munde des angebeteten Geschöpfes schlürfe! Wie sollte die Kraft der Liebe nicht wachsen, wenn ich die Auster dann zerbeiße und schlucke.

Casanova ist hochgewachsen – fünf Fuß, neun Zoll – ein Meter siebenundachtzig also –, gebaut wie Herkules, eine beeindruckende und schlanke Statur, die Haut ziemlich dunkel, ein »afrikanischer« Teint, ein offenes Gesicht, das Haupt hocherhoben, ein klarer, lebhafter und eindringlicher Blick, ein genießerischer Mund, bis ins hohe Alter ausgestattet mit einer robusten Gesundheit. *Mit Eurem Herz, Eurem Genie und Eurem Magen seid Ihr niemals alt*, schreibt ihm der Fürst von Ligne, der ihn als Greis erlebt hat.

Auf einem Spaziergang im Park von Sanssoucis unterhält sich Friedrich der Große eingehend mit ihm über die Architektur der Wasserspiele und über Steuertheorie, betrachtet ihn dann lange von Kopf bis Fuß und umgekehrt, und erklärt daraufhin: *Ihr seid ein sehr schöner Mann*.

Der Angesprochene wehrt sich, verärgert darüber, daß er auf sein angenehmes Äußeres reduziert wird, anstatt für seine Gedanken, seinen Geist, seine Intelligenz gelobt zu werden: *Ist es möglich, daß Eure Majestät nach einer langen wissenschaftlichen Abhandlung auch nur die geringste der Eigenschaften an mir entdecken, durch die sich Ihre Grenadiere auszeichnen?*

Der Venezianer sieht an sich weniger seine Schönheit als vielmehr »etwas Bessers«, von dem er nicht weiß, »was es ist«: Tatkraft vielleicht, mitreißender Schwung, Jugend, Gesundheit, Mut, funkelnder Esprit, Ehrgefühl, ein Ruf als »charmanter Unterhalter« und in seinen Zügen etwas, das andere für ihn einnimmt. Die Griechen nennen es *charis*, Anmut.

Mein großer Reichtum ist es, daß ich mein eigener Herr bin, daß ich von niemandem abhängig bin und daß ich kein Unglück fürchte, erklärt der Abenteurer der Sängerin Teresa-Bellino.

Seine letzte venezianische Maitresse, die Schneiderin Francesca Buschini, schreibt ihm am Montag, den 10. März 1784: *Ihr fürchtet nichts, nicht einmal den Tod.*

Er lebt sein Leben voll und ganz: die Liebe, den Tanz, den Schlaf, den Appetit, die Rache, das Spiel, die Konversation. Er verschwendet sich großzügig, lebt exzessiv seine Leidenschaften aus. Seine Worte, sein Geld, seine Lebenssäfte, seine Gefühlsregungen, er schont sich in nichts, um dann unvermittelt wieder zu vernünftigeren Proportionen zurückzukehren. Nach einer orgiastischen Nacht erholt er sich in einem langen und tiefen Schlaf. Auf seine Maßlosigkeit folgen Diät, Ruhe und Abstinenz. Er kennt die Gesetze des Gleichgewichts und die Gebote der hippokratischen Medizin. Er schwankt von einem Extrem zum andern, obgleich er um die Wohltaten der Mäßigung weiß, ist er unfähig, sich ihr zu unterwerfen. Sein Körper lebt unablässig in der Gegenwart. Ohne Narbe, ohne Mal, ohne Runzel. Gesundheit ist sein kostbarstes Gut, aus dem er die Tatkraft für ein Leben voller Reisen und Abenteuer schöpft.

Wenn ich am Morgen erwache, betrachte ich meinen Körper und meine geistige Verfassung und bin glücklich. Ich prüfe meine Empfindungen, und sie scheinen mir so zutreffend, daß ich nicht darüber klage, ihrer nicht Herr zu werden.

In allen Selbstporträts betont er seinen zufriedenstellenden Gesundheitszustand und seine Unabhängigkeit und Freiheit. Nur er ist Herr über sich selbst, und dies vor allem, weil er bei guter Gesundheit ist und sich auf die eigenen Kräfte verlassen kann.

Wenn ich mich prüfte, konnte ich nicht umhin, mich glücklich zu fühlen. Bei vollkommener Gesundheit in der Blüte meiner Jahre, ohne jede Verpflichtung, ohne die Notwendigkeit zur Vorsorge, reichlich mit Gold versehen, von niemandem abhängig, mit einer glücklichen Hand im Spiel und wohlgelitten bei den Frauen, die mich interessierten.

Casanova muß sich also Kraft und körperliches Wohlbefinden bewahren. Als er sich in eine junge, ziemlich mittellose florentinische Tänzerin verliebt, wagt er nicht, sich in ihrem kleinen, unbeheizten Zimmer auszuziehen, auf dessen Bett nur eine Decke liegt, weil er befürchtet, sich einen Schnupfen zu holen. Er verspricht ihr, die folgende Nacht mit ihr zu verbringen, vorausgesetzt, sie heizt das Zimmer mit einem Kohlebekken und besorgt eine zusätzliche Bettdecke. Für ihre Einkäufe überläßt er ihr fünfzig Zechinen.

Du hast mir meinen einzigen Reichtum, meine Gesundheit, gestohlen, beklagt sich der Chevalier de Seingalt bei der jungen Maton, die ihm eine »galante Krankheit mit sehr häßlichen Symptomen« geschenkt hat.

Da er schon mehrmals unter einer Geschlechtskrankheit gelitten hat, versteht er sich darauf, sie durch eine strenge sechswöchige Kur mit Salpeterwasser zu behandeln. Er scheint schon in seiner Jugend einige medizinische Kenntnisse erworben zu haben, die er später vertieft hat. Wenn er krank ist, verweigert er den Frauen seinen »Weihrauch«. Als er sich in Dresden bei einer schönen Ungarin zum siebten Mal mit einer Geschlechtskrankheit ansteckt, notiert der Greis im Exil bedauernd, daß er immer wieder alles getan hat, um eine Krankheit einzufangen, wenn er gesund war, und sich dann wieder bemühen mußte, seine Kräfte wiederzuerlangen:

Beides gelang mir außerordentlich gut, und in dieser Hinsicht erfreue ich mich heutzutage einer vollkommenen Gesundheit, die ich gern noch schädigen würde, was mir aber das Alter verwehrt. Das Übel, das wir als französische Krankheit bezeichnen, verkürzt das Leben nicht, wenn man es zu kurieren versteht. Es hinterläßt nur Narben, über die man sich jedoch leicht hinwegtröstet, wenn man bedenkt, daß sie mit Lust erworben sind, ganz wie bei den Militärs, die sich darin gefallen, ihre Verwundungen als Zeichen ihrer Tapferkeit und ihres Ruhmes zu betrachten.

Syphilis, Gonorrhoe, »Knoten in der Leistengegend« und andere Geschlechtskrankheiten markieren seine Lebensabschnitte und symbolischen Übergänge, sind oft Begleiterscheinungen einer herzergreifenden Trennung oder unterbrechen das vergebliche Warten auf die Gunst einer unzugänglichen Frau. Eine Krankheit ist fast immer eine neue Seite im Buch des Lebens.

Die ersten Geschlechtskrankheiten holt er sich in der Adoleszenz, als er Kindheit und Heimatstadt hinter sich läßt. Durch seine Unerfahrenheit hat er Umgang mit üblen Burschen und einem »elenden, häßlichen Luder«. Bei dieser Gelegenheit verliert er sogar sein Hemd und entdeckt entsetzt die Zeichen einer schändlichen Krankheit. Krank und mittellos denkt Giacomo daran zu sterben. Sein Zustand ist so erbärmlich, daß er nicht einmal mehr die Kraft hat, »etwas nicht zu wollen«. Er überläßt sich seinem Schicksal. Als er wieder ein wenig Hoffnung geschöpft hat, bemüht er sich, durch eine strenge Diät seine Unpäßlichkeit zu überwinden.

Als es dem zwanzigjährigen jungen Mann in Korfu nicht gelingt, die schöne und hochmütige Andriana Foscarini ganz zu erobern, wirft er sich eines Abends enttäuscht in die Arme einer raffinierten Kurtisane. Die Strafe läßt nicht auf sich warten. Drei Tage später zeigt ihm ein »Brennen«, daß er sich mit dem Gift Mellulas angesteckt hat. Eine Fastenkur hilft nicht, und so wendet er sich an einen alten Arzt, der ihn innerhalb von zwei Monaten heilt. Nichts ist mehr wie zuvor. Die Hoffnung, in seiner militärischen Laufbahn befördert zu werden und das Herz einer adligen Venezianerin für sich zu gewinnen, ist erloschen. Hier geht unwiderruflich ein Lebensabschnitt zu Ende. Die Augenblicke fließen nicht mehr ineinander. Eine schwierige Phase beginnt. Plötzlich gibt es ein Vorher und ein Nachher. Die Krankheit zwingt ihn wider Willen in die Vergänglichkeit hinein.

Bevor ich Mellula kennenlernte, ging es mir gut, ich war reich, hatte Glück im Spiel, war vernünftig, überall beliebt und angebetet von der schönsten Frau in der ganzen Stadt. Wenn ich sprach, pflichtete mir jeder bei. Nachdem ich aber dieses elende Geschöpf kennengelernt hatte, verlor ich nacheinander Gesundheit, Geld, Kredit, gute Laune, Achtung, Geist und die Fähigkeit, mich verständlich zu machen, denn ich konnte niemanden mehr überzeugen [...] Mir fiel auf, daß man mir keinerlei Zeichen der Wertschätzung mehr schenkte, als ich abgemagert und ohne Geld war. Man hörte mir nicht mehr zu, wenn ich sprach, oder fand abgeschmackt, was man geistreich gefunden hätte, wenn ich noch reich gewesen wäre. Man mied meine Gesellschaft, als sei das Pech, das mich verfolgte, ansteckend; und vielleicht hatte man ja recht.

Die Zeiten der Krankheit sind Lehrzeiten. Sie haben den bitteren und schmerzlichen Geschmack des Verlusts. Mantua, Parma, Paris, Dresden, Solothurn, München, London, die Zeiten der Buße für sein Liebesleben tragen die Namen der Städte, in denen er sich auf seinen Reisen durch das freizügige Europa immer wieder ansteckt. London, wo er mit Pauline das Glück und mit der Charpillon eine Katastrophe erlebt, ist in seinen Augen der Wendepunkt in seinem Leben. Im Alter von achtunddreißig Jahren hat er das Gefühl, daß nun das Sterben beginnt. Er verläßt England in einem erbärmlichen Gesundheitszustand und unter der Anklage, einen falschen Wechsel eingelöst zu haben. Vor seiner Rückkehr über den Ärmelkanal leidet er unter Zittern und Fieberkrämpfen, die durch die Geschlechtskrankheit noch verschlimmert werden. Der Arzt zweifelt, ihn retten zu können. Geschwächt, mit der Last, sich wie ein Dieb davonstehlen zu müssen, und ohne Zukunftsperspektive erlebt Casanova einen bis dahin nicht gekannten Zustand körperlicher Zerrüttung. Abgemagert, das Gesicht von der Krankheit gezeichnet, die Haut gelblich verfärbt, mit geschwollenen Drüsen, vollzieht er unter Schmerzen den Übergang in das reifere Alter.

Als er mehr schlecht als recht in Wesel ankommt, läßt er sich dort von Doktor Peipers, einem Schüler Boorhaaves, behandeln, der ihn bei sich aufnimmt, um sechs Wochen lang die »große Kur« anzuwenden: Quecksilberpillen, schweißtreibende Kräutertees, eine strenge Diät. Er langweilt sich, und so erlaubt ihm der Arzt, in seinem Zimmer ein paar junge Mädchen zu empfangen, die an ihren Stickereien arbeiten und ihm Gesellschaft leisten. Hinter den Vorhängen seines Alkovens verborgen, wird Casanova langsam wieder gesund. Nie war er so geduldig und vernünftig wie in dieser Zeit. *Um einen Mann zu beurteilen, muß man sein Verhalten prüfen, solange er gesund und frei ist; krank oder im Kerker gefangen ist er nicht mehr derselbe*, kommentiert der Greis von Dux, den die Krankheit dazu gedrängt hat, die Feder in die Hand zu nehmen, um die Abenteuer seiner Vergangenheit zu schildern. Die Krankheit eröffnet die Möglichkeit, ein verlorengegangenes Gleichgewicht wiederherzustellen, sie ist ein Versuch, sein Wohlbefinden wiederzuerlangen, ein kreativer Akt.

Veränderungen der Körpersäfte

Casanova erkennt an sich nacheinander die vier vom Vorherrschen bestimmter Körpersäfte bestimmten Temperamente: das vom Schleim bestimmte der Kindheit, das sanguinische der Jugend, das gallige des Erwachsenenlebens und das melancholische des Alters. Vier unterschiedliche Naturelle in vier Lebensabschnitten. Vier Flüssigkeiten: Lymphe, Blut, gelbe Galle und schwarze Galle. Vier Körperteile: Kopf, Herz, Gallenblase, Milz. Vier Temperamente: das phlegmatische, kalt und feucht, von Verzagtheit, Lethargie und Desinteresse an der Welt bestimmt; das sanguinische, warm, liebevoll und zugewandt; das gallige, cholerisch, warm und trocken, gierig, leidenschaftlich und ehrgeizig; und das melancholische, trocken und kalt, von Traurigkeit beschwert, arm an Bedürfnissen und Gefühlsregungen.

Der Beginn seines Lebens ist bestimmt durch eine blutleere, kraftlose und bedürfnislose frühe Kindheit. Er ist blaß, inexistent. Giacomo wird verzaubert von den Gesten und Worten einer alten Frau und dann für eine Luftveränderung nach Padua geschickt, wo seine Sinne erwachen. Von nun an brodelt es ihn ihm, er hungert danach, alle Vergnügungen zu erleben und alle Kenntnisse zu erwerben, die er sich bis dahin versagt hat. Nun wird er zum Sanguiniker, nach seinen eigenen Worten empfänglich »für jede Art von Sinnenfreude, stets vergnügt und bereit, von einem Genuß zum anderen zu eilen und einfallsreich im Erfinden neuer Vergnügungen«.

Zuweilen allerdings wirft ihn ein allzu unverhofftes und leidenschaftliches Vergnügen, an dem er sich seltsam schuldig fühlt, in das alte Übel seiner Kindheit zurück, und er blutet wieder aus der Nase. Kurz vor seinem Zusammensein mit einer entzückenden jungen Bäuerin, die ihm ihr Onkel, ein allzu naiver Pfarrer, einen Tag und sogar eine Nacht lang anvertraut, verliert er den Kopf:

Ich war von dieser gänzlich unverhofften und so mühelos getroffenen Vereinbarung so überrascht, daß mir das Blut zu Kopfe stieg; wohl eine halbe Viertelstunde lang blutete ich reichlich aus der Nase, ohne deshalb in Sorge zu geraten, denn das kannte ich von früher, während der Pfarrer eine schlimme Blutung befürchtete. Danach ging er wieder seinen Geschäften nach und sagte uns, er werde bei Einbruch der Nacht zurück sein.

In der Antike nahm man an, daß vollkommene Gesundheit von einem sowohl quantitativ als auch qualitativ ausgewogenen Verhältnis zwischen den vier Körpersäften herrührt. Eine

Krankheit entsteht dann, wenn eine der Flüssigkeiten in einer zu geringen oder zu großen Menge sich im Körper isoliert, anstatt mit den anderen verbunden zu bleiben, wenn warm, kalt, trocken und feucht nicht mehr in der richtigen Mischung vorhanden sind.

Casanova ist überzeugt von der Medizin des Hippokrates, die zuvörderst darauf vertraut, daß das Gleichgewicht der Substanzen durch eine entsprechende Diät wiederhergestellt werden kann. Er achtet auf sein Wohlergehen, indem er seine Ernährung auf seinen Zustand abstimmt:

Da ich meine Ernährung meiner körperlichen Verfassung anpaßte, erfreute ich mich stets einer guten Gesundheit; und da ich in Erfahrung gebracht hatte, daß es stets Maßlosigkeit oder übergroße Enthaltsamkeit beim Essen sind, die die Gesundheit verderben, hatte ich nie einen anderen Arzt als mich selbst.

Casanova zeigt gern, daß er von niemandem abhängig ist, schon gar nicht von Fachleuten. Selbst wenn er hin und wieder auf sie zurückgreifen muß, stellt er sie doch als gefährliche Scharlatane dar. Er beweist nur zu gern, daß er ebenso gut auf ihre Dienste verzichten kann, indem er einige einfache hygienische Grundprinzipien anwendet. Der Tod seines Vaters, für den er den Arzt Doktor Zambelli verantwortlich macht, hat in ihm dennoch die Neigung geweckt, sich selbst in der Heilkunst zu versuchen. Das verrät er gleich zu Beginn der *Geschichte meines Lebens*:

Meine Berufung wäre es gewesen, Medizin zu studieren, um den Beruf auszuüben, für den ich eine große Neigung verspürte, doch man wollte nicht auf mich hören. Ich sollte mich vielmehr dem Studium der Rechte widmen, gegen das ich eine unüberwindliche Abneigung empfand. Man behauptete, nur als Advokat könne ich mein Glück machen, schlimmer noch, als Advokat der Kirchenrechte, weil man meinte, ich verfüge über die Gabe der Redekunst. Bei reiflicher Überlegung hätte man mir meinen Wil-

len gelassen; ich wäre Arzt geworden und hätte damit einen Beruf gewählt, in dem die Scharlatanerie noch mehr bewirken kann als im Advokatenstand. [...] Ich wollte mich nie der Hilfe eines Advokaten versichern, wenn ich rechtliche Belange vor Gericht zu vertreten hatte, noch wollte ich einen Arzt rufen, wenn ich krank war. [...] Von Ärzten werden viel mehr Menschen umgebracht als geheilt.

Der Chevalier de Seingalt schildert mit Hochgenuß Episoden aus seinem Leben, in denen er einen Arzt ausgestochen und aller Welt dessen Unfähigkeit vor Augen geführt hat. Nichts bereitet ihm mehr Vergnügen, als andere auf Kosten der Ärzte zum Lachen zu bringen. Der Arzt symbolisiert die Autorität, die ihre Privilegien mißbraucht und die man herausfordern, demontieren, über die man triumphieren, die man schimpflich niederzwingen muß. Nach einem Picknick in Schönbrunn gibt ihm ein verdorbener Magen, der ihn in weniger als vierundzwanzig Stunden an den Rand des Grabes führt, Gelegenheit, eine tragikomische Begebenheit zu schildern, deren Held er selbst ist. Von einem wohlmeinenden Freund herbeigerufen, erscheint ein Arzt an seinem Krankenbett:

Der Arzt, der meinte, mit der Eigenmächtigkeit seines Standes vorgehen zu können, hatte nach einem Bader geschickt, der mich gegen meinen Willen und ohne mein Einverständnis zur Ader lassen sollte. Halb tot öffnete ich aufgrund einer Eingebung die Augen und erblickte den Mann mit der Lanzette, die meine Vene durchstechen sollte. Nein, nein, sagte ich, und entzog ihm matt meinen Arm. Doch der Schinder sollte mir, wie der Arzt behauptete, gegen meinen Willen das Leben retten, und faßte erneut nach meinen Arm. Rasch ergriff ich eine der beiden Pistolen, die ich auf meinem Nachttisch liegen hatte, und feuerte auf den, der dem Arzt Gehorsam geschworen hatte. Die Kugel kürzte ihm eine Haarlocke, und das war mehr als genug, um den Bader, den Arzt und alle anderen Anwesenden die Flucht ergreifen zu lassen. Nur die Dienerin ließ mich nicht im Stich und gab mir so viel Wasser zu trinken, wie ich verlangte, so daß ich innerhalb von vier Tagen wieder bei bester Gesundheit war. Die ganze Stadt Wien erfuhr von dieser Geschichte, und Abate Testagrossa versicherte mir, daß mir nichts geschehen wäre, wenn ich ihn getötet hätte, denn die beiden anwesenden Herren hätten bezeugen können, daß man mich gegen meinen Willen zur Ader lassen wollte. Zudem berichtete mir jedermann, daß die Wiener Ärzte sagten, ich wäre gestorben, wenn man mich zur Ader gelassen hätte. Freilich mußte ich mich hüten, noch einmal krank zu werden, denn kein Arzt hätte mehr gewagt, mich zu besuchen. Dieses Abenteuer erregte viel Aufsehen. Als ich in die Oper ging, wollten mich viele kennenlernen; ich galt als ein Mann, der dem Tod getrotzt hatte, indem er eine Kugel auf ihn abfeuerte.

Woher hat er soviel Selbstvertrauen, soviel ruhige Gewißheit? Wie kann er so auf sein Leben wetten, auf die Gefahr hin, daß er stirbt? Ist das die Kaltblütigkeit des Spielers, der das Risiko kalkulieren kann? Ist es die Furcht, zur Ader gelassen, verletzt, in seiner körperlichen Integrität versehrt zu werden? Ist es die Sicherheit des Mannes, der seine Erfahrungen gemacht und sich nicht zum ersten Mal den Magen verdorben hat, und der im Lauf der Zeit seine eigenen bewährten Rezepte gegen die Widrigkeiten des Lebens gefunden hat? Oder besitzt er genügend medizinische Kenntnisse, um zu wissen, wovon er spricht? Eine weitere symbolträchtige Schilderung zeigt, daß alle diese Vermutungen zutreffen könnten, daß aber auch die letzte durchaus plausibel ist, bedenkt man, wie sehr sich dieser Mann des XVIII. Jahrhunderts für alles und jedes interessierte.

»*Ich allein war Herr über meine Hand*«

Die Szene ereignet sich in Warschau, am 5. März 1766. Ein Theater, zwei rivalisierende Künstlerinnen, die Binetti und die Catai; der Adel hat seine Präferenzen, Casanova will sich heraushalten, ein polnischer Adliger, Großmarschall der Krone, bezeichnet ihn als »venezianischen Feigling«. Das Ehrgefühl verlangt Genugtuung, das Duell soll außerhalb der Stadt im Grünen stattfinden. Um sich auf den Kampf vorzubereiten und sich in Form zu bringen, bestellt Casanova eine schmackhafte Mahlzeit und trinkt dazu hervorragenden Burgunderwein. Die beiden Männer duellieren sich mit Pistolen. Die Nachricht erscheint in allen Zeitungen, ganz Europa ist auf dem laufenden.

Vergangenen Dienstag duellierten sich überraschend der Kammerherr der Krone, Graf Branicki, und der berühmte venezianische Edelmann Casanova, der sich seit einigen Monaten in Warschau aufhält. Das Duell fand in Vola statt. Herr Casanova hat einen Streifschuß am Bauch sowie eine Verletzung an der linken Hand, während Graf Branicki einen Durchschuß erlitt, aber noch am Leben ist. Ersterer ist zu seiner eigenen Sicherheit in ein Kloster geflüchtet.

Der Venezianer beschreibt präzise, wie seine Kugel den Gegner verletzte: Sie war rechts bei der siebten echten Rippe in den Leib gedrungen und links unterhalb der letzten falschen Rippe wieder ausgetreten. Die beiden Löcher waren zehn Zoll voneinander entfernt, ein alarmierender Anblick, man hält die Eingeweide für durchschossen und das Leben des Duellanten für verloren. Seine eigene Verletzung beschreibt Casanova ebenso detailliert:

Die Kugel Branickis war mir unterhalb des Zeigefingers in die Mittelhand gedrungen, hatte mir den ersten Knochen zerschmettert und war dann steckengeblieben. Ihre Kraft war durch einen

Metallknopf an meiner Jacke abgeschwächt worden, und auch durch meinen Leib, den sie in der Nähe des Nabels gestreift hatte.

Der nächstbeste Wundarzt entfernt ihm die Kugel. Während dieser schmerzhaften und ungeschickt ausgeführten Operation berichtet der Verletzte dem herbeigeeilten Prinzen von seinem Abenteuer. Der ganze Hof ist in heller Aufregung. Der König ist zutiefst beunruhigt über den Zustand seines Onkels, versichert Casanova seiner Huld aber auch für den Fall, daß Branicki sterben sollte.

Am vierten Tag war mein Arm ganz geschwollen, und da meine Verletzung sich schwarz verfärbte und der Brand drohte, beschlossen die Wundärzte nach einer Beratung unter sich, daß man mir die Hand abnehmen müsse. Diese merkwürdige Nachricht erfuhr ich frühmorgens aus der Hofzeitung, die in der Nacht gedruckt wurde, nachdem der König das Manuskript unterzeichnet hatte. Ich lachte herzhaft. Ich lachte allen ins Gesicht, die im Lauf des Vormittags kamen, um mir ihr Bedauern auszusprechen.

Drei Ärzte kommen an sein Krankenbett.

– Warum drei, meine Herren?

– Weil ich vor der Amputation die Zustimmung dieser Professoren einholen wollte. Wir werden zunächst feststellen, wie es Euch geht.

Er nimmt mir den Verband ab, zieht den Tampon, untersucht die Verletzung, ihre Farbe, dann die fahlfarbene Schwellung, sie sprechen polnisch untereinander, und als sie sich einig sind, sagen sie mir auf lateinisch, daß sie mir bei Einbruch der Nacht die Hand abnehmen werden. Sie sind alle recht heiter und sagen mir, ich hätte nichts zu befürchten und könne sicher sein, auf diese Weise wieder gesund zu werden. Ich antworte ihnen, ich allein sei Herr über meine Hand, und ich würde diese lächerliche Amputation niemals zulassen.

– Der Brand hat die Hand erfaßt, morgen wird er auf den Arm übergreifen, und man muß den Arm abnehmen.

– Nun denn. Ihr werdet mir den Arm abschneiden, doch soweit ich mich mit dem Brand auskenne, kann ich an mir keinen entdecken.

– Ihr kennt Euch damit nicht besser aus als wir.

– Laßt mich allein.

Besucher kommen zu dem aufmüpfigen Kranken, der König verwundert sich über seinen Mangel an Mut. Wütend schreibt Casanova an den polnischen Herrscher einen ungehörigen Brief, in dem er alle Ärzte als Ignoranten und Schinder bezeichnet und ihm versichert, er wisse nicht, was er ohne seine Hand mit seinem Arm anfangen solle, daher werde er sich den Arm abnehmen lassen, wenn der Brand sichtbar werde. Der Brief wird vom ganzen Hof gelesen. Die Entschiedenheit des Fremden überrascht und schockiert: Warum sollten sich die drei besten Ärzte Warschaus irren?

Um Graf Branicki zu hofieren, dem es sehr schlecht geht, und der dieses Trostes vielleicht bedarf, um wieder gesund zu werden, erwidert Casanova, der ebenso gut in den Herzen der Menschen lesen kann, wie es ihm gelingt, seinen Körper vor dem Schinder zu schützen.

Am Abend kommen vier Wundärzte, um den Arm zu untersuchen, der auf das Zweifache seines natürlichen Umfangs angeschwollen ist. Casanova, der offensichtlich über den Scharfblick des medizinischen Beobachters verfügt, bemerkt:

Ich sehe, daß er bis zum Ellbogen blaß verfärbt ist, doch als ich den Tampon aus der Wunde entferne, sehe ich, daß die Ränder gerötet und vereitert sind: Ich sage nichts.

Zwar sagt er nichts, doch er macht sich seine Gedanken, denn er ist überzeugt davon, daß sein Arm auf dem Weg der Gesundung ist. Er ist es müde, mit den Ärzten zu streiten und nimmt hin, daß sie anderntags kommen wollen, um den Arm zu amputieren. Die Nachricht macht die Runde, jeder ist zufrieden, doch er läßt den französischen Wundarzt des Prinzen

Sulkowski kommen, der feststellt, daß die Wunde nicht brandig ist, und daraufhin die Operation verhindert.

So endete die Geschichte. Ich behielt meine Hand, schließt stolz der alte Mann, der sich im Rückblick auf dieses kühne Abenteuer immer noch amüsiert.

Um seinen Triumph zu vervollkommnen, begibt sich Casanova mit dem Arm in der Schlinge in der Hofkirche zur Messe.

Meine Festigkeit brachte mir unsterbliche Ehre ein, und die Wundärzte mußten sich eingestehen, daß sie alle entweder erzdumm oder höchst unbesonnen waren.

Heilkundige Liebe

Casanova fürchtet sich nicht vor der Krankheit. Der Körper – und nicht nur der Körper der Liebenden – weckt seine Neugier und seinen Wissensdurst. Medizin und Alchimie, deren Grenzen verschwimmen, entsprechen seinem Bedürfnis zu heilen und seinem nie aufgegebenen Traum nach Allmacht. Schon in der Kindheit verweigert er nicht den Umgang mit seiner ersten Geliebten, der koketten Bettina, als diese über und über mit Pocken bedeckt ist. Sie sieht entsetzlich aus, der Kopf ist angeschwollen, Nase und Augen sind in dem aufgequollenen Gesicht kaum mehr zu erkennen, die stinkenden Pusteln sind schwarz verfärbt, eitern und verpesten die Luft, und dennoch bleibt Giacomo pflichtschuldigst bei ihr, trotz ihres übelriechenden Schweißes und seiner Angst, daß sie unter seinen Augen sterben könnte.

Als er auf seiner ersten Reise einen Mann kennenlernt, der so lange nicht aufhört zu lachen, bis er befürchtet, wie einer seiner Onkel daran zu sterben, fragt ihn der junge Mann:

– Am Lachen gestorben?

– Ja. Diese Krankheit, die Hippokrates unbekannt war, heißt li flati.

– Wie das? Die hypochondrischen Anfälle, die alle daran Erkrankten traurig stimmen, machen Euch lustig?

– Ja, denn meine flati beeinflussen nicht das Hypochondrium, sondern die Milz, die mein Arzt als das Organ des Lachens ansieht. Das ist eine ganz neue Erkenntnis.

Keineswegs. Diese Vorstellung ist sogar schon sehr alt, erwidert der seiner Sache sichere Giacomo.

Woher hat er diese zumindest rudimentären medizinischen Kenntnisse? Aus der Lektüre griechischer und lateinischer Texte? Daher, daß er in der Festung Sant' Andrea mit einem Spagiriker verkehrte, der eine von Paracelsus entwickelte Medizin der hermetischen Trennung und Wiedervereinigung von Arzneimitteln praktizierte, oder aus einer anderen Quelle? Casanova schreibt nichts darüber. Von der Selbstheilung, die er schon sehr früh praktiziert, bis hin zu dem Bedürfnis, andere zu heilen, gibt es viele Versuchungen für jemanden, der davon träumt, ein Jünger Äskulaps zu sein. Vor allem, wenn die Kranke außergewöhnlich schön, der medizinische Lehrling in sie verliebt und er selbst die Medizin ist. Als Signora F. sich einen tiefen Riß am Knöchel zuzieht, tastet ihr Verehrer das Bein ab und überprüft, ob sich keine Verhärtungen oder rote Streifen bis zum Schenkel hinauf zeigen.

Ich leckte ihre Wunde, erinnert er sich, *in dem festen Glauben, daß meine Zunge sie einbalsamierte; doch die Rückkehr der Kammerzofe zwang mich, die süße Behandlung einzustellen, die meine heilkundige Liebe mir in diesem Augenblick als unfehlbar erscheinen ließ.*

Die erste große und echte Heilungsszene erleben wir einige Zeit später in Venedig. Der Zufall und eine aberwitzige Verwegenheit, wenn er denn nur ein Amateur war, lassen ihn in eine Situation geraten, in der er einem Senator aus altem venezianischem Adel das Leben rettet. Allein der gesunde Menschenverstand kann ihn nicht dazu veranlaßt haben, sich den

Anordnungen eines anerkannten Arztes so entschieden entgegenzustellen und in aller Freiheit und Unverfrorenheit dessen Platz einzunehmen und den Patrizier von einem Schlaganfall zu heilen. Als der Erfolg den jungen Casanova in seinen Begabungen bestätigt, gewinnt er Geschmack daran. Er zieht sich, ähnlich wie in einer Komödie von Molière, das Gewand des Heilkundigen über.

Und so war ich unversehens zum Arzt eines der herausragendsten Mitglieder des Senats von Venedig geworden. Im Grunde war ich davon sehr angetan. Ich sagte dem Kranken, er brauche nur Diät zu halten, dann werde die Natur in der schönen Jahreszeit, der wir uns näherten, schon ein übriges tun [...] Dem Kranken ging es jeden Tag besser [...] Auf mich hörte der Signor wie auf ein Orakel. Seine beiden erstaunten Freunde schenkten mir dieselbe Beachtung. Da diese Ehrerbietung meine Kühnheit steigerte, sprach ich wie ein Naturkundiger, meine Rede duldete keinen Widerspruch, und ich zitierte Autoren, die ich nie gelesen hatte.

Wie bei so vielen Gelegenheiten in seinem Leben nutzt er die glücklichen Umstände, um mit einer Dreistigkeit, die seinem Geist und seinem Charme in nichts nachsteht, eine Begabung an sich zu entdecken, die ihm bis dahin unbekannt war. Diese Begabung verdankt er seiner Ansicht nach seiner Unternehmungslust, seiner Intelligenz und dem heimlichen Wunsch seines Gesprächspartners, er möge die jeweilige Rolle übernehmen. Der europäische Adel des XVIII. Jahrhunderts war besessen von der Idee der Vernunft und der Ratio und amüsierte sich um so mehr mit abergläubischen Spielen und den abstrakten Wissenschaften. Senator Bragadin ist überwältigt von den medizinischen Fähigkeiten des jungen Geigenspielers und schreibt seinem neuen Schützling okkulte Kräfte zu: *Du besitzt einen Schatz, und es liegt allein an dir, daraus die größtmöglichen Vorteile zu ziehen.*

Giacomo Casanova erhält damit von einer wohlmeinenden Vaterfigur (die vielleicht sogar allzu willfährig ist, aber schließlich ist der Senator gerade knapp einer großen Gefahr entronnen) die ausdrückliche Genehmigung, Medizin und Alchimie, Wissenschaft und Aberglauben zu vermischen. Der Rat des Senators wird sogleich nutzbringend in die Tat umgesetzt:

Ich beglückwünsche mich, über eine Gabe zu verfügen, auf die ich bis dahin keinen Wert gelegt hatte, von der ich aber fortan Gebrauch machen wollte, da ich mich mit dieser Gabe Ihren Exzellenzen nützlich erweisen konnte.

In Paris bittet die Herzogin von Chartres den jungen Venezianer (der sich Hals über Kopf in sie verliebt hat, ohne daß er wagen würde, sich ihr zu erklären), seine Kunst auszuüben, um sie von den Pickeln zu heilen, die ihr Gesicht entstellen. Über eine kabbalistische Berechnung verordnet ihr das Orakel eine Diät und Abführmittel, verbietet ihr alle Pomaden und empfiehlt ihr morgens und abends Waschungen mit Wegerichwasser. Beim Grafen de la Tour d'Auvergne, der bei einem Duell am Schenkel verletzt wird, wendet er eine Kombination von Salpeter, Schwefelblüte, Quecksilber und etwas frischem Urin an. Er begleitet die Anwendung mit einer magischen Beschwörung und zeichnet auf die Wunde den fünfzackigen Stern Salomons. Der Graf ist bald wieder auf den Beinen, lobt Casanovas Fähigkeiten über alle Maßen und stellt den Heilkundigen seiner Tante vor, der berühmten Marquise d'Urfé. Was in Casanovas Augen nichts anderes war als eine simple »Posse«, macht ihn nun zum Komplizen des »Wahnwitzes« einer Frau, die besessen ist von der Alchimie und die alles tun würde, um Zugang zum höchsten Wissen zu haben.

In einem prosaischeren Sinne gibt er einer Venezianerin, die ihren »Lebensunterhalt« verloren hat, die Farben der Gesundheit zurück, er verbringt eine Nacht am Krankenlager der Tänzerin Denis, als sie von Krämpfen geschüttelt wird, und er assistiert Charlotte bei der Geburt ihres Kindes, wacht dann Tag und Nacht bei ihr, als sie, vom Kindbettfieber geschwächt, innerhalb einer Woche stirbt.

Die medizinische Wissenschaft interessiert ihn, sie ist Gegenstand zahlreicher Gespräche auf seinen Reisen. In Warschau diskutiert Casanova mit Tadini über Fragen der Augenheilkunde, und insbesondere über die Implantation von künstlichen Linsen unter die Hornhaut zur Behandlung des grauen Stars. Mit Doktor Algardi, Arzt des Kurfürsten von der Pfalz, spricht er über die Frage, ob der Arzt dem Kranken die Wahrheit sagen soll oder ob er lügen soll, um ihm eine Mitteilung zu ersparen, die seine ohnehin gezählten Tage noch weiter verkürzen. *Ihr habt einen üblen Beruf*, beendet der Venezianer das Gespräch.

Am Ende seines Lebens streitet er mit dem Arzt, der ihn in seinem böhmischen Exil behandelt, über die Anatomie des Verdauungssystems. In seinen Papieren in Dux wurde ein sechzehnseitiges Manuskript gefunden, das den Titel trägt: *Briefe eines naturkundigen Doktors der Theologie an den irischen Arzt Doktor O'Reilly*. In diesem Manuskript beweist Casanova, daß er über weitreichende anatomische und physiologische Kenntnisse verfügt und Einblick in klinische Zusammenhänge hat. Um seine Argumentation zu stützen, tut er so, als leide der Arzt selbst an der fraglichen Krankheit:

Ihr seid frei, mein Herr, zu glauben, daß anatomische Fragestellungen nichts mit der praktischen Medizin zu tun haben, die sich allein auf die Erfahrung, die Kenntnis des Temperaments des Erkrankten und die zur rechten Zeit verabreichten einfachen Heilmittel gründet, und alles übrige könnt Ihr als reine Neugier oder sogar Scharlatanerie abtun. Doch werdet Ihr, wenn Ihr seit drei Jahren unter einer unheilbaren Diarrhöe leidet, Euch recht ungern in die Hände eines Arztes begeben, der den Gang nicht kennt, durch den Eure Nahrung hindurch muß, nachdem Euer Magen sie zu Speisesaft und Exkrementen verarbeitet hat, und sie über den Pförtner, den Zwölffingerdarm und den Leerdarm, das Darmbein, den Blinddarm und den Grimmdarm zum Mastdarm gelangt.

Wenn Ihr bemüht seid, von Eurer Diarrhöe zu gesunden, wollt Ihr keinen Arzt, der die Geschichte der Verdauung nicht kennt, die in der Antike als Chylopoyesis bezeichnet wurde. Ein solcher Arzt könnte Euch nur aufgrund seiner empirischen Kenntnisse behandeln, und Ihr wißt, daß das Wort empirisch oft gleichbedeutend ist mit Scharlatanerie.

Das Spiel mit dem äußeren Schein

Der Körper ist nicht nur Synonym für Eingeweide, Ergüsse und Leiden, sondern er steht auch für das Streben nach Lust und bestimmt, wie jemand in der Gesellschaft auftritt. Casanova weigert sich, die Anatomie als sein Schicksal hinzunehmen. Der Unterschied zwischen den Geschlechtern ist für ihn keine Schranke. Beide Geschlechter sind dazu bestimmt, Lust zu empfinden und den Verstand zu gebrauchen. Die Frau ist ebenso wenig Sklavin ihrer Gebärmutter, wie der Mann durch sein Sperma definiert ist. In seinem Pamphlet gegen einen Arzt aus Bologna, *Lana Caprina*, bricht er mit den Vorurteilen seiner Zeit:

Wenn ihre Gebärmutter tätig ist, sind sie erregt, gereizt und bemitleidenswert. Daß sich dies aber auf den Ursprung ihres Denkvermögens auswirken soll, ist ebenso wenig glaubhaft wie die Vermutung, daß sich das Sperma auf das Wesen der Seele auswirkt.

Zwar erdulden die Frauen »die Unpäßlichkeit der Blutungen bei Vollmond« und die »Bürden der Mutterschaft«, doch leiden sie vor allem unter ihrer Erziehung und dem »Despotentum« der Männer. Für den Abenteurer, der von Kindheit an unter plötzlichen und bis zuletzt seltsam unerklärten Blutungen leidet, ist die Schicksalsgemeinschaft zwischen Mann und Frau offensichtlich. Sie ist die Voraussetzung für sein Streben nach einer Lust ohne Scham und ohne Haß. In seinen Liebesspielen sollen die Frauen frei und neugierig sein und wie er selbst die Liebeslust genießen. Da sie für ihn kein Rätsel sind, fürchtet er sich auch nie vor dem »Nichts« des weiblichen Geschlechts, sondern strebt danach, es zu befriedigen.

Teiresias, der Schiedsrichter zwischen Jupiter und Juno im Streit um die Frage, wer die größere Lust empfinden kann, entscheidet zugunsten der Frauen. Casanova nimmt die antike Auseinandersetzung wieder auf und beruft sich darauf, daß »die Lust der Frauen größer sein muß, weil das Fest in ihrem eigenen Haus stattfindet«, ein Argument, das ihm jedoch nicht hinreichend erscheint. Vor allem scheint ihm, daß der Frau, da sie anders als die Männer so viele Mißlichkeiten zu erdulden hat, eine Entschädigung zusteht, die diese Unannehmlichkeiten zumindest ausgleicht, wenn nicht sogar überbietet.

Die Lust, die ich empfand, wenn eine geliebte Frau mich glücklich machte, war sicherlich groß, räumt er ein, *doch ich weiß, daß ich darauf verzichtet hätte, wenn ich mich dadurch der Gefahr einer Schwangerschaft hätte aussetzen müssen. Die Frau nimmt dies auch dann noch auf sich, wenn sie schon mehrmals diese Erfahrung gemacht hat; sie findet also, daß die Lust diesen Einsatz wert ist.*

Er betrachtet die Geschlechter als gleichwertig, die Frauen sogar als überlegen, was die Intensität der sexuellen Lust angeht, würde aber, obwohl er gern mit der sexuellen Ambiguität spielt, nicht auf sein eigenes Geschlecht verzichten wollen:

Nach all diesen Überlegungen frage ich mich, ob ich als Frau wiedergeboren werden wollte, und trotz meiner Neugier sage ich nein. Ich habe als Mann genügend andere Freuden, die ich als Frau nicht haben könnte, um mein eigenes Geschlecht dem ande-

ren vorzuziehen. Um des schönen Vorrechts der Wiedergeburt willen wäre ich allerdings bereit, mich damit zufriedenzugeben, und vor allem heute wäre ich damit einverstanden, nicht nur als Frau, sondern sogar als irgendein vernunftloses Wesen wiedergeboren zu werden, vorausgesetzt, ich behielte meine Erinnerungen, beeilt er sich hinzuzufügen, *denn ohne sie wäre ich nicht mehr ich selbst.*

Männer und Frauen stehen sich von Angesicht zu Angesicht gegenüber, herausgeputzt, gepudert, parfümiert, mit wertvollen Stoffen und schillerndem Schmuck behängt, bereit, einander zu verführen: Erst von der Französischen Revolution an tragen die Männer Trauerkleidung. Kosmetik ist für den Venezianer kein Geheimnis. Er überläßt seinen Gefährtinnen die Anwendung von Schönheitspflästerchen, weißem Puder, Rouge, Brauenschwärze und anderen Raffinessen, doch er selbst verwendet ebenfalls Pomaden und Duftwässer – Rosenwasser auf seinem Taschentuch – und Marschallinenpulver (ein stark parfümiertes Reispulver für die Haare), und abends vor dem Schlafengehen läßt er sich von seinem Diener Lockenwickel eindrehen. Er erinnert sich in allen Einzelheiten an einen sehr freundlichen und unterhaltsamen Greis, einen französischen Ritter, der ihm von Madame d'Urfé vorgestellt wurde und der Rouge auf seine alten, zitternden Wangen auflegte, im obersten Knopfloch seines Gewandes einen großen Strauß Nachthyazinthen und Narzissen trug, und dessen Perücke (ebenso wie seine Brauen und seine Zähne) einen so starken Ambrageruch verströmte, daß der Umgang mit ihm für Casanova fast nicht zu ertragen war.

Wohin er auch geht, stets hat er seinen Koffer mit Wäsche bei sich. Jeden Morgen will er ein Hemd, ein Unterhemd, einen Kragen, eine Unterhose und zwei Taschentücher gebleicht und gebügelt vorfinden. Casanova kennt den Code und das Protokoll, die bei verschiedenen Gelegenheiten eine unterschiedliche Aufmachung vorschreiben. Zu einem Gespräch mit Friedrich dem Großen und mit dem toskanischen Erzherzog Leopold erscheint er in Schwarz. Schwarze Kleidung signalisiert entweder, daß man nicht reich ist, oder aber, daß man sich nicht unter die »feine Gesellschaft« mischen will. Vor Georg III. von England dagegen erscheint er in einer eleganten Aufmachung. Als der junge Casanaova in einem schönen Anzug zum ersten Mal das italienische Theater in Paris besucht, stellt er rasch fest, daß ihn jeder als Fremden erkennen kann, da die offenen Ärmel und eine durchgehende Knopfreihe aus der Mode sind. Das wird ihm nicht noch einmal passieren.

Für den Abenteurer, ein gesellschaftliches Chamäleon, machen Kleider Leute. Die äußere Erscheinung ist seine Visitenkarte. Ein Mann wird nach seinem Aussehen und den äußeren Anzeichen seines Vermögens beurteilt: Entscheidend sind seine Kleidung, sein Schmuck, seine Karosse, seine Dienerschaft. In seiner *Geschichte meines Lebens* achtet er sehr auf diese Details. Jeder Persönlichkeit – insbesondere seiner eigenen – gibt er einen Rahmen, eine Situation, einen Dialog, aber insbesondere eine bestimmte Kleidung. Die soziale Position, die Stellung, die man in der guten Gesellschaft einnehmen will, hängt unmittelbar davon ab. Das hat er schon sehr früh bei seiner Mutter gelernt, die so schön und zugleich so gekränkt war durch seine Perücke, die von seiner Hautfarbe und seinen kindlichen Augenbrauen abstach. Diese Lektion hat er sich zu eigen gemacht. Der beste Empfehlungsbrief beginnt mit dem Gesicht und der Kleidung.

Als Giacomo als junger fünfzehnjähriger Abate im Palazzo Malipiero von der feinen Gesellschaft Venedigs empfangen wird, in der er umgeben ist von lauter »wohlanständigen« Damen, die in ihm das Verlangen wecken, durch sein Äußeres und seine Eleganz zu gefallen, muß er sich vom Pfarrer von San Samuele und seiner Großmutter tadeln lassen.

Er verurteilte meine allzu kunstfertige Frisur und den zarten Duft meiner Pomade. Er sagte mir, der Teufel habe mich am Schopf ergriffen.

Der Abate Casanova, nicht auf den Mund gefallen, erwidert ihm, in Venedig liefen hundert Abaten herum, die dreimal mehr Puder auflegten als er, der ihn nur hauchdünn auftrage, und sie benutzten eine ambraduftende Pomade, die selbst die Frauen im Wochenbett dahinschmelzen lasse, während die seine nach Jasmin dufte und ihm die Komplimente jeder Gesellschaft eintrage. Der Rest ist bekannt: Pfarrer Tosello nutzt den Schlaf seines Schützlings, um ihm erbarmungslos die schöne Haarpracht abzuschneiden.

Als er mit neunzehn Jahren von Kardinal Acquaviva aus Rom weggeschickt wird, beschließt er, die Soutane gegen ein martialischeres Gewand einzutauschen, das er sich in Bologna fertigen läßt.

Ich war zu dem Schluß gekommen, daß ich im Stand und im Gewand eines Geistlichen mein Glück anscheinend nicht machen konnte, und beschloß daher, mich als Offizier in eine Phantasieuniform zu kleiden.

Er erkundigt sich nach einem guten Schneider, wählt einige Stoffmuster aus und bestellt eine weiße Uniform mit blauer Weste, Schulterstücken aus Silber und Gold und einem Degengehänge in denselben Farben. Nun ist er bereit, als »Schüler des Mars« aufzutreten und der ganzen Stadt zu imponieren. Er gefällt sich darin, als Hochstapler aufzutreten, und läßt sich als Offizier behandeln, der zu sein er vorgibt. Er zieht von seinem bescheidenen Gasthaus in ein renommiertes Hotel, Al Pellegrino, und zeigt sich im Großen Café, unter den Arkaden und auf der Promenade mit der ganzen Dünkelhaftigkeit, die, wie er meint, zu seinem neuen Aussehen paßt. Als er sich wenig später von Venedig aus im Dienst seines Vaterlandes nach Konstantinopel einschiffen will, ist der Abate Grimani verwundert darüber, ihn im Gewand eines Militärs zu sehen und zweifelt an der Wahrheit seiner Reiseberichte.

Ich konnte Beleidigungen einstecken, als ich noch den Beruf der Demut ausübte, doch nun vertrete ich den Beruf der Ehre, erwidert er entrüstet.

Casanova liebt es, mit dem äußeren Schein zu spielen. Das Leben ist für ihn ein nicht endender Karneval. Einmal verkleidet er sich als Militär, der mit stolzgeschwellter Brust auftritt, ein andermal will er – aufgrund zwingender Umstände – inkognito nach Rimini gelangen, weil er seinen Paß verloren hat, und verkleidet sich geschickt als ganz unauffälliger Maultiertreiber. Es regnet, Giacomo trägt Seidenstrümpfe, er braucht einen Wagen. Er stellt sich unter die Tür einer Kapelle, bis der Regen aufhört. Als vierzig beladene Maulesel vorbeikommen, legt er einem davon seine Hand auf den Hals und gelangt so, bedächtigen Schrittes, nach Rimini.

Ich verbarg meine Haare unter einer Nachthaube, schlug die Hutkrempe herunter, versteckte meinen schönen Stock unter meinem Überrock, den ich gewendet hatte, und war so ganz unauffällig.

Wenn er bescheiden auftreten will, räumt er seine Diamanten, sofern er welche hat, in eine Schatulle und präsentiert sich ohne jedes Zeichen von Reichtum. Wenn er weniger begütert ist, versucht er dennoch, den Habitus eines Ehrenmannes aufrechtzuerhalten, bereut aber seine Lage. Mit sechsundvierzig Jahren fühlt er sich gealtert. Immer häufiger ziehen die Frauen ihm jüngere Rivalen vor. Er denkt öfter an die Literatur als an die Liebe. Seit seiner Abfahrt aus England vergnügt er sich nur noch ein oder zwei Stunden täglich an der *Ilias*. Er erwägt, sie aus dem Griechischen in italienische Stanzen zu übersetzen.

Bei meiner Abreise aus Rom besaß ich sieben- oder achthundert römische Scudi, dazu als Kleinode meine Uhren, meine Tabaksdosen, meine schönen, aber nicht sehr wertvollen Ringe, die mir mehr Schaden als Nutzen brachten, denn sie ließen mich reich erscheinen, und mein Ehrgeiz nötigte mich, durch meine Ausgaben zu beweisen, daß man sich nicht täuschte. Die Erkenntnis dieser Wahrheit ließ mich den weisen Entschluß fassen, in Florenz nur einfach gekleidet und ohne jede Prachtentfaltung aufzutreten.

Am 24. April 1760 verpfändet Casanova bei dem Kaufmann J. Escher in Zürich unter dem Namen Chevalier de Seingalt einige Gegenstände im Wert von achtzig Louisdor. Das Dokument ist noch erhalten:

Ich, Unterzeichneter, bestätige zunächst, daß ich demjenigen, der mir auf Anweisung des Herrn Chevalier de Seingalt achtzig französische Louisdor übergibt, [sic] *die im folgenden genannten Gegenstände aushändigen werde: einen blauen, mit Hermelin gefütterten Anzug mit einer bestickten weißen Satinweste sowie Beinkleider, außerdem einen vierfarbigen Anzug mit Weste und Beinkleidern aus Samt, einen Muff aus Guipüre, eine lackierte und goldverzierte Büchse für Zahnstocher, zwei Musselinhemden mit kleinen Spitzenmanschetten, ein Paar Manschetten aus genähter englischer Spitze, einen Siegelring mit dem Wappen des Chevalier de Seingalt, ein Petschaft mit einem Herkulesporträt, ein Petschaft mit einem Galbaporträt, ein weiteres mit einer römischen Biga, ein doppeltes Siegel mit zwei Köpfen, ein Siegel mit einem Kompaß auf der einen und einem Kopf auf der anderen Seite. Ein kleiner goldener Blasebalg, ein kleines goldenes Uhrgehänge in der Form zweier Beine, ein Uhrgehänge in der Form dreier Türme, ein in Gold gefaßter und mit Email verzierter Flakon aus Bergkristall, eine Konfektschachtel aus in Gold gefaßtem Bergkristall, ein goldener Buchsbaumzweig, ein Messer mit einer Schneide aus Gold und Stahl, eine mit kleinen Brillanten eingefaßte Amethystnadel, ein goldener Korkenzieher. Alle diese Gegenstände befinden sich in meinem Besitz.*

So erschien auf der Bühne: Giacomo Girolamo Casanova, Hirte von Arkadien unter dem Pseudonym Eupolemo Pantaxeno, Kabbalist unter dem Namen Paralis oder Paralisée Galtinarde, Reisender unter dem Namen Graf Cazanow de Farussi oder Chevalier de Seingalt, Venezianer.

Das wiedergefundene Glück

Casanova als Philosoph

(Ein Schloß in Böhmen. Ein Zimmer, das zweite über den Pferdeställen, in dem Gebäude gegenüber der Kirche, zum Schloßhof hin gelegen. Das Mobiliar setzt sich zusammen aus einem Bett mit Leinenbaldachin, einer Kommode, einem mit schimmernder Leinwand bedeckten Sekretär, einem schwarzen Nachttisch, einem großen Sessel, einem Schreibpult, Schreibutensilien aus Majolika und einem Spiegel.)

Casanova sitzt am Fenster, die Feder in der Hand, und träumt. Seine Gedanken kreisen um die Schmerzhaftigkeit des Alterns. Er sieht sein Ende unmittelbar vor sich, und Zorn steigt in ihm auf, denn er liebt das Leben wie seine Seele und seine Sinne wie sich selbst. Gewiß, beruhigt er sich, hat er immer noch einen gesunden Appetit, doch er ist nicht mehr der Gott der Gärten, der heitere und freizügige Liebhaber, der die Schönen mit seinen Worten und seinen Geschenken überhäufte. Nur seine zahlreichen literarischen Werke und die Korrespondenz mit einigen Schöngeistern erlauben ihm noch, der Ehrenmann mit dem enzyklopädischen Wissensdurst zu bleiben, der einst an den Höfen und in den Salons über Theologie und Medizin, Steuern und Lotterien, Baumwollanbau und Erzabbau, die schönen Künste und adlige Stammbäume, die Reform des Gregorianischen Kalenders und die Literaturkritik disputierte.

Casanova ist in sein Zimmer eingeschlossen, mehr als neun Stunden täglich allein am Schreibtisch, wo er unermüdlich sein

Manuskript überarbeitet. Mit seinen gestochen scharfen, feinen Schriftzügen feilt er an seinem Werk und bedeckt die engbeschriebenen Seiten mit unendlich vielen, komplizierten Varianten. Ungestüm und die Fieberhaftigkeit von einst führen ihm die Hand, fließen über seine ruhelose Feder in die mit vielen Streichungen versehenen Seiten. Mit einer Geduld, die er bis dahin nicht an sich kannte, überarbeitet er seine Entwürfe bis zu vierzehnmal. Er träumt davon, im literarischen Europa Unsterblichkeit zu erlangen.

Zweiundvierzig Bände meiner Werke haben Italien gezeigt, daß ich keine Kröte im Morast des Apollo bin, erklärt er stolz.

Der unermüdliche Abenteurer kann sich nicht mehr nächtelang an den Spieltisch setzen – es fehlt ihm inzwischen an Gold, und er ruiniert sich, um seine Manuskripte drucken zu lassen –, er kann nicht mehr in den Cafés seiner verlorenen Heimat blasphemische Verse rezitieren, er kann nicht mehr, um eine unbekannte Schöne zu verführen, zwölfmal hintereinander die Furlane tanzen, ohne dabei außer Atem zu geraten. Der alte Giacomo trägt keine Maske mehr. Der Karneval endet am Schloßtor.

Die Vergangenheit hat sich verzehrt, ist abgebröckelt, nichts ist geblieben oder nur wenig: im Laufe der Jahre angesammelte bruchstückhafte Notizen, einige Niederschriften von Briefen und der Überdruß, immer wieder dieselben heldenhaften Episoden seines Lebens wiederholen zu müssen. Sein jugendlicher Übermut, seine Eskapaden, die törichte Prunksucht, alles ist aus dem großen Kaleidoskop der Zeit herausgefallen, wie Tausende von bunten Glassplittern, die auf dem Boden verstreut liegen, für immer verloren, dem Trubel des Lebens entzogen.

Kann es sein, daß das Kind aus Venedig schon zum Greis geworden ist? Wie hat sich diese Metamorphose vollzogen? Giacomo Casanova ist von einem Augenblick reinster Gegenwart zur nächsten unmittelbaren Wahrnehmung gesprungen und hat sich unablässig über Vergänglichkeit und Kontinuität hinweggetäuscht, sie beharrlich und hartnäckig zurückgewiesen und verneint. Er hat sich die Illusion seiner Allmacht so lange wie möglich bewahrt. Nun zürnt und tobt er, hängt trüben Gedanken nach und meint, verrückt zu werden: Er verabscheut das Alter. Angesichts seiner Abgeschiedenheit, des Wahnsinns und der Verzweiflung kennt er nur noch ein Heilmittel, einen einzigen Rettungsanker: die Philosophie.

Schon lange bevor er sie schriftlich vertieft hat, waren ihm die inneren Dialoge vertraut, mit denen er versuchte, sein inneres Ungestüm durch die Rückbesinnung auf sich selbst zu besänftigen. Er weiß: Wer die Kraft hat, so lange innezuhalten, bis er ruhig ist, ist weise. So besinnt er sich auch auf seine Vernunft, um wieder ruhig zu werden, als er sich in den Armen der schönen Veronika als impotent erweist und seine Eigenliebe damit besonders tief gekränkt ist:

Ich fand nicht in den Schlaf und versuchte mich zu trösten, indem ich physisch-metaphysische Analysen anstellte, die meine Sinne verteidigten, um einen triftigen Grund zu haben, mich nur über mich selbst beklagen zu müssen. Schließlich war ich befriedigt. Befriedigt, mich als einzigen Schuldigen zu erkennen! Was für eine seltsame Befriedigung; doch die einzige, die den vom Unglück heimgesuchten Philosophen glücklich zu machen vermag.

Zwischen Schicksal und Freiheit verweigert sich Casanova der Tragik. Um die Macht des eigenen Willens mit der Macht des Schicksals vereinbaren zu können, macht er sich zum Verantwortlichen für das eigene Unglück und schreibt sein Glück der Vorsehung zu. Das Gegenteil wäre ihm unerträglich. Das Schicksal, das die feenhafte Silhouette der mütterlichen Gestalt annimmt, die ihm in der Nacht nach der Hexenszene von Murano erschienen ist, kann in seinen Augen gar nicht verhängnisvoll oder vorsätzlich böse sein. Er weigert sich, an die

Vorstellung eines haßerfüllten Geschicks zu glauben. Wenn es ein individuelles Schicksal gibt, kann es nur gut sein. Die Kehrseite des Lebens, Mißerfolge, Grenzen der Lust und Enttäuschungen hängen allein mit der individuellen Freiheit zusammen. Casanova stimmt mit seinem Los vollkommen überein:

Unglück ist mir in meinem Leben nur durch meine eigene Schuld zugestoßen, und fast alles Glück, das ich genossen habe, schreibe ich den Umständen zu; was in Wahrheit ein wenig ungerecht und beschämend ist; doch so ist der Mensch. Ich glaube, ich würde verrückt, wenn ich in meinen Selbstgesprächen feststellen müßte, daß ich ohne eigene Schuld unglücklich bin, denn wo anders als bei mir selbst sollte ich sie suchen, ohne mir meine Dummheit eingestehen zu müssen. Nun weiß ich aber, daß ich nicht dumm bin.

Casanova versöhnt Fatalismus und Freiheit um so müheloser, als er sich nicht davor fürchtet zu leiden und die Verantwortung für sein Leiden auf sich zu nehmen. Er macht niemanden, und erst recht kein Gottesurteil, für die Fehler und Enttäuschungen seines Lebens verantwortlich. Lieber sieht er sich als den Sohn einer wohlwollenden und ihn beschützenden Mutter Vorsehung und als einen Mann, der frei ist, Fehler zu machen und sich zu irren.

Obgleich er in jedem Lebensalter entschieden darauf beharrt, frei zu sein, fragt er sich, als er älter wird, in einem der seltenen Augenblicke, in denen er sich seine Mutlosigkeit eingesteht, ob das, was er immer als kostbarstes Gut für sich in Anspruch genommen hat, nicht doch nur Illusion und Täuschung ist:

Es steht außer Frage, daß eine edle Seele nie glauben kann, daß sie nicht frei sein könnte. Und doch, wer ist in dieser Hölle, die wir Welt nennen, wirklich frei? Niemand. Allein der Philosoph kann frei sein, doch nur, indem er Opfer bringt, die eine trügerische Freiheit gar nicht wert sein mag.

Doch die Vorstellung, nur ein Spielzeug der Vorherbestimmung zu sein, erscheint ihm allzu mißlich, als daß er sich damit abfinden könnte. Casanova ist ein Mann der Tat. Seine Erfahrung der Haft in den Bleikammern des Herzogspalasts und die allein durch Willenskraft bewerkstelligte einzigartige und spektakuläre Flucht haben ihn gelehrt, daß der Mensch nach den Sternen greifen muß. Wer die Kraft hat, sein Schicksal anzunehmen, dem stehen alle Horizonte offen.

Wir selbst sind die Urheber unseres sogenannten Geschicks ... Wenn die Fatalisten durch ihr eigenes System a parte ante gezwungen sind, die Verkettung aller Ereignisse anzunehmen, bleibt für die moralische Freiheit des Menschen kein Raum; und so kann er sich weder Verdienste erwerben noch sich schuldig machen. Ich kann mich nicht bei vollem Bewußtsein als einen Automaten betrachten.

Alter und Bitterkeit können seinen grundlegenden Optimismus nicht untergraben. Der Melancholie, die ihn an manchen Tagen überfällt, wenn Nebel das Schloß einhüllt und die Schikanen der Dienerschaft überhandnehmen, setzt er allen Widrigkeiten zum Trotz eine ausgeprägte Fähigkeit zum Glücklichsein entgegen:

Wer behauptet, das Leben sei nur eine Aneinanderreihung von Unglück, bezeichnet damit das Leben selbst als Unglück. Wenn das Leben also ein einziges Unglück ist, ist der Tod das Glück. Das haben diese Leute nicht geschrieben, als sie bei guter Gesundheit waren, ihre Börse mit Gold gefüllt war, und ihre Seele jubilierte, weil sie gerade eine Cecilia und dann eine Marina im Arm gehalten hatten, und sie wußten, daß diesen beiden noch andere folgen würden. Welch eine pessimistische Brut (vergib mir, geliebte französische Sprache!), die nur im Kreise armseliger Philosophen und durchtriebener oder galliger Theologen existieren kann. Wenn es die Lust gibt, und wenn man sie nur genießen kann, solange man lebt, ist das Leben ein Glück. Gewiß gibt es Unglück;

das weiß ich wohl. Doch allein schon die Existenz des Unglücks beweist, daß das Gute überwiegt. Ich genieße es ungemein, wenn ich in einem dunklen Zimmer bin und das Licht durch ein Fenster sehe, das sich auf einen unendlich weiten Horizont auftut.

Zwar hält der alte Giacomo keine Marina und keine Cecilia mehr in den Armen, doch er bewahrt sich aus diesen glücklichen Momenten einer Vergangenheit, auf die er nicht mehr hoffen kann, eine sinnliche Erinnerung. Nur der Tod kann ihm diese liebevoll gehegten Erinnerungen nehmen. Doch dieser ihm so wohlvertraute Gegner hat die Partie noch nicht gewonnen. Als alter Spieler, der gewohnt ist, auf den Zufall zu vertrauen, setzt er in einem letzten Alles oder Nichts auf die Wiederauferstehung der Vergangenheit. Er läßt die Abenteuer seiner Jugend auf der Bühne seiner Erinnerungen vorüberziehen. Durch die magische Kraft des Schreibens, die ihm das Leben in seiner einstigen Beschaffenheit wiedergibt, läßt er sein Glück wiederaufleben.

Casanova sieht sich in seinen Lebenserinnerungen als freien Mann, den Herrn über die eigene Geschichte, und wenn er zugibt, daß sich manches seinem Einfluß entzieht, ist das im allgemeinen zu seinem Vorteil. Er hält sich nicht für weise und erst recht nicht für moralisch. Er weiß, daß er ein Opfer seiner Sinne und seiner Leidenschaften ist. Seine einzige Verhaltensmaxime, so es denn eine ist, war es stets, sich dahin treiben zu lassen, wo der Wind hinblies.

Dies ist seine ganz eigene Art, das *sequere Deum* der Stoiker zu interpretieren. Er glaubt nicht an die Schule der Predigten, der Gebote und der Erzählungen seiner Erzieher. Die theoretische Kenntnis der Sitten, schreibt er ironisch, ist im Leben eines Mannes nur so nützlich wie »die Kenntnis des Mannes, der vor der Lektüre eines Buches das Inhaltsverzeichnis überfliegt und dann lediglich über den Inhalt Bescheid weiß.«

Das Gute entsteht aus dem Bösen, wie das Unglück aus Vorsicht und Mäßigung. Glück und Unglück sind nicht nach Verdienst und Versagen verteilt, sie entziehen sich der Logik der Moralisten.

Auf einer mehr als eine Seite umfassenden Abhandlung über das Glück räumt er ein, abergläubisch zu sein, auch wenn ihn dieses Eingeständnis beschämt. Es erscheint ihm natürlich, daß die Göttin, von der man sagt, sie sei blind, »mit einem Menschen, der sich ihren Launen überläßt, das tut, was ein kleines Kind mit der Elfenbeinkugel auf dem Billardtisch tut, wenn es sie von einer Seite zur andern stößt und lacht, wenn sie in das Loch fällt.« Umgekehrt erscheint es ihm unnatürlich, daß »dem Menschen durch das Schicksal dasselbe widerfährt wie einer Kugel durch den geübten Spieler, der den Stoß, die Geschwindigkeit, die Entfernung und den Abprall berechnet.« Der Mensch, der für den Augenblick lebt und sich begierig in den Strom der Sinnenlust stürzt, kann nicht hinnehmen, daß das Schicksal den Gesetzen der Geometrie unterliegt. Dennoch muß er zugeben, daß in einigen entscheidenden Augenblicken seines Lebens der Zufall das bald günstig, bald ungünstig gesonnene Antlitz der Schicksalsgöttin annahm, ganz so, als wolle jenes weibliche Geschick ihm beweisen, daß sein Wille ihn keineswegs frei mache, sondern nur ein Werkzeug sei, dessen es sich bediente, um mit ihm zu machen, »was es wollte«. Wer hat recht? Ist er angesichts der Vorsehung ein unschuldiges kleines Kind oder ein geübter Spieler? Was will sie von mir? scheint er sein ganzes Leben lang sich selbst und die Göttin mit den verbundenen Augen zu fragen, doch der Schatten der fernen und rätselhaften Zanetta ist nicht weit. Für Casanova ist Gott, wenn er denn existieren sollte, weiblich.

Casanova anerkennt seine Torheiten und Verfehlungen, ohne zu erröten oder sich zu bekennen. Schlimmer noch: Er genießt seine Ausschweifungen. Als er seine Lebenserinnerungen niederschreibt, verfaßt er keine Bekenntnisse, sondern beanspruсht für sich seine Art zu leben. Am 20. Februar 1792 schreibt er in einem Brief an Johann Ferdinand Opiz:

Je weiter das Werk voranschreitet, desto mehr bin ich überzeugt, daß es dazu bestimmt ist, verbrannt zu werden [...] Der Zynismus, den ich in dieses Werk gelegt habe, ist auf die Spitze getrieben und überschreitet die Grenzen, die der Indiskretion durch die Schicklichkeit gesetzt sind. Ihr macht Euch aber keine Vorstellung davon, wie sehr mich das erheitert. Ohne zu erröten, habe ich festgestellt, daß ich mich mehr liebe als irgend einen anderen Menschen [...] Ich spreche alles aus, verschone mich nicht, und doch muß ich als Ehrenmann meinen Erinnerungen den Titel Bekenntnisse versagen, denn ich bereue nichts, und Ihr wißt, daß ohne Reue keine Absolution erteilt werden kann. Ihr meint also, ich spreize mich in meiner Eitelkeit? Keineswegs. Ich erzähle nicht für ein Publikum, sondern um mich zum Lachen zu bringen.

Wie stets bei ihm siegt das Lachen über die Moral der Zaghaften und der Toren, über die Autorität der Zensur, die sich über ein derbes Wort entrüstet, über die Konformisten, die sich vor der kränkenden Wahrheit und der vermessenen Freiheit fürchten. Der alte Mann ist heiter entschlossen, nichts von seinen Erinnerungen zu seinen Lebzeiten zu veröffentlichen und damit der Nachwelt einen letzten Streich zu spielen.

II. Akt, 10. Szene

Die Szene spielt in Prag, in der Villa Bertramka bei der Sopranistin Josepha Duschek und ihrem Gatten. Wir sind im Oktober 1787. Mozart befindet sich in der Gesellschaft einiger heiterer und ausgelassener Freunde und schiebt die Fertigstellung des *Don Giovanni* hinaus. Da Ponte, der Verfasser des Librettos, wurde soeben von Joseph II. nach Wien zurückgerufen. Die Proben laufen schlecht, Libretto und Musik stimmen noch nicht überein, die Ouvertüre ist immer noch nicht komponiert. Die Freunde schließen Mozart ein, sie wollen ihn zwingen, den fehlenden Teil fertigzustellen. Eines Abends stößt ein zufälliger Gast zu der Gesellschaft, ein Freimaurer wie Mozart und ebenfalls Ritter des päpstlichen Ordens vom Goldenen Sporn. Er schildert einige Episoden aus seinem Abenteurerleben und wirft einige Stichworte auf ein Papier. Zwei Tage später, am 29. Oktober 1787, besucht er die Uraufführung der Oper.

Unter den Tausenden von Manuskriptseiten, die nach seinem Tod in Schloß Dux entdeckt werden, finden sich zwei Entwürfe von austauschbaren Varianten für die 10. Szene im zweiten Akt der Oper. In der ersten macht Casanova aus Leporello eine Figur, die sich trotz ihrer Angst dreist und spöttisch gebärdet:

LEPORELLO *[im Kostüm von Don Giovanni, er ist gefangengenommen]*: Schwankend, verstört, entlarvt, hintergangen. Ich weiß mich nicht zu rechtfertigen. Ich flehe Euch an, verzeiht mir.

DONNA ELVIRA, DON OTTAVIO, MASETO, ZERLINA: Unmöglich, dir zu verzeihen!

LEPORELLO: Ihr allein entscheidet über mein Schicksal. Mein zitterndes Herz bangt um Eure Gunst.

ZERLINA: Ich werde dir die Gedärme herausreißen.

MASETO: Dein Gehirn verschlingen.

DON OTTAVIO: Dich an den Pranger stellen.

DONNA ELVIRA: Man muß dir den Mund stopfen.

ALLE VIER: Infamer Verräter!

LEPORELLO: Ihr allein ...

ALLE VIER: An den Galgen! *(zweimal wiederholen)*

LEPORELLO: Oh große Not: Was für ein schändlicher Tod!

ALLE VIER: Auf die Galeere! *(zweimal wiederholen)*

LEPORELLO: Ruder, Ermattung, welch allzu hartes Leben!

ALLE VIER: Hinweg mit dir!
LEPORELLO: Ich bin von erlauchter Herkunft!
ALLE VIER: Auf die Galeere mit ihm!
LEPORELLO: Nein, meine Herren, laßt Gnade walten!
ALLE VIER: Was tun mit diesem arglistigen Betrüger?
LEPORELLO: Ihr allein ... *(Er flieht.)*

In der zweiten Variante wirft Casanova in Gestalt des Leporello den Frauen vor, sie seien verantwortlich für die Verfehlungen des Don Juan:

LEPORELLO: Allein Don Juan hat mich zu dieser Verkleidung gezwungen. Er ist die Ursache so vielen Kummers. Mir gebührt Nachsicht. Ich bin unschuldig. Schuld ist allein das weibliche Geschlecht, das seinen Geist betört und sein Herz in Fesseln legt. Oh verführerisches Geschlecht! Ursache des Leids! Laßt einen armen Unschuldigen in Frieden ziehen. Ich widersetze mich nicht, ich will Euch nicht kränken und werde es Euch beweisen: Er tauschte die Gewänder, er nahm meine Kleider, um Masetto zu verprügeln. Mit Donna Elvira tat ich nur meine Pflicht, wie er es wollte. Ich sage die Wahrheit. Allein Don Juan verdient Euern Zorn. Ich werde den Unwürdigen bestrafen. Laßt mich gehen. *(Er flieht.)*

Hat Mozart das Libretto Da Pontes durch die Vorschläge seines venezianischen Gastes ergänzt?

Don Giacomo

Im böhmischen Exil zögert Casanova lange mit der Niederschrift der rund dreitausendsiebenhundert Seiten des Manuskripts seiner *Geschichte des Jacques Casanova de Seingalt, Venezianer, höchstselbst verfaßt in Dux in Böhmen*. Bei seinem letzten Aufenthalt in Venedig im Jahre 1780 hat er auf italienisch die Geschichte seines berühmten Duells mit dem polnischen Adligen Franciszek Branicki veröffentlicht, und sieben Jahre später in Prag auf französisch die Schilderung seiner Flucht aus dem »Staatsgefängnis von Venedig, das man die Bleikammern nennt«. Obwohl seine Freunde ihn drängen, denkt er nicht daran, weitere Episoden aus seinem Leben zu Papier zu bringen. Er beschäftigt sich intensiv mit der Lösung mathematischer Probleme und versucht sich an der *Lösung des Delischen Problems*, sodann am *Korollarium der Verdoppelung des Hexaeders* und dem *Geometrischen Beweis der Verdoppelung des Würfels*. Er setzt Himmel und Erde in Bewegung, um seine Berechnungen durch wissenschaftliche Autoritäten anerkennen zu lassen. Das *Selbstgespräch eines Denkers*, ein Werk, in dem er gegen Cagliostro und die Abenteurer seiner Zeit polemisiert, beschäftigt ihn eine Zeitlang, anschließend verfaßt er eine lange Kritik der Werke Bernardin de Saint-Pierres. Er arbeitet an seiner *Geschichte der polnischen Unruhen*, von der er bereits drei Bände veröffentlicht hat, redigiert achtzehn philosophische Dialoge, *Der Philosoph und der Theologe*, versucht sich an dramatischen Stücken, an Gedichten, an einer *Kritischen Abhandlung der Sitten, der Wissenschaften und der Künste* und an *Phantasien über das mittlere Maß unserer Zeit nach der Reformation des Gregorianischen Kalenders*.

In einem Brief vom 15. April 1785 an seinen Freund Max Graf Lamberg berichtet Casanova von der Entstehungsgeschichte eines großen utopischen Romans, von dem er erhofft, daß er ihm literarischen Ruhm einträgt:

Als ich vor drei Jahren in Venedig weilte und mit allem unzufrieden war, ergriff mich die Laune, mich zum Schöpfer einer neuen Welt zu machen, eines neuen menschlichen Geschlechts, eines neuen Zivilrechts, einer guten Religion, einer anderen Art, sich zu ernähren, zu wohnen, zusammenzuleben und sich fortzupflanzen, und dafür den Beifall der ganzen Welt zu erhalten, die nach der Lektüre meines Werkes gezwungen wäre zu sagen: Oh, was für eine glückliche Welt ... Am Ende dieses Werkes, das in zwei Bände von fünfhundert Seiten in Achtelbogengröße aufgeteilt sein wird, werde ich wie Ovid von seinen Metamorphosen sagen: Dies ist ein Werk, das mir Unsterblichkeit gewährt. Zwei Drittel davon habe ich niedergeschrieben, doch ich komme gut voran und werde es in einem Jahr herausbringen.

Die Ausarbeitung dieses voluminösen Romans dauert zwei Jahre. Für das *Icosameron* oder *Eduard und Elisabeth* findet er nur hundertsechsundfünfzig Subskribenten für die dreihundertfünfzig Exemplare, die er in Prag drucken läßt. Er verliert mit diesem Unterfangen viel Geld, doch sein literarischer Elan bleibt ungebrochen.

Im Frühjahr 1789 erkrankt Casanova schwer. Nach mehreren Wochen, in denen er immer schwächer wird, konsultiert er einen irischen Arzt, Doktor James Columb O'Reilly, der sich in Dux niedergelassen hat. Dieser verordnet ihm absolute Ruhe und vor allem eine Unterbrechung seiner mathematischen Forschungen. Er kennt das lebhafte Temperament des Patienten und seine Furcht vor Langeweile und schlägt ihm deshalb vor, sich mit einem ruhigeren Zeitvertreib zu befassen und seine Lebenserinnerungen niederzuschreiben. In einem Brief vom 17. Mai 1789 ordnet Doktor O'Reilly an: *Doch mein teurer Freund, Ihr müßt einige Monate lang auf die ernsthaften Wissenschaften, die das Gehirn ermüden, und auf die Sinnenlust verzichten; vorläufig sollt Ihr ein Faulenzer sein, und um es Euch ein wenig zu erleichtern, braucht Ihr nur die schönen Tage in Venedig und an anderen Orten in der Welt zu rekapitulieren. Ich bitte Euch inständig, so viel wie möglich aus Eurem Leben zum Nutzen der Allgemeinheit festzuhalten.*

Der Patient hält sich an die ärztliche Anordnung. Er schreibt von morgens bis abends und selbst noch im Schlaf, denn stets träumt er vom Schreiben. Im März 1791 sind zwei Drittel des

Manuskripts abgeschlossen. Im Juli 1792 schließt er die Schilderung seines Lebens bis zum Jahr 1772 ab. Das Schreiben bereitet ihm nicht mehr so viel Freude wie zu Anfang. Ein Jahr darauf ist er mit seiner Niederschrift bei seinem »fünfzigsten Lebensjahr« angekommen, über das er nicht hinausgehen will. Der Alltag gewinnt die Oberhand, und er ist nicht sehr erfreulich: Seine letzten Freunde sterben, die Französische Revolution treibt ihn um, er verstrickt sich in rohe Auseinandersetzungen mit dem Schloßverwalter Georg Feldkirchner, dem er Briefe schreibt, die er ihm nicht übergibt, die ihn aber für viele Schäbigkeiten, Schikanen und Demütigungen entschädigen.

Er muß sich verprügeln lassen, findet sein Bildnis mit einer schändlichen Substanz an die Wand des Aborts geschmiert, muß mitansehen, wie seine Hündin mißhandelt wird, muß sich unablässig verspotten, beleidigen, verdächtigen lassen und allzu viele Schändlichkeiten und Ungehörigkeiten erdulden. Casanova beschwert sich beim Eigner des Schlosses und bekommt recht, wenn auch drei Jahre zu spät. Bis dahin erträgt er schweigend und zürnt innerlich. Um das Gesicht zu wahren, überarbeitet er seine Memoiren sowie einundzwanzig *Briefe vom 10. Januar 1792 an den Herrn Faulkircher von seinem besten Freund Jacques Casanova de Seingalt.*

Unter gewöhnlichen Umständen, Herr Faulkircher, hätte es zwischen Euch und mir auf Schloß Dux keine Gemeinsamkeiten gegeben, denn ich war als Bibliothekar, Ihr hingegen als Verwalter angestellt; doch heutzutage ist das Außergewöhnliche so in Mode gekommen, das man nahezu damit rechnen muß.

Er betont alles, was ihn von dem ungeschliffenen österreichischen Leutnant unterscheidet, der schon in einem Alter Soldat wurde, als er eben erst lesen lernte. Der erzürnte Venezianer rühmt sich, seine Zuvorkommenheit sei eine Frucht seiner »literarischen Bildung und des Umgangs mit gesitteten Menschen, von denen man Moral und Ehrbegriffe erlernt.« Hochmütig weist er den niederträchtigen Majordomus darauf hin, daß sie nicht derselben Welt angehören:

Ihr konntet also gar keine Lebensart erwerben, indem Ihr Euch mit den Wissenschaften befaßt hättet, die den geistigen Horizont erweitern, noch etwas dazulernen, indem Ihr Umgang mit gebildeten Menschen gehabt hättet, noch Euren Geist durch lehrreiche Lektüren weiterbilden, noch Euch durch die Gebote von Ehre und Moral der gesellschaftlichen Konventionen entwickeln, wie ich es getan habe, trotz meiner Armut und bescheidenen Herkunft. Darum bedaure ich Euch so sehr wie ich mich beglückwünsche, und danke meinem Los und Geschick, daß es mir diese kostbaren Vorzüge geschenkt hat, die mich weit über Euch erheben.

Überlegenheit hilft nicht viel, wenn der Schloßherr abwesend ist und man allein gegen alle dasteht. Am Sonntag, den 11. Dezember 1791, wird Casanova in den Straßen von Dux von dem Lustknaben Feldkirchners mit Stockschlägen überfallen. Tatsächlich war nichts leichter als das; so alt, wie er war, ohne Waffe und selbst ohne Gehstock, konnte er sich nicht wehren. Um dem Angreifer zu entkommen, muß er sich in das nächstgelegene Haus retten. Gerechtigkeit muß und wird ihm widerfahren. Vorläufig aber kann Casanova seinen Gegner weder, wie er es in seiner Jugend getan hätte, über die Klinge springen lassen noch ihm den Schädel einschlagen, und so rächt er sich mit der Feder. Die einzige Freiheit, die ihm geblieben ist, ist die Freiheit zu schreiben. Im Brief Nummer XIX, dem kürzesten, wendet er sich an den von gehässigem Neid, Groll, Niedertracht und anmaßender Ignoranz erfüllten Mann:

Ihr seid ein Esel, der sich verkennt; als solcher beneidet Ihr mich; als Neider haßt Ihr mich; wer mich haßt, ist mein Feind; als Feind verleumdet Ihr mich, und als Verleumder verdient Ihr, daß Euch die Zunge abgeschnitten wird; doch eine abgeschnittene Zunge taugt nicht einmal mehr als Putzlappen.

Der alte, einsame Verbannte, der nie die Rolle des Opfers oder des Verfolgten innehaben wollte, findet die innere Ruhe erst beim Schreiben dieser Pamphlete wieder. 1793 entläßt Joseph Carl Emmanuel Graf von Waldstein Georg Feldkirchner und seinen Komplizen. Casanova gewinnt seine Vitalität und Lebensfreude zurück, er schließt seine Lebenserinnerungen ab. Im Sommer 1794 will Charles Joseph Fürst von Ligne, der Casanova freundschaftlich verbunden ist, das Manuskript lesen. Casanova überarbeitet es noch einmal und überläßt ihm eine korrigierte und überarbeitete Fassung der ersten Bände. Der Fürst bestärkt ihn sehr darin, weiterzuschreiben und sein Werk zu veröffentlichen. *Es war ein Glück, daß Ihr nicht kastriert wart, warum wollt Ihr, daß Euer Werk es sei?* Er spricht dem Memoirenschreiber seine Anerkennung aus: *Ein Drittel dieses bezaubernden zweiten Bandes, mein teurer Freund, brachte mich zum Lachen, ein Drittel ließ mich gespannt auf die Fortsetzung warten, ein Drittel ließ mich nachdenklich werden. Die beiden ersten* [Bände] *wecken eine unbändige Liebe zu Euch, der dritte Bewunderung. Ihr schreibt besser als Montaigne, und das ist für mich das größte Lob.*

Am 27. April wendet sich Casanova an den Staatsminister des sächsischen Hofes, den Fürsten Camillo Marcolino de Fano, mit der Bitte, die Veröffentlichung seiner Memoiren mit dem Titel *Geschichte meines Lebens bis zum Jahre 1797* wohlwollend zu unterstützen. In dieser Zeit überarbeitet er das Vorwort, doch der Tod läßt ihm keine Zeit, sein Vorhaben zu beenden. Es gelingt ihm noch, die vorliegenden Seiten von seiner Geburt bis zum Jahre 1774 in Triest durchzusehen. Die Schilderung endet mit der Begegnung mit Irene, einer Schauspielerin, die er seit seiner Kindheit kennt. Er hat sie in Mailand geliebt, in Genua vernachlässigt und ihr in Avignon einen Dienst erwiesen. In Triest stellt sie ihm ihren Ehemann vor, einen Schauspieler, der den Scapino spielt, einen arglistigen und raffinierten Diener aus der *commedia dell'arte*, und ihre neunjährige Enkelin, die eine begabte Tänzerin ist und ihm ein paar Liebkosungen nicht verwehrt. Die *Geschichte meines Lebens* endet abrupt mit einem Satz, in dem sich eine inzestuöse Beziehung andeutet:

Zu Beginn der Fastenzeit reiste sie mit der ganzen Truppe ab, und drei Jahre später traf ich sie in Padua wieder, wo ich mit ihrer Tochter eine weit zärtlichere Bekanntschaft schloß.

Venedig auf immer verloren

In Triest wartet Casanova darauf, daß die venezianische Inquisition ihn begnadigt. Er verfaßt eine Komödie für das Theater von San Pietro, *La Forza della vera amicizia*, und eine Kantate zu drei Stimmen, *La Felicita di Trieste*, die am 13. Oktober 1774 aufgeführt wird. Er bemüht sich auf unterschiedliche Weise, seinem Vaterland zu dienen, um nach einem Exil von achtzehn Jahren zurückkehren zu können. Einige Wochen nach seinem Wiedersehen mit Irene erhält er den sehnlich erwarteten Geleitbrief aus den Händen des venezianischen Konsuls, seines Freundes Marco de Monti. Dieser berichtet: *Er las ihn, er las ihn erneut, er bedeckte ihn mit Küssen, und nach einem Augenblick gesammelten Schweigens brach er in Tränen aus.*

Casanova macht sich am 10. September 1774 auf den Weg nach Venedig und kommt am 15. November in seiner geliebten Heimatstadt am. Dort bleibt er acht Jahre lang, in denen er ständig an irgend etwas schreibt: Bearbeitungen von Romanen, eine Theaterzeitschrift, eine Übersetzung der *Ilias* ins Italienische. Er organisiert im Theater San Angelo das Debüt einer französischen Schauspielertruppe, begegnet Lorenzo Da Ponte, dem Librettisten Mozarts, unterhält eine lange Liebesbeziehung mit Francesca Buschini, einer einfachen Schneiderin, die in einem schmalen Haus in Barberia delle Tole in der Nähe von San Giustina wohnt. Sich selbst beurteilt er als einen »großen, warmherzigen, geistreichen und mutigen Mann«. In seiner Heimatstadt erfährt er auch vom Tod seiner Mutter am 29. November 1776.

Unter dem Namen Antonio Pratolini wird er zunächst halboffiziell und dann offiziell Geheimagent der venezianischen Inquisition. Seine Patrizierfreunde scheinen daran nichts Ehrenrühriges zu finden. Für fünfzehn Dukaten im Monat berichtet er von der Auseinandersetzung zweier adliger Rivalen, von den Äußerungen eines Advokaten bei Hof, von der Belästigung durch jene, die in einer Runde sitzend, mehr als zwei Drittel der Calle Larga in San Marco einnehmen. Er unterrichtet die Exzellenzen außerdem über seine eigene Auseinandersetzung mit dem Portier des Theaters San Luca, der behauptete, am Gewicht der Sesterze, die er ihm gegeben hatte, fehlten zwei Gran. Amüsant ist, aus seiner Feder zu lesen, daß die kirchlichen Gerichte allzu bereitwillig Scheidungen genehmigten und daß dies eine von oben verordnete Zügellosigkeit, eine verbrecherische Libertinage sei.

Wenn die Weisheit Ihrer Exzellenzen nicht baldmöglichst dafür sorgt, daß diesem Übel abgeholfen wird, könnten die größten Gefahren für die Gesellschaft daraus entstehen: die Auslöschung angesehener Familien, die Verwirrung von Verwandtschaftsverhältnissen, genealogische Unklarheiten, Erbfolgestreitigkeiten, Verschwendung von Vermögen, unrechtmäßige, auf Lügen beruhende Legitimierung von außerehelichen Kindern sowie Ruin und Rachegedanken bei legitimen Kindern, die durch die Verbindung von Anmaßung und Geiz zu Bastarden geworden sind. Die äußerste Zügellosigkeit der Konversation, die Unabhängigkeit der Frauen, die Gleichgültigkeit der Männer sind die Ursachen dieser schlimmen Übel, die durch Geiz und Gottlosigkeit zu rechtmäßigen Handlungsweisen werden. Die Jugend, die in die Welt hin-

einwächst, sieht, mit welcher Gleichgültigkeit diese Sitten allein aufgrund der Gewohnheit autorisiert werden, die, sofern nicht Obacht gegeben wird, sich allzu leicht einbürgern.

Am 16. November 1781 berichtet Casanova den Inquisitoren, daß sich in San Moisè, am Ende der Pescheria, wo der Canal Grande auf die Calle del Ridotto stößt, eine Malerakademie befindet, in der Männer und Frauen unter den Blicken junger Maler, die kaum zwölf oder dreizehn Jahre alt sind, in verschiedenen Stellungen nackt posieren. In einer Denunziation vom 22. Dezember 1781 listet Casanova die Titel gottloser oder ausschweifender Bücher auf. Eine leise Ironie veranlaßt ihn zu der Bemerkung, daß alle Welt solche Bücher besitze, daß sie aber vor allem in den Bibliotheken der Patrizier zu finden seien, die aufgeklärt und intelligent genug seien, um in ihrer Moral nicht gefährdet zu werden. Es folgt eine lange Aufzählung mit Werken von Voltaire, Rousseau, Helvétius, La Mettrie, Lukian, Machiavelli, Aretino, Crébillon dem Jüngeren und Spinoza! Der Agent Antonio Pratolini träumt wohl davon, sich unter seinem wahren Künstlernamen am Ende dieser ehrlosen Liste wiederzufinden.

Im August 1782 fühlt er sich aufgrund einer finanziellen Auseinandersetzung mit dem Marquis Spinola und den Brüdern Grimani in seinen Rechten verletzt und gedemütigt und rächt sich mit der Feder. Er veröffentlicht eine bissige und freche Satire in Form einer mythologischen Schlüsselerzählung, *Ne amori ne donne, ovvero la stalla ripulita* (»Weder Liebe noch Frauen oder Der gesäuberte Stall«), deren Thema den zwölf Arbeiten des Herakles entliehen ist und sich anlehnt an die von Alkide gesäuberten Ställe des Augias. In dieser Erzählung stellt er sich in verschleierter Form als illegitimes Kind Michele Grimanis dar, den er ebenfalls als Bastard bezeichnet. Mit dieser Schrift fällt er zum zweiten Mal und diesmal endgültig bei der Inquisition in Ungnade. Er sieht sich gezwungen, ins Exil zu gehen. Am 16. Juni 1783 wirft er einen letzten Blick auf seine Heimatstadt. Er wird sein göttliches Venedig nie wiedersehen.

Madame Pompadour, die ihn nach seiner Flucht aus den Bleikammern während seines Aufenthalts in Paris im Jahre 1757 fragt, ob er tatsächlich von »dort« komme, antwortet er stolz:

Venedig, Madame, ist nicht dort, sondern dort oben.

Die Abreise aus Venedig kommt einem Absturz gleich. Casanova irrt über die Straßen Europas, auf der Suche nach einem Amt, einer Stellung bei irgendeinem Adligen, Botschafter oder Mäzen. Er fühlt sich alt, hellsichtig und handlungsunfähig.

Ich bin achtundfünfzig Jahre alt und kann nicht zu Fuß weiterziehen. Und bei dem Gedanken, als Abenteurer weiterzuleben, überkommt mich das Lachen, wenn ich einen Blick in den Spiegel werfe.

Casanova reist über Bozen, Innsbruck, Augsburg, Frankfurt, Aachen, Spa, Den Haag, Rotterdam und Anvers nach Paris zu seinem Bruder Francesco, der als angesehener Schlachtenmaler im Mai 1763 aufgrund seines Gemäldes *Kavalleriegefecht* in die Königliche Akademie der schönen Künste aufgenommen wurde und im Louvre logiert. Hier bleibt Giacomo etwa drei Monate. Er macht die Bekanntschaft eines berühmten Gastes, Benjamin Franklin, der ihn einlädt, am 28. November 1783 an der Eröffnungssitzung der Akademie der Wissenschaften teilzunehmen. An diesem Tag wird ein Erfahrungsbericht der Brüder Montgolfier vorgelegt. Casanova überlegt, ob er nicht selbst in einem Ballon aufsteigen soll.

Von Paris aus zieht er nach Wien, wo sein Bruder als Schützling des Fürsten Kaunitz zurückbleibt, während er selbst weiterreist nach Dresden, Berlin und Prag. Im Februar 1784 tritt Casanova in Wien in den Dienst des venezianischen Botschafters Signor Foscarini ein. An dessen Tisch bietet ihm eines

Abends Graf Waldstein, Freimaurer wie er selbst, und beeindruckt von seinem Redetalent, seiner Erzählkunst und seiner Kenntnis der okkulten Wissenschaften, eine Stellung als Bibliothekar auf seinem Schloß Dux in Böhmen an. Casanova lehnt das Angebot ab. Er kann sich noch nicht dazu entschließen. Als der Botschafter stirbt und Casanova keine neue Stellung in Aussicht hat, denkt er daran, der Welt den Rücken zu kehren und als Mönch in Einsiedeln sein Leben zu beschließen, bemüht sich dann aber vergebens um einen Posten an der Akademie in Berlin. Im September 1785 sind seine Mittel erschöpft, und der heimatlose Mann zieht in sein letztes Schloß.

Lust ist keine Sünde

An dem Ort, an dem das glanzvolle Leben des Abenteurers abzubrechen scheint, spielt er eine letzte Partie, diesmal allerdings nicht in einer höfischen Szenerie, sondern in der abgeschiedenen Klause des Literaten. Der Mann der Tat wendet sich seinen Erinnerungen zu, er lebt nicht mehr für den Augenblick, sondern findet seine Erfüllung in der Vergangenheit. Nie wollte er sein Leben einem Plan oder Vorsatz unterwerfen, und nun zieht er sich aus dem Leben zurück, um sich an der gewagtesten aller Erfahrungen, der rätselhaftesten aller Alchimien zu versuchen: an der Schriftstellerei, die das außergewöhnliche Leben eines Venezianers des XVIII. Jahrhunderts in ein literarisches Meisterwerk verwandelt. Der Mann der folgenlosen Improvisation übernimmt die Verantwortung für die eigene Geschichte, der er nicht mehr entgeht; er taucht ein in seine Vergangenheit und bekennt sich vor aller Augen zu seinem Leben. Seine einzige Schule war das Leben selbst, und seine Lehrer die Frauen, die er liebte, und nun beschließt er zu schreiben, um das Grundprinzip seiner Existenz zu formulieren: Lust, Lust ohne Sünde, Lust ohne Scham und ohne Schuldgefühle, unschuldige Liebe, frei und leicht, heiter und gegenseitig, ohne Dramatik und Leid, Liebe vor dem Sündenfall. Er ist kein Engel und kein Tier, sondern einfach menschlich, menschlich in seiner vornehmsten Bedeutung, und bereit, mit seinen Gefährtinnen die wahre Lust am Leben zu teilen:

Allein der Mensch ist fähig zu wahrer Lust, denn er ist in der Lage, seinen Verstand zu gebrauchen, er nimmt die Lust gedanklich vorweg, er sucht sie, verschafft sie sich und erinnert sich an sie, wenn er sie genossen hat.

Die animalische Natur, erklärt er, muß instinktiv drei Bedürfnisse befriedigen, um ihren Fortbestand zu sichern: Sie muß sich ernähren, sich fortpflanzen und ihren Feind vernichten. Die drei Empfindungen Hunger, Paarungstrieb und Haß auf den Feind gewähren aber nur eine gewohnheitsmäßige und rohe Befriedigung. Er schreibt weiter:

Der Mensch begibt sich auf die Stufe des Tieres, wenn er sich diesen drei Trieben hingibt, ohne den Verstand zu beteiligen. Wenn aber unser Geist das Seine dazugibt, werden die drei Befriedigungen zu Lust, Lust und nochmals Lust: einer unerklärlichen Empfindung, die uns etwas genießen läßt, das wir als Glück bezeichnen. […] Der sinnenfreudige, denkende Mensch verachtet die Gefräßigkeit, die Hurerei und die brutale Rache, die aus der ersten Zornesaufwallung entsteht; er ist ein Feinschmecker, er verliebt sich; doch er will das geliebte Wesen nur besitzen, wenn er die Gewißheit hat, seinerseits geliebt zu werden; wenn er beleidigt wurde, kann er sich erst rächen, wenn er kaltblütig die Mittel gefunden hat, die geeigneter sind, ihn seine Lust auskosten zu lassen. […] Wir leiden Hunger, um das Ragout besser genießen zu können; wir schieben die Erfüllung der Liebeslust hinaus, um sie zu steigern; und wir warten mit der Rache, um sie mörderischer zu machen.

Schon lange, bevor der achtzehnjährige Giacomo Casanova diese Zeilen schrieb, hatte er mit Jussuf Ali, einem weisen Türken, den er in Konstantinopel kennenlernte, lange philosophische Gespräche geführt. Jussuf Ali ist eine der wenigen toleranten und menschlichen Vatergestalten, von denen Casanova berichtet, ein symbolischer Vater, den er vorbehaltlos respektiert und der ihm empfiehlt, auf seine unmittelbare Lust zugunsten einer tieferen Sinnenfreude zu verzichten:

– Die wahren Freuden berühren nur die Seele und sind unabhängig von den Sinnen, behauptet der weise Jussuf.

– Ich kann, mein teurer Jussuf, mir keine Freuden vorstellen, die meine Seele ohne das Zutun meiner Sinne genießen könnte, erwidert der junge Mann.

– Höre mir zu. Wenn du deine Pfeife stopfst, empfindest du dann Vergnügen?

– Ja.

– Welchem deiner Sinne schreibst du dieses Vergnügen zu, wenn nicht deiner Seele? [...]

– Was du sagst, ist wohl wahr. Doch verzeih mir, wenn ich finde, daß manche Freuden meiner Sinne den Vorzug verdienen vor den Freuden meiner Seele.

– Vor vierzig Jahren dachte ich wie du. Wenn du bis in vierzig Jahren weise bist, wirst du so denken wie ich. Die Genüsse, mein teurer Sohn, die die Leidenschaften in Wallung bringen, stören die Ruhe der Seele; so wirst du verstehen, daß man sie nicht wirklich Genüsse nennen kann.

– Du überraschst mich.

– Der glücklichste aller Menschen ist nicht der genußsüchtigste, sondern jener, der die größten Sinnenfreuden auszuwählen weiß; und die großen Sinnenfreuden, das sage ich dir nochmals, können nur solche sein, die den Frieden der Seele vertiefen, weil sie die Leidenschaften nicht aufwühlen.

Fünfzig Jahre später ist der hitzige junge Mann abgeklärter, er hat entdeckt, daß man die Lust nur in den Phasen der Ruhe auskosten kann, die man sich zwischen den Sinnenfreuden gönnt. Wahres Glück erlebt man in der Erinnerung an die Lust:

Lust ist das unmittelbare Erleben eines Sinnengenusses, eine vollkommene Befriedigung, die man den Sinnen in allem gewährt, was sie begehren; und wenn die erschöpften oder ermüdeten Sinne nach Ruhe verlangen, um Atem zu holen oder neue Kräfte zu schöpfen, entströmt die Lust der Phantasie; die sich darin gefällt, über das Glück nachzusinnen, das ihr ihr innerer Friede gewährt.

Der Kult der Erinnerung

Casanova begnügt sich nicht damit, ein reiches Leben gelebt zu haben, vielmehr ist er so vermessen, es mit dem für ihn charakteristischen Überschwang und so oft seine »alte Seele« es zuläßt, in der Erinnerung noch einmal zu durchleben:

Wenn ich mir die Freuden ins Gedächtnis rufe, die ich genossen habe, erlebe ich sie erneut, und ich lache über das Leid, das ich ausgestanden habe und das mich nun nicht mehr berührt.

Giacomo Casanova, dessen Erinnerung erst in der späten Kindheit einsetzte und für den leben und sich erinnern identisch sind, macht am Ende seines Lebens den Akt des Bewahrens vergangener Bewußtseinszustände zum Grundprinzip seines Werkes und seines Glücks. Auf die Vergänglichkeit der Lust folgt das Glück des bewußten Sich-Erinnerns. Auf das Ungestüm und die muntere Begeisterung, mit der er von einem Genuß zum anderen eilt, folgt die allmähliche gedankliche Verarbeitung, die überlegte und ruhige Rekonstruktion des Vergangenen. Auf das *Allegretto* folgt das *Adagio* des noch einmal erlebten Glücks. Der Weise von Dux macht sich die epikureische Vorstellung von der Ruhe des Bewußtseins zu eigen und singt ein Loblied auf das Glück, in der Erinnerung bestimmte Augenblicke seines Lebens noch einmal an sich vorbeiziehen lassen zu können:

Wenn wir zwischen den Freuden die Ruhe einlegen, die nach jedem Genuß notwendig ist, nehmen wir uns die Zeit, den Zustand des Glücks wahrhaftig zu erkennen. Der Mensch kann nur dann glücklich sein, wenn er sein Glück erkennt, und das gelingt ihm nur im Zustand der Ruhe.

Während des Lebens auf Schloß Dux, das so weit entfernt ist von dem gesellschaftlichen Leben, das er so geliebt hat, muß er sich mit Einsamkeit, Abgeschiedenheit, Exil, Armut, Erniedrigung und der Gebrechlichkeit des Alters auseinandersetzen. Zwar war er auch früher schon eingeschlossen, doch hier in Dux gibt es keinen Riegel mehr, der ihm, wie bei seiner Flucht aus dem venezianischen Gefängnis, in die Freiheit verhelfen würde. Niemand entkommt dem Alter und dem Tod. Ein unerträglicher Kerker, gegen den er sich innerlich wehrt. Seine Eigenliebe läßt ihn bedauern, daß seine Jugend vorbei ist. Er weiß, daß er am Rande des Abgrunds steht.

Ich weiß, daß ich sterben werde, bekennt er, *doch soll dies gegen meinen Willen geschehen: mein Einverständnis hätte den Beigeschmack des Selbstmords.*

Zwar mußte er mit sechzig Jahren das Angebot von Joseph Carl Emmanuel Graf Waldstein annehmen und sich als entlohnter Bibliothekar auf dem gottverlassenen Schloß Dux einrichten, doch in seinem tiefsten Innern zürnt er, und seine Dankbarkeit hat etwas Erzwungenes. *Ihr seid der einzige Mensch auf der Welt, der daran gedacht hat, mich Anfang September in meiner Ruhelosigkeit aufzuhalten und mir Eure schöne Bibliothek anzuvertrauen*, schreibt er im Vorwort zu seinem utopischen Roman *Icosameron* an seinen Gönner. Die Versuchung der Ruhe, die ihn immer wieder angezogen und zugleich abgestoßen hat, ist endlich Wirklichkeit geworden, allzu früh sicherlich für einen Mann, der es vorgezogen hätte, den unerbittlichen Lauf der Zeit noch einen Augenblick lang aufzuhalten. Er kann nicht mehr unter Einsatz seiner Körperkraft kämpfen oder sich den Befehl »Spring, Marquis!« geben, und so rasselt der alte Casanova mit der Feder. Er muß sich mit dem glanzlosen böhmischen Exil zufriedengeben, und so flieht er in die Literatur. Der Zorn ist ihm geblieben, er rächt sich auch jetzt noch mit der Feder. Schreiben ermöglicht ihm, sich die Freiheit wiederanzueignen, die eigene Weltsicht durchzusetzen. Mit zunehmendem Alter zeigt sich der Schmerz über die Kluft zwischen seinen Bedürfnissen und ihrer Befriedigung. Casanova datiert den Beginn seiner Existenz als »denkendes Wesen« auf das Erwachen seiner Erinnerungsfähigkeit im Alter von acht Jahren und vier Monaten, und er beendet den ersten Akt seines Lebens, als er achtunddreißigjährig von der Charpillon bezwungen wird. Ein dreißig Jahre währendes Fest der Sinne! Dreißig Jahre Leben, obgleich ihm der Tod verheißen war. Doch nach dem Londoner Mißgeschick hat Casanova seinen Hochmut und seine Selbstgewißheit verloren; es macht ihn regelrecht krank. So einfach aber läßt er sich nicht bezwingen, und als er wieder gesund ist, setzt er sein Abenteuerleben fort. Nur sein Selbstverständnis hat sich verändert. Es gelingt ihm nicht mehr, seine Verführungskünste für unwiderstehlich zu halten. In seinen Memoiren stellt er diese unglückselige Episode ausführlich dar – er hätte sie auch aus Eitelkeit übergehen können: Wer sieht sich schon gern als Hampelmann eines ganz und gar unbedeutenden Mädchens, einer kleinen Kokotte? Seine Darstellung dieser Episode ist sicherlich eine Art Therapie, eine Art Initiationsprüfung, die den Übergang von der Jugend zum Erwachsenenalter markiert. Er ist in der Mitte seines Lebens angekommen und weiß, ähnlich wie der berühmte Dante, daß er nun in eine andere Lebensphase eintritt, die unweigerlich mit dem Tod endet.

Die zweite Zäsur in seinem Leben erfolgt 1783, als ihn seine

Heimatstadt zwingt, mit achtundfünfzig Jahren endgültig ins Exil zu gehen. In seiner ohnmächtigen Wut bezeichnet er Venedig als »undankbare Brust meiner Rabenmutter«. Nun ist er kein reifer Mann mehr, sondern er nähert sich dem Alter. Zwei Jahre des Umherirrens veranlassen ihn dazu, die Gastfreundschaft Graf Waldheims anzunehmen. Mit vierundsechzig Jahren beginnt er, die *Geschichte meines Lebens* zu überarbeiten.

Nahezu unmerklich wird in der Darstellung seiner Abenteuer, die er mit Intensität und Farbigkeit und der Authentizität der reinen Gegenwart erzählt, über die Seiten hinweg immer deutlicher, daß ihm die Distanz zwischen einem vergangenen Leben, das in der Phantasie wiederaufersteht, und seinem gegenwärtigen Leben immer schmerzhafter bewußt wird. Casanova gewinnt seine Jugend zurück, indem er auf sie verzichtet. Von einem Logenplatz aus läßt er das Karussell seines Lebens noch einmal Kreise drehen, doch die leise Musik des Automaten quietscht immer mehr. Dem Memoirenschreiber ist die Unumkehrbarkeit der Zeit bewußt. Zu Beginn der Lebenserinnerungen ist der Leser aufgefordert, die Abenteuer der Hauptperson mitzuerleben, während sich einige tausend Seiten weiter Hauptperson und Erzähler aufspalten und nicht mehr identisch sind. Nun beobachtet Casanova sein Handeln und ermißt die Distanz zu dem, der er war und nicht mehr ist. Dank der erbarmungslosen Prüfung seiner Wahrhaftigkeit durch die Niederschrift seiner Lebenserinnerungen setzt er sich mit dem auseinander, was er immer vermieden hat, mit Schmerz, Zerbrechlichkeit und Trauer.

Zurückgekehrt an den Ort, an dem er sich zehn Jahre zuvor von seiner größten Liebe trennen mußte, muß Giacomo Casanova zur Kenntnis nehmen, wie sehr er sich wider Willen verändert hat. Die Erinnerung kann ihm zwar ein der einstigen Wirklichkeit nahes Bild seiner zärtlichen und geistreichen Henriette erschaffen, doch für ihn selbst gilt das nicht.

Wenn ich mich mit mir selbst verglich, fand ich mich weniger würdig, sie zu besitzen als damals. Ich verstand es noch zu lieben, doch ich fand in mir weder das Feingefühl jener Zeit noch den Überschwang, aus dem der Sinnentaumel entsteht noch die Zartheit im Umgang noch eine gewisse Rechtschaffenheit, und erschreckt stellte ich fest, daß ich nicht mehr die gleiche jugendliche Kraft besaß. Doch schien mir, daß allein die Erinnerung an Henriette sie mir ganz und gar zurückgab.

Daß ihn sein Körper verrät, betrübt ihn am meisten. Bis dahin beruhte sein Selbstvertrauen vor allem auf einer robusten Gesundheit, einer athletischen Statur, den sichtbaren Anzeichen seiner Existenz. Mit sechsunddreißig Jahren plagen ihn die Einschränkungen des reiferen Alters:

Ich war also in der allergrößten Bedrängnis, und am meisten bedrückte mich, daß ich mir ein allmähliches Nachlassen meiner Kräfte eingestehen mußte, eine übliche Folge des Alterns; ich besaß nicht mehr die unbekümmerte Zuversicht, die einem die Jugend und das Gefühl der eigenen Kraft verleihen, und doch hatte die Erfahrung mich noch nicht so reif werden lassen, daß ich mich gebessert hätte.

Casanova weigert sich, seine Memoiren als Bekenntnisse zu betrachten, doch der Schatten Rousseaus liegt indirekt doch über ihnen. Auf einem einsamen Spaziergang in der Villa Ludovisi meditiert er melancholisch über die verschlungenen Wege seines Lebens. Düstere Gedanken überfallen ihn. Er sieht das Gespenst des Todes vor sich, und obwohl er nie ein Feigling war, fühlt er sich unfähig, ihm abgeklärt und gefaßt zu begegnen. Die Vorstellung, daß alles einmal zu Ende geht, läßt ihn schaudern. Um aus seiner düsteren Stimmung herauszukommen, denkt er daran, daß er alle Frauen, die er liebte – mit Ausnahme der Corticelli – glücklich gemacht hat. Jenseits der Verzweiflung bleibt für Casanova immer noch die lebendige Erinnerung an das Vergnügen, das er selbst erlebt und das er den Frauen bereitet hat. Und diese Gabe, die Frauen, in die er verliebt war, glücklich zu machen, hält der Greis um so mehr in Ehren, als sie ihm nicht mehr vergönnt ist.

Welche Gedanken überfielen mich, als ich mich an dem Ort sah, an dem ich siebenundzwanzig Jahre zuvor mit Donna Lucrezia gewesen war! Ich fand den Ort noch schöner, während ich selbst mich nicht nur verändert fand, sondern in allen meinen Fähigkeiten beeinträchtigt, ausgenommen meine reichlichen Erfahrungen, die mich aber für nichts entschädigten, sondern mir nur das Recht gaben, vernünftiger zu sein. Was für ein kläglicher Gewinn! Meine Gedanken mündeten in Trübsinn, der erbarmungslosen Mutter des schrecklichen Gedankens an den Tod, dem ich nicht stoisch entgegenzusehen vermochte.

Der Haß auf das Alter und die damit verbundene Ohnmacht nimmt in seinen Lebenserinnerungen immer mehr Raum ein. Bald will er lieber die Feder niederlegen, als weiterhin die Einzelheiten seines Zerfalls zu registrieren.

Mir schien, ich sei alt geworden. […] Ich stellte fest, daß auf einen langen Kampf kein ruhiger, tiefer Schlaf mehr folgte und daß mein Appetit bei Tisch, den die Liebe früher gesteigert hatte, geringer wurde, wenn ich liebte oder die Liebe genossen hatte. Zudem fand ich, daß ich das schöne Geschlecht nicht mehr einfach durch meinen Anblick beeindrucken konnte, es bedurfte der Worte, man zog mir Rivalen vor. […] Wenn man von mir sagte: Er ist ein Mann mittleren Alters, gab ich das zu, doch diese Wahrheit verdroß mich.

Wenn der Abenteurer »in sich geht«, ist er überzeugt, daß er für einen angenehmen Lebensabend vorsorgen sollte, doch ein so weiser Entschluß fällt ihm keineswegs leicht. Er hat die Hoffnung noch nicht aufgegeben. Immer häufiger aber weist man ihn ab. Als er sich in Ancona in Lia, eine seiner letzten Liebschaften, verliebt, wird ihm bewußt, wie unermeßlich groß der Unterschied zu seiner Jugendzeit ist. Er findet, er sei »ein völlig anderer«:

Mit meinen siebenundvierzig Jahren wußte ich, daß ich in einem Alter war, dem das Glück nicht mehr hold ist und das genügte, um mich traurig zu stimmen, denn ohne die Gunst der blinden Göttin kann niemand auf der Welt glücklich sein [...] Wenn es mit dem Leben abwärts geht, verfällt der Mensch, der sein Leben genossen hat, auf trübsinnige Gedanken, die ihn in der Blüte seiner Jugend verschonen, in der er für nichts vorzusorgen braucht, in der ihn allein die Gegenwart interessiert, und in der ihn stets gleichbleibende und rosige Aussichten glücklich machen und seinen Geist in einer so erfreulichen Täuschung wiegen, daß er über den Philosophen lacht, der ihm zu sagen wagt, daß jenseits dieses betörenden Horizonts das Alter, das Elend, die stets allzu späte Reue und der Tod auf ihn warten.

Nach diesem trübsinnigen Exkurs vertraut Casanova dem Leser an, wie brisant seine Verwirrung ist:

Wenn mir vor sechsundzwanzig Jahren schon solche Gedanken durch den Kopf gingen, kann man sich vorstellen, welche Gedanken mich heute quälen, wenn ich allein bin.

Der alte Mann ist dreiundsiebzig Jahre alt, als er diesen Satz schreibt. Er hat nur noch wenige Monate zu leben, doch sein Geist ist noch jung, und er vertreibt Langeweile und Melancholie, indem er schreibt. Casanova ist bis zu seinem Lebensende ein freier und glücklicher Mann: Wie damals vor den Wundärzten des polnischen Königs ist er auch jetzt noch »Herr über seine eigene Hand«.

Ein unverschämtes Vermächtnis

Der Venezianer vollzieht mit der Niederschrift seiner Lebenserinnerungen eine Metamorphose, eine innere Verwandlung. Durch die Rückbesinnung auf sich selbst, die späte Bewußtmachung seiner Handlungen und Gefühle verwandelt der alternde Casanova den Augenblick in Dauer, Ästhetik in Ethik, Taten in Weisheit.

Der Mann der reinen Gegenwart stellt sich seinem unversöhnlichen Feind, der Zeit. Nun anerkennt er, daß er in eine Vergangenheit, eine Gegenwart und eine (wenn auch allzu kurze) Zukunft eingebunden ist. Diese Wahrnehmung der Zeitlichkeit aller Dinge ist unweigerlich mit einem Gefühl des Verlusts und des Leids verbunden. Mit dem Wissen um die Zeit bricht der Schmerz über das unwiederbringlich Vergangene über ihn herein. Sein ganzes Leben lang hat er sich bemüht, aus der Dimension der Zeit auszubrechen, sich über die Gesetze zu stellen, die für alle Menschen gelten, um jeden Preis jenseits der Andersheit ein Gefühl der Verschmelzung zu bewahren, und nun endlich stellt er sich der Realität der Welt. Durch diese Verwandlung gelangt er nicht nur zu einer tieferen Wahrnehmung seiner selbst, sondern zugleich zu einer moralischen Betrachtung der menschlichen Existenz.

Sinnenlust verwandelt sich in Erinnerung. Die endlose Wiederholung seiner Erfahrung wird in der Niederschrift transzendiert. Dieses Hinausgreifen über das eigene Selbst entsteht aus dem Akt des Schreibens selbst. Casanova genießt den Augenblick, und als dieser sich entzieht, genießt er die Erinnerung an den Augenblick, der sich mit dem kostbaren Gefühl des Vergänglichen schmückt. Seine Lebenslust verewigt sich in der Lust an der Literatur.

Von seinem Abenteurerleben ist nichts mehr übrig. Er hat nichts zurückbehalten, nichts bewahrt, nichts verbucht. Er besitzt nichts mehr als sich selbst. Und so macht der jähzornige und argwöhnische Greis, der immer bitterer wird, aus der Schilderung seines Lebens ein literarisches Werk. Er setzt sich in Szene, gestaltet seine Erinnerungen bühnenwirksam und gelangt so, ohne es zu wissen, aber wie erhofft, zu Unsterblichkeit. Die *Geschichte meines Lebens* ist die Geburtsurkunde einer legendären Gestalt ihrer Zeit und zugleich literarisches Vermächtnis.

Der Abenteurer, der Reisende, der ewige Liebhaber, stets auf der Suche nach dem sinnlichen Genuß und der Erfahrung des Augenblicks, überläßt sich der Wiederauferstehung der Vergangenheit und entgeht so der Verzweiflung des Alters und der Melancholie eines in dem Augenblick, der nicht mehr ist, verzettelten, zersplitterten und vertanen Lebens.

Vor dem großen, offenen Buch seiner Erinnerungen, die Feder in der Hand, bereit, die leiseste Ahnung des vergangenen Glücks zu erhaschen, feiert er nun die Suche nach der Lust im Kult der Erinnerung. Nicht genug damit, daß er aus der sinnlichen Lebensfreude das Grundprinzip seines Lebens gemacht hat, sagt uns der Schriftsteller aus Venedig nun, daß das wahre Glück in der Erinnerung liegt. Sie tritt nicht nur an die Stelle der Sinnenlust, sondern sie erneuert sie. Es gibt auch ein Glück jenseits der Lust – dies ist das unverschämte Vermächtnis des Giacomo Casanova.

Anhang

Quellen und Anmerkungen

Die Zitate aus der *Histoire de ma vie/Geschichte meines Lebens* stammen aus dem vollständigen Text des Originalmanuskripts, das 1960 bei Brockhaus-Plon herausgegeben und 1993 bei Robert Laffont in der Reihe »Bouquins« neu gedruckt wurde.

Die *Geschichte meines Lebens* umfaßt zwölf in Kapitel unterteilte Bände. Alle hier genannten Zitate verweisen folgendermaßen auf den Text des Originals:

- die erste (arabische) Ziffer bezeichnet einen der zwölf Bände,
- die zweite (römische) Ziffer verweist auf ein Kapitel,
- die dritte (arabische) Ziffer bezieht sich auf eine Seite der Edition »Bouquins«.

Beispiel: Der Verweis 12, II, 893 besagt, daß die Passage im zwölften Band, Kapitel II, Seite 893 zu finden ist. In Klammern folgt jeweils der Hinweis auf die deutsche Übersetzung in der vorliegenden Ausgabe.

Das letzte Schloß

Zahlreiche Anregungen zu diesem Kapitel verdanke ich dem Essay von Georges Poulet, *Etudes sur le temps*, 4, Presses-Pocket, 1990 (Kapitel V über Casanova).

Augenblick und Erinnerung

J'ai toujours cru ... 4, XIII, 877 (Ich war stets davon überzeugt, ... S. 5).

Zu der Beziehung zwischen Casanova und Voltaire siehe u.a. seinen Brief aus dem Jahre 1766 an den Schauspieler Soulé, in »Correspondance inédite de Jacques Casanova (1760–1766)«, *Pages Casanoviennes*, Paris, 1925, S. 34–47. Er schreibt: »Was mich angeht, (sofern die Hypothese zutrifft, daß alle unsere Mysterien, Kulte und göttliche Erleuchtungen reine Erfindung sind), so meine ich, daß es Wahrheiten gibt, die man nicht aussprechen sollte. [...] Voltaire ist ein um so größerer Dummkopf, als er trotz seiner ganzen Scharfsinnigkeit nicht weiß, daß er mit der Veröffentlichung seiner angeblichen Entdeckungen dem zweckmäßigen Funktionieren der Gesellschaft und eben der Menschheit schadet, zu deren Schutzherrn er sich erklärt, indem er sich zum Prediger und Apostel der Libertinage aufschwingt.«

Saute, Marquis ... 7, II, 471 (Spring, Marquis!, S. 8).

C'est ainsi que Dieu ... 4, XIII, 887 (So kam es, ..., S. 8).

Lust zu leben, Lust zu schreiben

Haut goût ... 1, Vorwort, 7 (Speisen mit den intensivsten Aromen ..., S. 12).

Sorcier, faussaire, voleur ... 9, IV, 76 (Hexer, Fälscher, Dieb ..., S. 12).

Der Schriftsteller und sein Double

... qu'un homme poli ... (... die ein höflicher Mann ..., S. 13) Brief XXI in *Lettres écrites au sieur Faulkircher par son meilleur ami Jacques Casanova de Seingalt le 10 janvier 1792*, L'Echoppe, Caen, 1988, S. 71. Dieser Text wurde unter dem Titel »Lettres à un majordome« übernommen in L'Ecole des Loisirs/Le Seuil, 1994.

Je lui ai fait un court ... 1, VII, 118 (Ich entwarf ihm eine kurze ..., S. 14).

L'effet de mon placet ... 1, VII, 118 (Der Erfolg meiner Bittschrift ..., S. 14).

Mais le surlendemain ... 1, VII, 119 (Doch zwei Tage ..., S. 14).

Avouez que si ... 11, I, 612 (Gebt zu, wenn ..., S. 15).

Ce fut mon premier exploit ... 1, II, 30 (Dies war meine erste literarische Leistung ..., S. 15)

Ce fut dans ce fatal ... 9, XI, 221 (An jenem verhängnisvollen Tag ..., S. 16).

Tel m'a rendu l'amour ... 9, XII, 247 (Die Liebe in London ..., S. 17).

Puisque tu aimes le jeu ... 2, VIII, 386 (Du liebst das Hasardspiel ..., S. 17).

Ce qui me forçait à jouer ... 2, IX, 408 (Was mich zwang zu spielen ..., S. 17).

Das Leben ist ein Theater

Cospetto! ... (Cospetto! ..., S. 18) Dieser Satz Casanovas, berichtet vom Fürsten von Ligne, ist zitiert in »Casanova vu par le prince de Ligne« in Histoire de ma vie, Bd. 3, S. 1164.

Mais nous-mêmes les hommes ... (Doch auch wir Männer ..., S. 18) *Lana Caprina, lettre d'un lycanthrope*, frz. Übersetzung in Pages Casanoviennes, V, 1925, S. 36.

Ne me demandez pas ... 8, VIII, 853 (Fragt mich nicht ..., S. 19).
Le matin, à mon réveil ... 9, XIII, 285 (Wenn ich am Morgen erwache ..., S. 20).
Il me semblait avoir vieilli ... 12, IV, 938 (Mir schien, ich sei alt geworden ..., S. 20).
J'avais beau faire ... 12, VII, 978 (Ich konnte mich noch so anstrengen ..., S. 20).
Je me trouvais ... 12, VIII, 987 (Ich war ein ganz anderer geworden ..., S. 20).
Dites moi seulement ... 6, II, 259 (Sagt mir nur, ..., S. 21).

Verzeichnis

In Bd. 2 der Edition »Bouquins« finden sich Hinweise auf die folgenden Projekte: »Loterie grammaticale« (»Grammatikalische Lotterie«), »Les impôts sur les produits de premiere nécessité« (»Steuern auf lebensnotwendige Güter«), »Projet pour réaliser à Venise la teinture écarlate des cotons« (»Projekt zur scharlachroten Einfärbung von Baumwollstoffen in Venedig«), »Sur la colonisation de la Sierra Morena« (»Über die Besiedelung der Sierra Morena«) sowie »Projet pour établir une fabrique de savon à Varsovie« (»Projekt zur Errichtung einer Seifenfabrik in Warschau«).

Zeit des Glücks

Rien n'est plus amer ... 11, IV, 672 (Nichts ist bitterer ..., S. 25).
Tu oublieras ... 3, V, 521 (Du wirst auch ..., S. 26).
Le plus honnête homme ... 9, IV, 68 (ehrwürdigsten Mann ..., S. 27).
Rien, mon ancien ami ... 11, VI, 731–732 (Nichts, mein alter Freund ..., S. 27).
O vous, mon cher ami ... (Oh teuerster Freund ..., S. 27) Brief von Cäcilie von Roggendorff, »La dernière amie de Jacques Casanova (1797–1798)«, *Pages casanoviennes*, 1926, S. 32.
L'amour solide ... (Überdauernde Liebe ..., S. 28) in »Examen des études de la nature et de *Paul et Virginie* de Bernardin de Saint-Pierre«, in *Histoire de ma vie*, Bd. 2, S. 1132.
Im Hinblick auf das seltsame Schicksal des Manuskripts der *Histoire de ma vie* siehe Helmut Watzlawick, »Biographie d'un manuscrit« in *Europe*, Mai 1987, S. 28–40, zitiert in *Histoire de ma vie*, Bd. 1, S. XV–XXVIII.

Das Kind aus Venedig

Casanova erzählt seine Kindheitserinnerungen in den ersten drei Kapiteln der *Geschichte meines Lebens*.

Der Vorhang hebt sich

Die Allmacht der Frauen

Casanovas Beziehungen zu den wichtigsten Personen seiner Kindheit sind dargestellt in Octave Mannoni, *Clefs pour l'Imaginaire ou l'Autre Scène*, Coll. »Points«, 1969, S. 24–32; François Roustang, *Le Bal masqué de Giacomo Casanova*, Minuit, 1984; Chantal Thomas, *Casanova. Un voyage libertin*, Denoël, Coll. »L'Infini«, 1985; Marie-Françoise Luna, »Casanova et ses dieux«, *Europe*, Nr. 697, Mai 1987, S. 59–67.
Plusieurs choses ... 1, I, 18 (Manche Dinge ..., S. 49).

Die Mutter Casanovas

Dans la plus brillante ... 1, IX, 171 (In der glänzendsten ..., S. 53).

»Adieu, Venedig!«

Il vous acheminera ... 1, VI, 101 (Er wird dich auf den Weg bringen ..., S. 54).
M'abandonnant ... 1, VII, 134 (Ich überließ mich ..., S. 55).
Sans uns bonne bibliothèque ... 1, VIII, 165 (Sollte dies ..., S. 56).
Votre famille ... 1, IX, 169 (Stammt Eure Familie ..., S. 56).

Was ist ein Vater?

J'étais un étourdi ... 1, IX, 179 (Ich war ein interessanter ..., S. 60).
Les inquisiteurs d'Etat ... 1, I, 21 (Die venezianischen Staatsinquisitoren ..., S. 60).
Que j'aurais peut-être ... 1, III, 55 (Die ich vielleicht noch hätte ..., S. 61).
Oú sont-ils? ... 1, IV, 57 (Aber wo finde ich ..., S. 61).

Ein »unbedeutender junger Abate«

En qualité de jeune abbé sans conséquences ... 1, IV, 58–59 (Als unbedeutender junger Abate ..., S. 62).

Lachen und Schuldgefühle

Sequere Deum ... (Sequere deum, S. 65) Seneca, De vita beata, XV, 5.

Etant assis l'un près de l'autre ... 1, VI, 103 (Wir saßen nebeneinander ..., S. 65).

Vous m'avez battu ... 1, VI, 103 (Ihr habt mich im Zorn geschlagen ..., S. 65).

Je n'ai jamais ... 3, XI, 637 (Mein ganzes Leben ..., S. 66).

Die Begegnung mit Benedikt XIV. ist dargestellt in 1, X, 199–201.

Das rote Gewand des Glücks

Je me tenais ... 2, VII, 378 (Ich bewahrte ..., S. 68).

La fourberie est vice ... 1, VIII, 160 (Betrug ist ein Laster ..., S. 69).

Quiconque tu sois ... 2, VII, 383 (Wer immer du sein magst ..., S. 69).

Assez riche ... 2, VIII, 384 (Ich war recht wohlhabend ..., S. 70).

La prudence veut ... 4, XI, 857–858 (Die Vorsicht gebietet ..., S. 71).

Im Hochzeitsgewand

J'ai déchiré ... 4, XVI, 951 (Ich zerriß ..., S. 72).

J'ai alors regardé ... 4, XVI, 953 (Ich erblickte hinter mir ..., S. 73).

Listen der Sinnenlust

Das Vergnügen der Frauen

Quand nous nous trouverions ... 9, I, 15 (... wenn wir uns in dem freizügigsten ..., S. 76).

Gefeit gegen den Haß

Le son même ... 5, VII, 129 (Allein schon der Klang ..., S. 77).
J'étais là comme pétrifié ... 9, VI, 116 (Versteinert, außer mir ..., S. 77).
Mon cher et tendre ... 9, I, 1 (Mein teuerster Freund ..., S. 77).
Vous êtes né ... 9, I, 6 (Ihr seid geboren ..., S. 77).
Ta soumission ... 7, IV, 518 (Deine Unterwürfigkeit ..., S. 78).
Je ne me suis trompé ... 7, IV, 521 (Ich wußte stets ..., S. 79).
Je les adorais ... 10, I, 309 (Ich vergötterte sie ..., S. 79).
Je fus toute ma vie ... 2, II, 245 (Mein ganzes Leben lang ..., S. 80).
Un petit habit ... 7, I, 463 (... eine kleine Hülle ..., S. 80).

Sexualität und Konversation

Au moins de deux tiers ... 6, V, 307 (... zumindest um zwei Drittel ..., S. 81).

Die Verheißung der Unsterblichkeit

Nous nous séparâmes ... 10, VII, 439 (Wir trennten uns ..., S. 83).
Bonne âme ... 12, IV-V, 934 (gesunde Seele, S. 83).

Bedrohliche Gestalten

Je veux que vous m'habilliez ... 1, V, 92 (Ich will, ..., S. 85).
Malgré elle, les éclaboussures ... 1, V, 92 (Trotz ihres Zorns ..., S. 85).
Mon cher ami, nous allions ... 2, VI, 361 (Mein teurer Freund ..., S. 86).
Toujours, mon cher ami ... 2, V, 354 (Immer, mein teurer Freund, ..., S. 86).
Etant tout jeune ... 2, IV, 311 (Sie war noch sehr jung ..., S. 87).
C'est le projet d'un monstre ... 9, XI, 221 (Dieses Vorhaben ist monströs ..., S. 87).

Von den Frauen zum Narren gehalten

Ce fut dans cet état ... 1, III, 50 (In diesem erbärmlichen Zustand ..., S. 89).
Le séducteur de profession ... 12, VI, 941 (Der erklärte Verführer ..., S. 90).
Amertume dont rien ... 2, V, 346 (Nichts ist bitterer ..., S. 90).

Malgré cependant une si belle école ... 1, III, 40 (Trotz dieser guten Schule ..., S. 91).

Der Weise von Dux

J'aimais, j'étais aimé ... 8, X, 909 (Ich liebte, ich wurde geliebt ..., S. 92).
Si pour savoir ... (... wenn ich sterben muß ..., S. 92), Brief Casanovas vom 17. April 1797 an Elise von der Recke, in *Lettere di donne a Giacomo Casanova*, Mailand, Aldo Rava, 1912, S. 305.
Zu dem Eindruck, den Casanova auf Lorenzo da Pontes Gattin machte, siehe Lorenzo da Ponte, *Mémoires et livrets*, Livre de Poche, 1980, S. 197.
Je souhaite ... (Ich wünsche, ..., S. 93), Brief von Henriette von Schuckmann vom 13. Februar 1796, *Histoire de ma vie*, Bd. 3, S. 1157.
Pour vous assurer ... (... um Euch die Achtung zu bezeigen ..., S. 93) Brief von Cäcilie von Roggendorff vom 20. April 1797, »La dernière amie de Jacques Casanova«, *op. cit.*, S. 18.

Unter einem Gewitterhimmel

Diese Episode ist dargestellt in 1, V, 96–97.

Liebeszauber und phallische Herausforderung

Mon système que je croyais ... 3, I, 466 (Mein Plan, den ich für ..., S. 100).
Elle ne me paraissait plus ... 3, I, 467 (Sie erschien mir ..., S. 101).
Je possédais, selon elle ... 5, VI, 97 (Ihrer Meinung nach verfügte ich ..., S. 102).
Cette fausse confidence ... 5, V, 96 (Dieses falsche Bekenntnis ..., S. 102).
La faire passer en âme ... 5, VI, 98 (... er könne ihre Seele ..., S. 103).
L'ondine en me faisant ... 9, III, 50–51 (Undine liebkoste mich ..., S. 103).
Elle raisonnait très juste ... 9, III, 53 (Ihre Überlegungen ..., S. 104).
Fort extraordinaires ... 9, IV, 79 (ganz außergewöhnlich, S. 104).
Toute science ... 6, II, 250 (... keine Wissenschaft ..., S. 105).

Erstes Liebesquartett

Nous étions quatre ... 1, V, 82 (Wir waren zu viert ..., S. 105).
Peu à peu je l'ai développé ... 1, V, 89–90 (Ganz allmählich zog ich sie aus ..., S. 106).
Jusqu'au moment ... 1, V, 90 (Noch indem sie mir ..., S. 107).
Cet amour ... 1, VII, 134 (Diese Liebe ..., S. 107).
Vous êtes amoureux ... 2, I, 242–243 (Ihr seid in mich verliebt ..., S. 108).
C'est une espèce de petit ... 2, II, 248 (Es handelt sich um ..., S. 109).
C'est ainsi que j'ai passé ... 7, VII, 579 (So verbrachte ich ..., S. 110).

Gärten der Liebe

Im Zeichen der Schlange

J'aurai donc l'honneur ... 1, IX, 172 (Ich habe also die Ehre, ..., S. 111).
Ne crains pas cela ... 1, IX, 194 (Sei ohne Sorge ..., S. 113).
Malgré tout son esprit ..., 1, IX, 194 (Trotz all ihrer Klugheit ..., S. 113).
Nous entrâmes après ... 1, X, 196 (Wir gelangten ..., S. 115).
Prends garde à ta soeur ... 1, X, 204–205 (Gib auf deine Schwester acht ..., S. 116).

Das Antlitz des Glücks

Siehe Helmut Watzlawick, »*Fata viam invenient.* Sur les traces d'Henriette«, in *L'Intermédiaire des casanovistes*, VI, 1989, übernommen in *Histoire de ma vie*, Bd. 1, S. 1070–1085.
Ayant le coeur vide ... 3, I, 471 (Gefühl der Leere im Herzen ..., S. 117).
Si vous me dites de vous accompagner ... 3, II, 490 (Wenn Ihr mir sagt ..., S. 118).
Ceux qui croient qu'une femme ... 3, III, 501 (Wer glaubt, eine Frau genüge nicht ..., S. 120).
Qui est donc Henriette ... 3, IV, 510 (Wer ist diese Henriette? ..., S. 120).
Disposons-nous ... 3, V, 517 (Bereiten wir uns darauf vor, ..., S. 121).
Non. Je ne l'ai pas oubliée ... 3, V, 521 (Nein. Ich habe sie nicht vergessen ..., S. 122).
C'est moi, mon unique ami ... 3, V, 522 (Nun mußte ich ..., S. 122).
Je me suis trouvé justement ... 3, V, 525 (Ich wurde also ..., S. 123).

Die freisinnige Nonne

Siehe Pierre Gruet, »M. M. et les anges de Murano«, *Histoire de ma vie*, Bd. 1, S. 1063–1069.

Une religieuse qui ... 4, I, 714 (Eine Nonne, die ..., S. 124).

Tant de hardiesse ... 4, II, 721 (So viel Kühnheit ..., S. 125).

Outre la naissance ... 4, III, 732 (Außer der Herkunft ..., S. 126).

J'ai perdu toute confiance ... 4, III, 745 (Ich habe jedes Vertrauen verloren ..., S. 127).

C'est incroyable ... 4, III, 745 (Das ist unfaßbar ..., S. 129).

Un particulier auquel un roi ... 4, VII, 789 (... Privatmann, dem ein König ..., S. 130).

Enivrés tous les trois ... 4, VII, 796 (Wir waren alle drei trunken ..., S. 130).

Liebesbriefe an den venezianischen Geliebten

La fille de Silvia ... 5, III, 58 (Silvias Tochter ..., S. 131).

L'amitié et l'estime ... 5, IV, 65–66 (Die Freundschaft und die Wertschätzung ..., S. 132).

Je vais répondre ... (Ich will getreulich ..., S. 132). Die Briefe Manon Ballettis an Casanova erschienen in *Lettere di donne a Giacomo Casanova, op. cit.* Einige wurden ins Französische übersetzt von Maynial, in *Lettres de femmes à Jacques Casanova* (1912). Von diesen wiederum wurden einige übernommen in *Histoire de ma vie*, Bd. 1, S. 1085–1099. Der Brief vom 7. Februar 1760 erschien in *Mémoires*, La Pléiade, Bd. 2, 1959, S. 1139.

On me fêta ... 5, VIII, 141–142 (Man feierte mich ..., S. 133).

Mais Manon ... 5, X, 191 (Doch Manon ..., S. 134).

Theatercoup im chinesischen Kabinett

L'amour qu'elle m'avait inspiré ... 7, X, 631 (Die Liebe, die sie in mir ..., S. 137).

Donna Lucrezia! ... 7, X, 635 (Donna Lucrezia! ..., S. 138).

Il suffit de se voir ... 7, X, 640 (Es genügte ihr zu sehen ..., S. 139).

Mais voilà le moment ... 7, X, 640 (Doch gerade in dem Augenblick ..., S. 139).

Ein Unfall auf der Strecke

Elle était couchée ... 9, IV, 63 (Sie lag in einem großen Bett ..., S. 140).
Tu es singulière ... 9, IV, 65 (Du bist seltsam ..., S. 140).
Le cœur me battait ... 9, IV, 68 (Mein Herz schlug heftig ..., S. 140).

Überdauernde Treue

Mais si vous y retournez ... 11, VI, 731 (Doch wenn Ihr in einiger Zeit ..., S. 142; der Beginn des Briefes wurde im ersten Kapitel »Das letzte Schloß« zitiert).

Paradies auf Erden

Il y avait tout ... 11, X, 839–840 (Er enthielt alles ..., S. 144).
Mais notre fille ... 11, X, 840 (Aber ist unsere Tochter ..., S. 144).
Nous allâmes ... 11, X, 842 (Wir setzten uns ..., S. 145).
Déterminés ... 11, X, 842 (In unserem festen Vorsatz ..., S. 145).
Soit nature ... 12, II, 910 (Ob die Natur ..., S. 146).
La ressemblance ... 12, III, 911 (... die Ähnlichkeit ..., S. 147).
Je riais en moi-même ... 10, II, 323 (Ich lachte innerlich ..., S. 147).
Zu den Gärten der Liebe siehe Catherine Laroze, *Une histoire sensuelle des jardins*, Olivier Orban, 1990.

Die Welt als Bühne

Zahlreiche Informationen zu den äußeren Lebensumständen Casanovas finden sich im Index der Edition Brockhaus-Plon sowie im Index der Edition »Bouquins«. Ich beziehe mich in diesem Kapitel insbesondere auf die Einträge: cosmétiques (Kosmetik), ménage et ameublement (Haushalt und Möbel), spécialités de cuisine et épices (Besonderheiten der Küche und Gewürze), transports et service de post (Transportwesen und Postdienst), us et coutumes (Sitten und Gebräuche). Auch die verschiedenen Aufenthaltsorte Casanovas sind indexiert und führen zu den Namen der jeweiligen Gasthöfe, Theater, Kirchen, Gesandtschaften und Gärten.

Pour voyager agréablement … (Wer angenehm reisen will …, S. 150), in Marie-Françoise Luna, »Casanova, lecteur des guides touristiques«, *L'Intermédiaire des casanovistes*, I, 1984, S. 3–7.
Défendez-vous, mortels … 6, IV, 299 (Erwehrt Euch, Ihr Sterblichen …, S. 151).
Je respirais … 11, V, 708 (Ich atmete auf …, S. 151).
Fatigué et soûl … 10, X, 517 (Müde und …, S. 152).

Reisetagebuch

Son manteau était … 1, VIII, 150 (Sein Mantel war …, S. 153).
J'avais acheté une voiture … 9, V, 97 (Ich hatte einen sogenannten Einsitzer …, S. 154).
Ayant mis dans ma dormeuse … 10, VII, 439 (Ich hatte meinen Schlafwagen …, S. 155).
Les chemins sablonneux … 10, III, 341 (Bei den sandigen Wegen …, S. 155).
Des montées … 10, XII, 566 (Steile Anstiege …, S. 155).
J'ai admiré la beauté … 9, VII, 127 (Ich bewunderte die Schönheit …, S. 156).
Pour moi, accoutumé … 7, XI, 642 (Ich war schon daran gewöhnt …, S. 156).

Sehenswürdigkeiten

Pauvres Espagnols! … 11, IV, 677 (Arme Spanier! …, S. 161).
J'ai vu que tout … 11, IV, 675 (Ich habe gesehen …, S. 161).
La vue de cette ville … 2, IV, 280 (Aus einer Meile Entfernung …, S. 161).
Neuf heures … 10, V, 382 (… neun Uhr und …, S. 161).
Dix-huit heures … 10, V, 382 (… achtzehn und dreiviertel Stunden …, S. 162).
Au bout de huit jours … 10, VI, 413 (Im Verlauf von acht Tagen …, S. 162).
Avoir bien vu … 11, X, 851 (… alles genau gesehen zu haben …, S. 162).
Des scélérats espions … 3, XII, 641 (Schändliche Spione …, S. 162).
Il faut vivre à la romaine … 9, VII, 147 (… in Rom wie die Römer …, S. 163).
L'île qu'on appelle Angleterre … 9, VII, 127 (Die Insel, die man England nennt …, S. 163).
Je vous ai dit mon nom … 9, VIII, 155 (Ich habe Euch meinen Namen gesagt …, S. 164).

Mais je voudrais savoir son nom ... 9, X, 203 (Aber ich frage Euch ..., S. 164).

En fait de spectacle ... 9, XII, 268 (Was den Augenschein betrifft ..., S. 165).

Einige Tage im Leben eines Reisenden

Plus pour voir les actrices ... 7, VII, 570 (... mehr um die Schauspielerinnen ..., S. 165).

Ne sachant oû aller ... 3, XII, 641 (Ich wußte nicht, wohin ..., S. 166).

Tu vois mon père ... 7, VII, 573 (Das ist mein Vater ..., S. 166).

Je m'aperçois que dans cette maison ... 7, VIII, 599 (Mir wurde klar ..., S. 169).

Avec dessein de me faufiler ... 7, VIII, 602 (... in der Absicht ..., S. 169).

C'est une drogue ... 7, IX, 619 (Einen solchen Kram ..., S. 171).

Das Welttheater

Je ne voulais pas en imposer ... 7, VII, 569 (Ich wollte mich nicht aufdrängen ..., S. 171).

Die Versuchung der Ruhe

Je ne pouvais pas me resoudre ... 2, IV, 297 (Ich konnte mich nicht ..., S. 173).

Ce ne fut pas l'amour de Manon ... 5, VII, 136 (Es war nicht die Liebe ..., S. 173).

J'aurais vécu heureux ... 7, XI, 644 (Mit dieser reizenden Frau ..., S. 174).

J'ai cru de voir ... 6, IV, 295–296 (Ich glaubte ..., S. 174).

J'ai passé huit jours ... 10, III, 338 (In den acht Tagen ..., S. 174).

Karneval des Unmöglichen

Ses fines saillies ... (Seine witzigen Einfälle ..., S. 176) in *Confutazione della storia del governo veneto d'Amelot de la Houssaye*, Amsterdam, 1769, 3 Bd., III, S. 287, zit. in Philippe Monnier, *Venise au XVIIIe siècle*, Perrin, 1906, neu herausgegeben bei Complexe, 1981, S. 256–257.

Mais, monsieur, comment ferai-je ... 3, VIII, 568 (Doch wie, Monsieur ..., S. 177).
On y va masqué ... 7, XI, 646 (Man kommt maskiert ..., S. 178).
Le diable, la mort ... 11, VI, 724 (Der Teufel, der Tod ..., S. 178).
J'ai décidé de me masquer en Pierrot ... 4, V, 769 (Ich beschloß, mich als Pierrot ..., S. 179).
Au bruit des claquements ... 4, V, 770 (Unter dem Händeklatschen ..., S. 179).
Dans toute la liberté ... 4, V, 770 (Ich gab mich in aller Freiheit ..., S. 180).

Porträtgalerie

Malgré ses rides ... 2, X, 451 (Trotz ihrer Falten ..., S. 180).
Je l'ai trouvé au-dessus ... 3, VIII, 560–561 (Ich fand sie über alles ..., S. 181).
Vous êtes en France ... 3, IX, 578 (Ihr seid in Frankreich ..., S. 182).
La beauté de leur physionomie ... 3, VIII, 572 (Die Schönheit ihrer Gesichtszüge ..., S. 183).
Les foyers des théâtres ... 5, V, 78–79 (Die Foyers der Theater ..., S. 183).

Der Theatermann

Pendant tout le carneval ... 2, V, 340 (Während des ganzen Karnevals ..., S. 184).
Me voyant réduit ... 2, VI, 369 (Ich schämte mich ..., S. 184).
J'ai malgré cela reçu ... 3, X, 607 (Trotzdem erhielt ich ..., S. 185).
La seule chose ... 3, XI, 636 (Das einzige, was ich ..., S. 186).
Je l'ai écrit ... 5, IX, 170, Anm. 2 (Ich schrieb es ..., S. 186).
Nous donnerons l'Ecossaise ... 7, V, 536 (Wir geben *Die Schottin* ..., S. 186).

Epilog auf Zehenspitzen

Vous êtes la première ... 10, IV, 357 (Ihr seid die erste ..., S. 189).
Juste recompense ... 10, IV, 360 (... eine gerechte Entlohnung ..., S. 189).

Der Körper als Kulisse

»Natur im Gleichgewicht«

L'estomac vide ... 6, I, 243 (Der leere Magen ..., S. 191).
La colère tue ... 10, X, 516 (... die Wut den Menschen umbringt ..., S. 191).
N'aie pas peur ... 4, V, 760 (Sorge dich nicht ..., S. 191).
Dites, mais ne nommez ... 2, V, 336 (Sprecht, aber nennt die Dinge ..., S. 192).
C'est, me dit-elle ... 1, VII, 127 (Das ist, sagte sie zu mir ..., S. 192).
Et sans ce soulagement ... 8, IV, 775 (Ohne diese Erleichterung ..., S. 193).
Après avoir fait du punch ... 4, IV, 758–759 (Nachdem wir Punsch bereitet hatten ..., S. 193).

Der Kranke wider Willen und der eingebildete Arzt

Vous êtes un très bel homme ... 10, IV, 353 (Ihr seid ein sehr schöner ..., S. 194).
Est-il possible ... 10, IV, 353 (Ist es möglich ..., S. 194).
Mon grand trésor ... 2, II, 251 (Mein großer Reichtum ist es ..., S. 194).
Vous n'avez peur de rien ... (Ihr fürchtet nichts ..., S. 195), Brief von Francesca Buschini, in *Histoire de ma vie*, Bd. 3, S. 1137.
Le matin, à mon réveil ... 9, XIII, 285 (Wenn ich am Morgen erwache ..., S. 195).
Je ne pouvais pas m'empêcher de descendre ... 7, II, 471 (Wenn ich mich prüfte ..., S. 195).
Tu m'as volé ... 10, IX, 493 (Du hast mir meinen einzigen Reichtum ..., S. 196).
J'ai très bien et également réussi ... 3, XI, 637 (Beides gelang mir ..., S. 196).
Ne pas vouloir ... 1, VIII, 139 (... etwas nicht zu wollen ..., S. 197) (zu den Geschlechtskrankheiten siehe Jean-Didier Vincent, *Casanova. La contagion du plaisir*, Odile Jacob, 1990).
Avant d'avoir connu Mellula ... 2, VI, 365 (Bevor ich Mellula kennenlernte ..., S. 198).
Pour juger d'un homme ... 10, III, 329 (Um einen Mann zu beurteilen ..., S. 199).

Veränderungen der Körpersäfte

Casanova stellt an sich die vier Temperamente fest: 1, Vorwort, 5. Siehe *Nouvelle Revue de psychanalyse*, »L'humeur et son changement«, 32, Herbst 1985, und insbesondere die Arbeiten von Laurence Kahn, Jackie Pigeaud, Pascal Quignard und Jean Starobinski.

Je me suis trouvé si étonné ... 2, IX, 418 (Ich war von dieser gänzlich unverhofften ..., S. 200).

Conformant ma nourriture ... 1, Vorwort, 5 (Da ich meine Ernährung ..., S. 201).

Ma vocation ... 1, III, 52 (Meine Berufung wäre es gewesen ..., S. 201).

Ce médecin croyant ... 3, XII, 648–649 (Der Arzt, der meinte, ..., S. 202).

»Ich allein war Herr über meine Hand«

Die Episode des Duells mit Branicki ist dargestellt in *Histoire de ma vie*, 10, Kap. VIII.

Heilkundige Liebe

Mort de rire ... 1, IX, 167 (Am Lachen gestorben? ..., S. 207).

J'ai lambi ... 2, V, 355 (Ich leckte ihre Wunde ..., S. 208).

Me voilà devenu le médecin ... 2, VII, 378 (Und so war ich unversehens zum Arzt ..., S. 209).

Tu possèdes un trésor ... 2, VII, 379 (Du besitzst einen Schatz ..., S. 209).

Je me félicite ... 2, VII, 381 (Ich beglückwünsche mich ..., S. 210).

Vous faites ... 10, X, 533 (Ihr habt einen üblen Beruf, S. 211).

Vous êtes le maître ... (Ihr seid frei ..., S. 211) in »Lettres d'un physicien ubiquiste adressées au docteur O'Reilli, médecin irlandais«, *Histoire de ma vie*, Bd. 3, S. 1215–1224.

Das Spiel mit dem äußeren Schein

Quand leur utérus ... (Wenn ihre Gebärmutter ..., S. 212), *Lana Caprina, op. cit.*, S. 30.

Le plaisir que j'ai ressenti ... 11, III, 651 (Die Lust, die ich empfand ..., S. 213).

Après tout cet examen ... 11, III, 651 (Nach all diesen Überlegungen ..., S. 213).

Il condamna ma frisure ... 1, IV, 59 (Er verurteilte meine allzu kunstfertige ..., S. 216).

Réfléchissant qu'il n'y avait ... 2, III, 260 (Ich war zu dem Schluß gekommen ..., S. 216)

Je pouvais souffrir ... 2, III, 269 (Ich konnte Beleidigungen einstecken ..., S. 217).

Avec mes cheveux ... 2, II, 257 (Ich verbarg meine Haare ..., S. 217).

J'avais, à mon départ ... 12, IV, 938 (Bei meiner Abreise ..., S. 217).

Je soussigné ... 6, III, 291, Anm.1 (Ich, Unterzeichneter ..., S. 218).

Das wiedergefundene Glück

Casanova als Philosoph

Quarante-deux tomes ... (Zweiundvierzig Bände ..., S. 221), zit. in Raoul Vèze, »Jacques Casanova à Dux. La composition des *Mémoires*«, *Mémoires*, Edition de la Sirène, Bd. XII, S. X.

Dans l'impossibilité ... 7, VI, 562–563 (Ich fand nicht in den Schlaf ..., S. 222).

Il ne m'est rien arrivé ... 7, VI, 563 (Unglück ist mir in meinem Leben ..., S. 223).

C'est un fait hors de question ... 10, X, 516 (Es steht außer Frage ..., S. 223).

C'est nous qui sommes les auteurs ... 7, VIII, 591–592 (Wir selbst sind ..., S. 224).

Ceux qui disent que la vie ... 2, I, 238 (Wer behauptet, das Leben ..., S. 224).

Celle qui résulte ... 1, III, 52 (... die Kenntnis des Mannes ..., S. 225).

Fasse d'un homme ... 11, II, 614 (... dem Menschen durch das Schicksal ..., S. 226).

Plus l'ouvrage avance ... (Je weiter das Werk voranschreitet ..., S. 227), Brief an Opiz vom 20. Februar 1792, zit. in Raoul Vèze, »Jacques Casanova à Dux. La composition des *Mémoires*«, *op. cit.*, Bd. XII, S. XX–XXI.

II. Akt, 10. Szene

Zu Casanova und Mozarts *Don Giovanni* siehe F.-L. Mars, »Casanova et Don Giovanni«, Le cerf-Volant, Nr. 34, April 1961, neu erschienen in *Histoire de ma vie*, Bd. 3, S. 1152–1156. J. Rives Childs, *Casanova*, Pauvert, 1983, S. 421–422; Félicien Marceau, *Casanova ou l'anti-Don Juan*, Gallimard, 1985 (neue Ausgabe); und Macchia Giovanni, »Casanova et le don Juan de Mozart«, *Le Théâtre de la dissimulation*, Le Promeneur, 1993.

Don Giacomo

Il y a trois ans ... (Als ich vor drei Jahren ..., S. 230), Brief an Max Lamberg vom 15. April 1785, zit. in Raoul Vèze, »Jacques Casanova à Dux. La composition des Mémoires«, op. cit., S. XI.

Mais mon cher ami ... (Doch mein teurer Freund ..., S. 231), Brief von Doktor O'Reilly, *ibid.*, S. XVII.

Selon le cours ordinaire ... (Unter gewöhnlichen Umständen ..., S. 232), *Poli par l'éducation* ... (... literarischen Bildung ..., S. 232), *Vous n'avez donc pu* ... (Ihr konntet also gar keine Lebensart erwerben ..., S. 233), *Vous êtes un âne* ... (Ihr seid ein Esel ..., S. 233), *Lettres écrites au sieur Faulkircher par son meilleur ami Jacques Casanova de Seingalt le 10 janvier 1792* (Briefe vom 10. Januar 1792 an den Herrn Faulkircher von seinem besten Freund Jacques Casanova de Seingalt), *op. cit.*

Venedig auf immer verloren

Si la sagesse de VV. EE. ... (Wenn die Weisheit Ihrer Exzellenzen ..., S. 236), in Giovanni Comisso, *Les Agents secrets de Venise au XVIIIe siècle*, Grasset, 1944, S. 145.

Venise, Madame ... 3, IX, 586 (Venedig, Madame ..., S. 238).

J'ai cinquante-huit ans ... (Ich bin achtundfünfzig Jahre alt ..., S. 238), Brief vom 22. September 1782, zit. in J. Rives Childs, *Casanova*, *op. cit.*, S. 412.

Lust ist keine Sünde

Siehe Gérard Lahouati, »Le fantôme Liberté. Cohérences et discordances dans l' *Histoire de ma vie*«, *L'Intermédiaire des casanovistes*, 1988, S. 1–8.

Le seul homme ... 4, II, 732 (Allein der Mensch ..., S. 240).

L'homme est à la même condition ... 4, II, 732–733 (Der Mensch begibt sich ..., S. 240).

Les vrais plaisirs ... 2, IV, 287–289 (Die wahren Freuden ..., S. 241).
Le plaisir est une jouissance ... 3, X, 618 (Lust ist das unmittelbare Erleben ..., S. 242).

Der Kult der Erinnerung

Me rappelant ... 1, Vorwort, 4 (Wenn ich mir die Freuden ..., S. 242).
En mettant entre les plaisirs ... 3, IV, 507 (Wenn wir zwischen den Freuden ..., S. 243).
Je sens que je mourrai ... (Ich weiß, daß ich sterben werde ..., S. 243), Vorwort von 1791, *op. cit.*, S. 1218.
Vous êtes l'homme unique ... (Ihr seid der einzige Mensch ..., S. 243), zit. in Raoul Vèze, »Jacques Casanova à Dux. La composition des Mémoires«, *op. cit.*, Bd. XII, S. IX.
Le sein ingrat de ma marâtre ... 12, IX, 1012 (... undankbare Brust ..., S. 245).
Me comparant avec moi-même ... 6, IX, 399 (Wenn ich mich mit mir selbst verglich ..., S. 246).
J'étais donc dans une détresse ... 8, I, 716 (Ich war also in der allergrößten ..., S. 246).
Que de réflexions ... 12, IV-V, 927 (Welche Gedanken ..., S. 247).
Il me semblait d'avoir vieilli ... 12, IV, 938 (Mir schien, ich sei alt geworden ..., S. 247).
Ayant quarante-sept ans ... 12, VIII, 987 (Mit meinen siebenundvierzig Jahren ..., S. 248).
Si telles étaient ... 12, VIII, 987 (Wenn mir vor sechsundzwanzig Jahren ..., S. 248).

Ein unverschämtes Vermächtnis

Zahlreiche Schriftsteller ließen sich in ihrer Arbeit von Casanova inspirieren, darunter insbesondere Guillaume Apollinaire, Honoré de Balzac, Hermann Hesse, Hugo von Hofmannsthal, Sándor Márai, Arthur Schnitzler und Stefan Zweig.

Leben Casanovas

27. Februar 1724
Eheschließung von Zanetta Farussi (1708–1776) und Gaetano Giuseppe Casanova (Parma 1697 – Venedig 1733) in der Kirche San Samuele in Venedig. Sie werden getraut von dem Patriarchen Pietro Barbarigo.

2. April 1725
Geburt von Giacomo Girolamo Casanova in Venedig. Er ist der erstgeborene Sohn von Gaetano Casanova und Zanetta Farussi, Calle della Commedia. Später deutet Casanova in seinem Pamphlet *Ne amori ne donne* an, daß er ein außerehelicher Sohn aus der Verbindung seiner Mutter mit dem Patrizier Michele Grimani sein könnte. Er wächst auf bei seiner Großmutter Marsia, Calle delle Monache.

5. Mai 1725
Taufe Giacomos in der Kirche San Samuele.

1727 bis 1728
Zanetta und Gaetano sind in London, wo Zanetta ihr Debut am Theater gibt.

1. Juni 1727
Geburt von Francesco Casanova in London.

1730
Geburt von Giovanni Battista in Venedig.

1731
Geburt von Faustina Maddalena (sie stirbt im Jahre 1736).

1732
Geburt von Maria Maddalena. (Spätere Heirat mit Peter August, Musiker am Hof von Sachsen. Ihre Tochter Marianne heiratet 1787 Carlo Angioloni. Maria Maddalena stirbt im Jahre 1800 in Dresden.)

August 1733
Giacomo leidet unter Blutungen. Szene mit der Hexe und der Fee (Giacomo ist acht Jahre und vier Monate alt).

Mitte November 1733
Giacomo stiehlt dem Vater den optischen Kristall.

Dezember 1733
Tod des Vaters.

April 1734
Giacomo wird in Padua in Pension gegeben. (Er ist neun Jahre alt: »Die Bäume laufen ja!«)

1735 bis 1737
Zanetta lebt in Sankt Petersburg.

1734 bis 1737
Giacomo lebt in Padua bei seinem Lehrer Doktor Gozzi. Erste verwirrende Erfahrungen mit Bettina.

28. November 1737
Erste Immatrikulation an der Universität von Padua.

1738
Zanetta zieht nach Dresden.

1737 bis 1741
Casanova studiert in Padua und kehrt nach Venedig zurück, um in der Kanzlei des Advokaten Manzoni zu arbeiten.

14. Februar 1740
Giacomo erhält die Tonsur. Bei dem alten Senator Malipiero erwirbt er wissenschaftliche und philosophische Kenntnisse. Teresa Imer, Nanetta und Martina, Giulietta.

22. Januar 1741
Casanova erhält die vier niederen Weihen.

19. März 1741
Mißlungene Predigt.

Frühjahr 1741
Erste Reise nach Korfu und vielleicht nach Konstantinopel.

1742
Casanova arbeitet in Venedig in der Kanzlei eines Advokaten. Wissenschaftliche Studien im Kloster S. Maria della Salute. Er wohnt in der Calle della Commedia. Im Juni erhält er die Doktorwürde an der Universität Padua.

18. März 1743
Tod seiner Großmutter Marsia Farussi. Kurzer Aufenthalt im Haus der Tintoretta, dann im Seminar der Kirche San Cipriano auf der Insel Murano.

April bis Juli 1743
Aufenthalt in der Festung Sant' Andrea.

26. August 1743
Bernardo de Bernardis kommt in Venedig an.

August bis Oktober 1743
Casanova arbeitet in der Kanzlei des Advokaten Marco Leze.

10. Oktober 1743
Er verläßt Venedig. Chioggia.

November 1743
Quarantäne in Ancona, Fra Steffano.

Dezember 1743
Er macht sich zu Fuß auf den Weg nach Rom.

Ende Dezember 1743
Ankunft in Rom, Abreise nach Martorano.

Januar 1744
Neapel. Don Lelio Caraffa, Antonio Casanova. Casanova verläßt Neapel in Richtung Rom. Er reist in Gesellschaft Donna Lucrezias, ihres Ehemannes und ihrer Schwester.

Ende Januar bis März 1744
Aufenthalt in Rom im Dienst des Kardinals Acquaviva, Begegnung mit Papst Benedikt XIV., Französischunterricht bei dem Advokaten Dalaqua, wo er dessen Tochter, die Barbaruccia, kennenlernt. Er muß Rom verlassen, weil er zu Unrecht verdächtigt wird, in einen Entführungsfall verwickelt zu sein.

Ende Februar bis März 1744
Er trifft Teresa-Bellino (einen falschen Kastraten) in Ancona und läßt sich in Bologna eine Phantasieuniform schneidern.

April 1744
Venedig.

August 1744
Zweite Reise nach Korfu, um in die Dienste Giacomo Da Rivas zu treten.

1745
Karneval, Theater in Korfu. Liebesbeziehung mit Signora F. bis Mai.

Juni 1745
(Zweiter?) Aufenthalt in Konstantinopel.

1746
Anstellung als Geigenspieler im Theater San Samuele in Venedig.

18. bis 20. April 1746
Heirat Girolamo Cornaro – Canziana Soranzo di San Polo. Casanova macht die Bekanntschaft des Senators Matteo Bragadin.

7. August 1746
Ein Dokument bescheinigt, daß Casanova *praticante*, Notargehilfe, bei Manzoni ist.

Ende 1746
Venedig. Gräfin A. S., mehrere Aufenthalte in Padua.

1749
Aus Furcht vor den Staatsinquisitoren, denen die kabbalistischen Interessen Casanovas und Senator Bragadins zu Ohren gekommen sind, verläßt er Venedig. Mailand, Cremona. Zanetta spielt am Hof von Dresden die Rolle der Rosaura in *Amor non ha riguardi.*

Sommer 1749
Cesena, magische Bergung des vergrabenen Schatzes, Genoveva.

Herbst 1749
Henriette. Parma, Mailand, Genf.

Februar 1750
Abreise Henriettes.

Juni 1750
Casanova reist nach Lyon, wo er bei den Freimaurern aufgenommen wird, Weiterreise nach Paris. Familie Balletti.

7. Februar 1752
Dresden. Zanetta spielt die Erinice in dem Stück *Zoroaster*, das Casanova ins Italienische übersetzt hat. Seine Schwester tanzt in dem Stück.

29. Mai 1753 bis 25. Juli 1756
Nach Venedig zurückgekehrt, teilt sich Casanova die Gunst der beiden Nonnen M. M. und C. C. mit dem französischen Gesandten Abbé de Bernis. Der Spion Manuzzi schickt seine Berichte an die Staatsinquisition.

26. Juli 1755
Casanova wird festgenommen und in den Bleikammern inhaftiert.

26. Februar 1756
Der letzte Auftritt seiner Mutter vor ihrem durch den Siebenjährigen Krieg erzwungenen unfreiwilligen Abschied von der Bühne in *La Vedova scaltra* von Goldoni.

In der Nacht vom 31. Oktober auf den 1. November 1756
Flucht aus den Bleikammern und aus Venedig und achtzehnjähriges Exil.

5. Januar 1757
Casanova trifft am Tag des Attentats Damiens gegen Ludwig XV. in Paris ein. Er wird durch seine Beteiligung an der Gründung der Lotterie der Militärakademie zum Millionär. Madame d'Urfé, Manon Balletti.

August 1757
Beobachtungsmission in Dünkirchen (als Spion Ludwigs XV.?).

16. September 1758
Tod Silvia Ballettis.

Oktober 1758 bis Januar 1759
Reise in Finanzangelegenheiten nach Holland. Esther, Lucia. Nach Paris zurückgekehrt, ist er in eine Abtreibungsaffäre verwickelt. Gründung einer Manufaktur für Seidendrucke, »Lustschlößchen« in Petite-Pologne.

August 1759 bis Juni 1763
Festnahme im Zusammenhang mit einer Abtreibung. Freilassung auf Veranlassung Madame d'Urfés. Er reist in halboffizieller Mission nach Holland, Weiterreise durch Europa.

April 1760 bis August 1760
In der Schweiz erwägt Casanova, sich als Mönch in das Kloster Einsiedeln zurückzuziehen. Zürich. Baronin von Roll, Solothurn, die Dubois.

24. April 1760
Der Name »Chevalier de Seingalt« erscheint zum ersten Mal auf einem Dokument.

6. Juli 1760
Erster Besuch bei Voltaire in seiner Residenz »Les Délices«.

Dezember 1760 bis Januar 1761
Rom, Mengs, Winckelmann, Mariuccia, Papst Clemens XIII. In Florenz sieht er Teresa-Bellino wieder.

20. Januar 1761
Neapel. Herzog von Matalone, Leonilda, Lucrezia.

1762
Reise in Begleitung Madame d'Urfés und der Corticelli.

Mai 1763
Auf der Reise mit Marcolina »Begegnung« mit Henriette in Croix d'Or.

14. Juni 1763 bis März 1764
London, Pauline, dann die Charpillon. Selbstmordabsichten. Casanova verläßt England, er befürchtet, wegen eines gefälschten Wechsels gehenkt zu werden.

April bis Mai 1764
Casanova ist schwer erkrankt, er wird von Doktor Peipers in Wesel behandelt.

Mai bis Juni 1764
Deutschland, Bibliothek von Wolfenbüttel. Zanetta verabschiedet sich vom Theater und erhält eine Pension von 400 Talern. Ihr Sohn Giovanni kehrt nach Dresden zurück.

Juli 1764
Begegnung mit Friedrich dem Großen und der Tänzerin Denis.

Ende Dezember 1764 bis September 1765
Sankt Petersburg, Zaira, die Valville, Katharina die Große.

10. Oktober 1765
Ankunft in Warschau.

5. März 1766
Duell mit Branicki.

Sommer 1767
Spa, Charlotte.

September 1767
Casanova kehrt nach Paris zurück, wo er im November durch eine *lettre de cachet*, einen königlichen Geheimbrief, aufgefordert wird, das Land zu verlassen.

14. Oktober 1767
Tod des Senators Bragadin.

Winter 1767 bis Ende Dezember 1768
Spanien. Er verfaßt Abhandlungen über die Besiedelung der Sierra Morena und läßt sich von der Maitresse eines Generalkapitäns verführen. Er wird inhaftiert und schreibt die Widerlegung einer französischen Schrift, in der die venezianische

Politik kritisiert wurde. Als er wieder frei ist, entgeht er knapp einem Mordanschlag.

14. Februar bis Ende Mai 1769
Aix-en-Provence. Er ist krank, Henriette sorgt diskret dafür, daß er gesundgepflegt wird.

August 1770
Salerno. Leonilda, Lucrezia.

Juli 1772
Veröffentlichung von *Lana Caprina.*

November 1772
Triest. Casanova leistet seiner Heimatstadt verschiedene Dienste und rechnet mit seiner Begnadigung. Als Historiker verfaßt er auf Italienisch seine umfangreiche und solide dokumentierte *Geschichte der polnischen Unruhen.* Die *Geschichte meines Lebens* bricht mitten in der Schilderung dieses Aufenthalts in Triest abrupt ab.

3. September 1774
Die Begnadigung durch die Inquisition erfolgt nach achtzehn Jahren.

15. November 1774
Casanova kehrt in seine Heimatstadt Venedig zurück. Dort lebt er acht Jahre lang, bis er endgültig in Ungnade fällt.

1775 bis 1776
Casanova schreibt viel. Er veröffentlicht Band II und III seiner *Geschichte der polnischen Unruhen* und übersetzt die *Ilias* in italienische Verse.

29. November 1776
Die Mutter Casanovas stirbt in Dresden.

1776 bis 1782
Casanova verfaßt geheime Berichte für die Inquisition. Seine literarischen Bemühungen sind nicht sehr erfolgreich: Er veröffentlicht sieben Nummern der *Opuscoli miscellanei*, zehn Nummern des *Messager de Thalie*, eine Nummer der *Talia* sowie eine Bearbeitung eines Romans von Claudine-Alexandrine Guérin de Tencin, *Die Belagerung von Calais* ... Er lebt mit der Schneiderin Francesca Buschini zusammen. Theatertruppe.

August 1782
Im Zusammenhang mit einer finanziellen Auseinandersetzung fühlt sich Casanova von Marchese Spinola und den Brüdern Grimani geschädigt und gedemütigt und rächt sich mit der Feder: Er veröffentlicht ein Pamphlet, *Ne amori ne donne, ovvero la stalla ripulita*, das ihm zum zweiten Mal die Verbannung ins Exil einbringt. Von nun an schreibt er auf Französisch. Im Alter von siebenundfünfzig Jahren erscheint es ihm abschrekkend, wieder ruhelos umherziehen zu müssen.

1783
Paris, Dresden, Berlin, Prag.

Februar 1784
Er läßt sich in Wien nieder, wo er Sekretär des Gesandten von Venedig wird. Während eines Diners lernt er Graf Waldstein kennen, einen Freimaurer mit einem Hang zum Okkultismus.

April 1785
Nach dem Tod des Gesandten nimmt Casanova sein ruheloses Leben wieder auf. Er erwägt, sich um eine Anstellung bei der Akademie in Berlin zu bemühen. Waldstein schlägt ihm vor, Bibliothekar auf seinem Schloß Dux in Böhmen (heute Duchcov in Tschechien) zu werden.

September 1785 bis Juni 1798
Dux. Casanova schreibt dreizehn Jahre lang, gibt nur einen Teil seiner Manuskripte heraus, zahlreiche Texte bleiben unveröffentlicht. Seine Schriften werden im Prager Staatsarchiv aufbewahrt.

1786
In Prag wird *Selbstgespräch eines Denkers* veröffentlicht, eine kurzgefaßte Abrechnung mit den Mystifikationen Cagliostros und Saint-Germains.

1787
In Prag Veröffentlichung seiner *Geschichte meiner Flucht*, der einzigen Episode seiner Memoiren, die zu seinen Lebzeiten herausgegeben wurde. Mit enthalten ist eine Schilderung seines Duells in Warschau.

Oktober 1787
Prag. Begegnung mit Mozart, erste Aufführung des *Don Giovanni*.

1788 bis 1789
Casanova verfaßt eine Reihe philosophischer Dialoge; er veröffentlicht kleine mathematische Schriften und das *Isocameron*. 1789 wird Casanovas Großnichte Camilla Angiolini geboren, die später Tänzerin wird.

Sommer 1789 bis Juli 1792
Casanova verfaßt wahrscheinlich in dieser Zeit die erste Fassung seiner *Geschichte meines Lebens*. Er überarbeitet sein Manuskript mehrfach.

Ende 1793
Er beginnt seine *Gedanken eines Beobachters der Französischen Revolution*, die er nicht mehr abschließt.

1794
Casanova überarbeitet das Manuskript der *Geschichte meines Lebens*, um sie Fürst von Ligne zum Lesen zu überlassen.

1797
Letzte Überarbeitung seines Textes. Casanova schreibt auf das Vorsatzblatt: »Geschichte meines Lebens bis zum Jahre 1797«, hat aber keine Zeit mehr, die letzten sechsundzwanzig Jahre seines Lebens zu schildern. Letzte Veröffentlichung Casanovas: *Brief an Léonard Snetlage.*

April 1798
Krankheit Casanovas.

29. April 1798
Seine Verehrerin Elisa von der Recke schickt ihm Wein und Bouillon. Sie verspricht ihm Krebssuppe, nach der er sterbend verlangt, die er aber nicht mehr bekommt. Die hochwasserführenden Flüsse verhindern, daß man danach schicken könnte.

27. Mai 1798
Sein Neffe Carlo Angiolini ist aus Dresden angereist und wacht an seinem Totenbett.

4. Juni 1798
Giacomo Casanova stirbt auf Schloß Dux in Böhmen. Carlo Angiolini nimmt das Manuskript der *Geschichte meines Lebens* an sich und vermacht es seinem Sohn.

1821
Carlo Angiolini junior verkauft das Manuskript für zweihundert Taler an den Verlag Brockhaus in Leipzig.

1822 bis 1828
Herausgabe der von W. v. Schütz bearbeiteten deutschen Übersetzung.

1826 bis 1838
Veröffentlichung der ersten, von Laforgue gekürzten, überarbeiteten und veränderten französischen Ausgabe.

1945
Das Manuskript übersteht die Bombardierung der Stadt unbeschädigt und wird nach Wiesbaden gebracht.

1960 bis 1962
Erste Gesamtausgabe des französischen Originalmanuskripts der *Geschichte meines Lebens* beim Verlag Brockhaus-Plon, neu herausgegeben 1993 in der Reihe »Bouquins«.

Deutsche Übersetzungen
Die erste deutsche Übersetzung, in einer stark bearbeiteten Fassung von W. von Schütz, erschien 1822–1828 in Leipzig unter dem Titel *Aus den Memoiren des Venetianers J. C. oder sein Leben, wie er es zu Dux in Böhmen und Mähren niederschrieb*. Diese Fassung war Grundlage der ersten französischen Ausgabe in 14 Bänden unter dem Titel *Mémoires du Vénetien J. C. de S.* in Paris. 1957/1958 erschien eine 6bändige Ausgabe, *Memoiren*, von H. Conrad, in München; kurz darauf, 1964–1967 (und erneut 1985), die 2bändige Version, in der Übersetzung von H. von Sauter und herausgegeben von E. Loos (Berlin), gefolgt von den *Memoiren*, von H. Conrad, diesmal in 21 Bänden (München 1968–1969). Zuletzt erschien die 12bändige *Geschichte meines Lebens* von Heinz von Sauter (Berlin).

Inhalt

Die Welt als Bühne

Der Körper als Kulisse

Das wiedergefundene Glück

Anhang

Biographien

Dirk Van der Cruysse

»Madame sein ist ein ellendes Handwerck«

Liselotte von der Pfalz – eine deutsche Prinzessin am Hofe des Sonnenkönigs. Aus dem Französischen von Inge Leipold. 752 Seiten. SP 2141

Ein unvergleichliches Bild ihrer Zeit hat Liselotte von der Pfalz in ihren 60000 Briefen hinterlassen. In diesen Universalreportagen beschreibt sie ihr Leben am Hof ihres Schwagers, des Sonnenkönigs Ludwig XIV., freimütig, spöttisch, oft derb. Die Intrigen und Ränkespiele, die politischen Krisen und die glänzenden Feste bei Hof fanden in »Madame«, der Tochter des Kurfürsten Karl Ludwig von der Pfalz, eine kluge und geistreiche Beobachterin.

»Van der Cruysses Werk berichtet so frisch, wie es seinem Objekt zukommt.«
Die Zeit

»Dirk Van der Cruysse gelang es in bravouröser Weise, diese ungewöhnliche Frau zu rehabilitieren.«
Die Welt

Helga Thoma

»Madame, meine teure Geliebte ...«

Die Mätressen der französischen Könige. 251 Seiten mit 11 Porträts. SP 2570

Die Herrscher des 17. und 18. Jahrhunderts konnten zwar ungehindert Kriege führen, Abgaben eintreiben und Schlösser bauen, beim Heiraten aber mußten sie sich der Staatsräson beugen: Fürstenehen hatten den dynastischen Erfordernissen zu entsprechen, der Repräsentation zu dienen und Thronerben hervorzubringen. Fürs Herz hielten sich insbesondere die französischen Könige Mätressen: geistreiche, schöne, sinnliche Frauen, die mit Intelligenz und diplomatischem Geschick erheblichen Einfluß auf die Staatsgeschäfte der Monarchen gewannen. Daß sie keineswegs nur genußsüchtige, eitle und verruchte Geschöpfe waren, zeigt Helga Thoma in sieben Porträts berühmter Mätressen der französischen Könige, und sie bricht eine Lanze für diese Frauen, die beim Volk verhaßt, aber bei Hof von großem Einfluß waren.

eva
www.europaeische-verlagsanstalt.de
Außergewöhnlich!
Hinreißend!
Einzigartig!
»Die neue Biographie zeigt nicht nur das wunderbar verschlungene Liebesleben der außergewöhnlichen Colette, sondern ist zugleich ein dichtes Portrait der französischen Metropole«
BRIGITTE
Claude Francis
Fernande Gontier
Colette
Biographie
Claude Francis
Fernande Gontier
Colette
Biographie
Aus dem Französischen
übersetzt von Linda Gränz
Gebunden mit Schutzumschlag
580 Seiten, zahlreiche Abb.
Europäische Verlagsanstalt | Rotbuch Verlag
Telefon 040 / 45 01 94 - 0
Telefax 040 / 45 01 94 - 50